Traité des droits d'enregistrement, du timbre et de la curatelle

Moïse EKWALLA

Traité des droits d'enregistrement, du timbre et de la curatelle

Le cas de la République du Cameroun

Préface de Pierre Alaka Alaka

L'Harmattan

Du même auteur

Dictionnaire de 1500 noms propres sawa, 2006, 243 pages, Éditions ImpriMédia.

Lexique de 30 000 mots Duala-Français, 2014, 229 pages, Éditions L'Harmattan.

Contes et Proverbes de la plaine côtière du Cameroun, 2016, 215 pages, Éditions L'Harmattan.

5-7, rue de l'École-Polytechnique, 75005 Paris
http://www.editions-harmattan.fr
ISBN : 978-2-343-14589-1
EAN : 9782343145891

PRÉFACE

Lorsqu'après mon départ de l'Administration fiscale du Cameroun pour l'université de Douala, je m'efforce de mettre en place un D.E.S.S d'Administration fiscale, Moïse EKWALLA est la première personne que j'appelle pour venir animer un séminaire de Droits d'enregistrement aux apprenants de la 1ère promotion 2000-2001.

Ce collègue, pétri d'une pratique exceptionnelle du droit d'enregistrement, s'acquitte avec bonheur de son premier séminaire et c'est à juste titre que je lui demande de produire un Cours polycopié dès le début de l'année académique suivante.

Le mérite de Moïse EKWALLA est d'avoir montré le poids de l'expérience, puisqu'il acceptera de peaufiner pendant huit années d'enseignement, ce qui est aujourd'hui : *Traité des droits d'enregistrement, du Timbre et de la Curatelle.*

Cet indispensable recours à un spécialiste a été porteur, mais il ne doit pas empêcher au praticien qui utilisera ce livre de se renseigner sur les mutations des droits de l'enregistrement, du timbre et de la curatelle.

Ce livre fixe les bases du traitement de ces droits, dans la pratique quotidienne. Il expose ce que doivent faire les Conseils fiscaux, les Contribuables, les Notaires, le Fisc et les Étudiants en fiscalité. Il ne s'agit donc pas d'un ouvrage savant.

Il s'agit d'un ouvrage de vulgarisation de la pratique fiscale dans un domaine extrêmement complexe, dont seule la pratique abreuve l'exposé.

C'est la démarche du praticien, de sa propre expérience du quotidien, et non du droit proclamé qui avilit notre environnement fiscal.

Pour une compréhension de tous, l'auteur a divisé son ouvrage en thèmes qui en font six parties. Il passe ainsi en revue les droits d'enregistrement classiques, la contribution des institutions financières, les contributions judiciaire et extrajudiciaire, les autres régimes, la contribution du timbre, et la contribution de la curatelle.

Il s'agit là de six percées qui démystifient complètement le caractère opaque de cette fiscalité dite indirecte. L'auteur y réalise des données pratiques, examine la manière selon laquelle l'on doit aborder ce type d'exercice fiscal, concrétise et replace le débat de la technique fiscale dans son véritable contexte, celui d'un dialogue avec l'impôt à la portée de tous.

L'audace de Moïse EKWALLA ne devra pas s'arrêter à cette première édition, c'est pourquoi on peut prédire, sans trop craindre de se tromper, qu'il y faudra beaucoup de rigueur et d'obstination pour continuer à allaiter la pratique fiscale de la plus petite mutation du droit, en ces domaines.

Dr pierre ALAKA ALAKA

Président de la société africaine
de droit fiscal et finances publiques

AVANT-PROPOS

Depuis la nuit des temps, l'enregistrement d'un acte était avant tout, une simple formalité juridique. Afin de protéger les particuliers des éventuelles fraudes par antidate ou des modifications inattendues, l'enregistrement conférait une date certaine aux actes sous seing privé.

Pour l'heure, l'enregistrement joue un rôle considérable et rapporte près de 45 milliards de Francs CFA au Trésor Public camerounais.

L'enregistrement subit de plus en plus la concurrence de la TVA qui est un impôt moins douloureux dont le maniement paraît plus simple et la rentabilité plus élevée.

Il va sans dire que les droits d'enregistrement sont victimes de sérieuses critiques dont les principales sont les suivantes :

- Le cumul possible des droits d'enregistrement et la TVA

Il est en effet fréquent qu'une même opération soit passible de TVA parce qu'elle relève d'une activité industrielle ou commerciale et qu'elle soit également assujettie aux droits d'enregistrement. À titre d'illustration, un marché public relevant du droit commun est soumis tant au droit proportionnel d'enregistrement de 2 % qu'à la TVA de 19,25 %. Il en est de même de droits de timbre sur la publicité qui sont assujettis au taux de 2 % du coût de la publicité et à la TVA de 19,25 %.

- Le poids fiscal excessif.

Avant juillet 1999 par exemple, le droit de timbre exigible sur la publicité qui concerne un prospectus pouvait être supérieur au coût du support. Ce droit de timbre était de 10 F CFA par prospectus alors que le coût de production d'un prospectus pouvait être de 5 F CFA. À présent, le droit de timbre exigible pour un véhicule muni de haut-parleur est annuellement de 240 000 F CFA ; mais il pourrait se trouver que le coût de la publicité pour la même période se chiffre à 110 000 F CFA.

- Le défaut de neutralité compte tenu des différents taux qui sont tributaires de la nature juridique des opérations :

- Taux élevé de 15 % pour les ventes d'immeubles bâtis, de fonds de commerce ou de clientèle à l'exception des marchandises neuves dans certaines conditions. La Loi de Finances de l'exerce 2017 en son article 543-a a modifié cette approche en disposant que : « le taux élevé est ramené à 10 % pour les immeubles urbains bâtis relevant des zones encadrées par une mercuriale administrative » ;

- Taux intermédiaire de 10 % pour les contrats de location à usage commercial et les locations d'immeubles consenties aux sociétés et aux entreprises en vue de loger leur personnel. La Loi de Finances de l'exerce 2017 en son article 543-b a modifié cette approche en disposant que « le taux intermédiaire est ramené à 5 % pour les immeubles urbains non bâtis et ruraux bâtis relevant des zones encadrées par une mercuriale administrative » ;

- Taux moyen de 5 % pour les ventes et échanges de meubles, les mutations de jouissance de fonds de commerce ou de clientèle, les jugements. La Loi de Finances de l'exerce 2017 en son article 543-c dispose que : « les marchés et commandes publics de montant inférieur à 5 millions, payés sur le budget de l'État, des collectivités territoriales décentralisées et des établissements publics administratifs ou sur financement extérieur. Le taux est ramené à 2 % pour les immeubles ruraux non bâtis relevant des zones encadrées par une mercuriale administrative » ;

- Taux réduit de 2 % pour les reconnaissances de dette, les marchés publics soumis au régime de droit commun, les cessions d'actions, de parts sociales et d'obligations des sociétés commerciales ou civiles. La Loi de Finances de l'exerce 2017 en son article 543-d dispose que : « sous réserve des dispositions des articles 350 et 545, les marchés et commandes publics de montant inférieur ou égal à 5 millions, payés sur le budget de l'État, les collectivités territoriales décentralisées et des établissements publics administratifs.

- les marchés et commandes publics de montant inférieur à 5 millions, payés sur le budget des sociétés à capitaux publics et des sociétés d'économie mixte ».

- Taux super réduit de 1 % pour les partages purs et simples de biens meubles et immeubles, les retenues de garantie, les cautionnements. La Loi de Finances de l'exercice 2017 dispose à présent que : « les marchés et commandes publics de montant supérieur à 5 millions, payés sur le budget des sociétés à capitaux publics et des sociétés d'économie mixte ».

Au demeurant, afin de remédier à certaines critiques qui reposent sur un fondement solide, les aménagements et allègements sont apportés presque tous les ans. C'est ainsi que la loi de finances de l'exercice 2000/01 en son article 4 (nouveau) alinéa 1 °F a exonéré de TVA les mutations de fonds de commerce bien que la vente d'un fonds de commerce puisse constituer une opération qui a trait à une activité commerciale aussi bien pour le vendeur que pour l'acheteur.

À présent, cette vente est simplement soumise au droit d'enregistrement de 15 % (Cf. article 341-1 et 543-a du C.G.I.) tel que nous le verrons de manière détaillée plus loin. Dans le même ordre d'idées, les prêts sur nantissement et sur hypothèque passés avec les établissements de crédit ainsi que les mains levées, cautionnements et garanties y relatifs ne sont plus soumis au droit proportionnel mais à l'enregistrement gratis avec perception de timbre gradué (Cf. Loi de finances de l'exercice 2004 article 546 alinéa 5).

Le domaine de prédilection des droits d'enregistrement est celui des mutations. À cet effet, on distingue les mutations à titre onéreux (vente d'immeubles et de fonds de commerce,...) et les mutations à titre gratuit (donations, successions...).

Il faut enfin ajouter l'enregistrement des différents actes relatifs à la structure des sociétés (constitution des sociétés, augmentation de capital, déclarations de souscription et de versement de capital, cession de parts sociales).

À la lecture de ce qui précède, il demeure évident que les droits d'enregistrement portent sur des mouvements de patrimoine. À ce titre, il convient de les classer dans la catégorie des impôts sur le capital. L'ambition de ce livre est de donner à tout un chacun, un guide dans lequel il pourra trouver l'essentiel de ce qu'il doit savoir. Des exemples d'applications ont été judicieusement conçus afin qu'il ait une vue très approfondie du domaine étudié.

La Loi N° 2002/2003 du 19 Avril 2002 a réuni dans un seul ouvrage, par des articles qui se suivent, le Code Général des Impôts, le Code de l'Enregistrement du Timbre et de la Curatelle et le Livre des Procédures Fiscales. À ce titre, notre fiscalité est devenue moins touffue, somme toute, plus aérée. Le législateur, en l'occurrence l'Assemblée nationale, a enfin mis à la disposition tant du contribuable que de l'Agent des Impôts, un document qui se manie avec aisance. Comme conséquence, le Cameroun s'est doté d'un outil et d'une image qui fera non seulement des envieux mais le situera aux premières loges des fiscalités stables et modérées.

Ainsi décrites, les prévisions budgétaires deviennent aisées à réaliser sous la sérieuse condition de pouvoir contenir la marée montante des dépenses publiques. En effet lorsqu'une autorité déclare qu'il faut baisser les impôts, afin que sa phrase soit complète, il devra ajouter qu'on baissera de manière équivalente les dépenses publiques. Il va sans dire que la difficulté centrale d'une fiscalité non oppressive réside dans l'augmentation constante des dépenses publiques. Les recouvrements budgétaires n'auront un impact favorable à notre économie qu'avec la réduction des dépenses publiques.

Pour clore notre Avant-propos, rappelons qu'à juste titre, il est souvent formulé qu'un bon impôt est un impôt à assiette large, c'est-à-dire que l'impôt touche le plus grand nombre, et à taux modéré.

Nous ne cesserons d'ajuster notre étude des droits d'enregistrement, du timbre et de la curatelle à la nouvelle donne fiscale.

La présentation de ce livre et son style volontairement simple devront le rendre facilement accessible à tous ceux qui, professionnels ou non, s'intéressent à l'évolution des droits d'enregistrement, du timbre et de la curatelle. Sans rien outrer, notre vœu réside dans le fait qu'il puisse s'établir une relation confiante et fructueuse entre contribuables et Agents de l'État.

Malgré tout, notre système fiscal est devenu moins oppressif et n'incite plus nos talentueux compatriotes à aller travailler hors des frontières nationales. Sous toutes réserves, la capacité de développer et de moderniser notre économie sera fonction de l'allègement fiscal. Cet allègement convaincra les ambitieux qu'ils pourront mener leur carrière et tenter leur chance dans leur propre pays dans des conditions plus avantageuses que celles qui pourraient leur être proposées ailleurs.

À présent, si nous n'allégeons pas nos impôts, il devient possible aux entreprises de s'implanter où elles le désirent au sein de la zone C.E.M.A.C. dans l'optique de changer de régime fiscal et de profiter éventuellement des aides gouvernementales pour leur installation.

Certains nationaux savent qu'il existe actuellement des systèmes « légaux » d'évasion fiscale occasionnés par la mobilité de la matière imposable. De nos jours, les opérations financières sont décantonnées, ce qui voudrait dire qu'elles peuvent être localisées dans n'importe quel point de la zone C.É.M.A.C., zone au sein de laquelle elles seront libellées dans la même monnaie, librement transférable. Les opérations nouvelles du type fixation d'un centre de décision ou d'un centre d'exploitation, chercheront à jouir des conditions fiscales les plus avantageuses et à spéculer sur les marchés financiers qui leur sont favorables.

Comme conséquences, nous nous trouverons face à une évasion fiscale régulière et légale./ -

M.A.E.

RECUEIL DES PRINCIPALES ABRÉVIATIONS

ART	ARTICLE
CÉMAC	COMMUNAUTÉ ÉCONOMIQUE ET MONÉTAIRE D'AFRIQUE CENTRALE
CFA	COOPÉRATION FINANCIÈRE D'AFRIQUE
CGI	CODE GÉNÉRAL DES IMPÔTS
DF	DROITS FIXES
DS	DROITS SIMPLES
E	ENREGISTREMENT
ETC	ENREGISTREMENT, TIMBRE ET CURATELLE
HT	HORS TAXES
MAETUR	MISSION D'AMÉNAGEMENT ET D'ÉQUIPEMENT DES TERRAINS URBAINS ET RURAUX
MAGZI	MISSION D'AMÉNAGEMENT ET DE GESTION DES ZONES INDUSTRIELLES
MAX	MAXIMUM
Me	MAÎTRE
SIC	SOCIÉTÉ IMMOBILIÈRE DU CAMEROUN
TD	TIMBRE DE DIMENSION
TP	TRÉSOR PUBLIC
TTC	TOUTES TAXES COMPRISES

SOMMAIRE

A. LA THÉORIE GÉNÉRALE DE L'ENREGISTREMENT

De nos jours, l'enregistrement est à la pointe de l'évolution économique de notre pays ainsi qu'à l'intégration au sein de la C.É.M.A.C. C'est déjà une certitude pour la fiscalité du patrimoine immobilier sous tous ses aspects et pour la taxe foncière.

1- Le domaine de l'enregistrement

- ***L'enregistrement à titre obligatoire :***

Les actes solennels tels que les actes judiciaires, extrajudiciaires et notariés, sont obligatoirement soumis à l'enregistrement en raison de leur forme.

La plupart des mutations sont obligatoirement soumises à l'enregistrement tel est le cas notamment des ventes d'immeubles ou de fonds de commerce, les ventes de véhicules d'occasion, les contrats de location à usage commercial, les successions et les donations.

- ***L'enregistrement à titre facultatif :***

Les procurations, les reconnaissances de dette et les locations à usage d'habitation rédigées sous seing privé s'enregistrent à titre facultatif.

Somme toute, il est prudent lorsque l'on veut se ménager la preuve certaine d'un acte sans passer par le ministère d'un Notaire, de le présenter volontairement à la formalité d'enregistrement. De toutes les façons, en cas de litige entre les parties, aucune décision ne sera rendue au Tribunal si l'acte n'est pas enregistré. Et les pénalités sont encourues si l'acte sous seing privé est soumis à la formalité trois mois après la date de signature.

2- Le droit de contrôle :

Pour exercer un contrôle, l'Administration dispose d'un délai de 5 ans pour les droits et taxes d'enregistrement (Cf. article 334 du Code Général des Impôts). Ce délai peut être porté à 10 ans pour les successions.

Le contrôle peut porter sur tous les aspects des droits d'enregistrement (la qualification de l'acte, le taux applicable…). Les redressements pour abus de droit ne sont pas rares, notamment lorsqu'il s'agit d'une vente déguisée en donation.

En outre, l'Administration peut exercer un contrôle à partir des déclarations déposées par les contribuables, des renseignements fournis par les tiers et aussi des renseignements qu'elle est autorisée à demander, en vertu de son droit de communication, aux administrations publiques, aux banques, aux fournisseurs, aux clients, etc... Ces moyens de recoupement s'ils sont fort utiles, sont insuffisants. D'où la nécessité de procéder à des contrôles sur place.

À ce propos, l'article 375 du C.G.I. dispose que : « Les dépositaires des registres de l'état civil, ceux des rôles des contributions et tous autres chargés des archives et dépôts des titres publics seront tenus de les communiquer, sans les déplacer, aux agents des impôts à toute réquisition et de leur laisser prendre, sans frais, les renseignements, extraits et copies qui leur seront nécessaires pour les intérêts du Trésor, à peine de 2 000 francs d'amende pour refus constaté par procès-verbal du préposé.

Ces dispositions s'appliquent aussi aux notaires, huissiers, greffiers et secrétaires d'administration publique, pour les actes dont ils sont dépositaires, sauf les restrictions résultant de l'alinéa suivant et de l'article 377 ci-dessous.

Sont exceptés, les testaments et autres actes de libéralité à cause de mort, du vivant des testateurs.

Les communications ci-dessus ne pourront être exigées que les jours ouvrables ».

Généralement, en matière d'enregistrement, le contrôle porte sur la réalité du prix. Étant donné que les droits à acquitter reposent souvent sur la valeur déclarée par les parties, certains contribuables ont tendance à mentionner un prix inférieur à celui qui a été réellement convenu. C'est une fraude par dissimulation sévèrement réprimée.

Nous avons tendance à confondre insuffisance et dissimulation.

En matière d'insuffisance, les parties sont généralement de bonne foi mais c'est l'Administration qui estime que le prix fixé est inférieur à la valeur du bien transmis. L'Administration est alors en droit de redresser l'insuffisance de prix. En cas d'insuffisance dûment constatée, l'Administration peut requérir l'expertise en vue de fixer la valeur taxable (Cf. article 324 du C.G.I.). Cette expertise est requise auprès du Tribunal civil dans le ressort duquel le bien est situé (Cf. article 325 alinéa 1 du C.G.I.). Les frais d'expertise sont bien évidemment à la charge des parties.

A contrario, en matière de dissimulation, la mauvaise foi des parties est évidente. C'est la raison pour laquelle elle est hautement réprimée. En effet, l'article 327 du C.G.I. dispose que : « Toute dissimulation dans le prix de vente d'un immeuble ou d'une cession de fonds de commerce ou de clientèle est punie d'une amende égale à la moitié de la somme dissimulée. Cette amende est payée solidairement par les parties, sauf à la répartir entre elles par parts égales. La dissimulation peut être établie par tous les moyens de preuve admis par le droit commun ».

Prenons un exemple :

Je vends un immeuble bâti au prix déclaré de 30 millions. Et l'Administration apporte la preuve par des éléments de comparaison que la valeur réelle de cet immeuble est de 80 millions. Le montant des amendes redevables au fisc sera de 25 millions c'est-à-dire la moitié de 50 millions qui correspond à la somme dissimulée.

Certes, la plus-value sur taxation immobilière sera calculée sur la base de 30 millions alors que les droits de mutation le seront sur la base 80 millions.

Au surplus, l'article 328 du C.G.I. dispose que : « Lorsqu'il est constaté l'existence d'une contre-lettre sous signature privée relative aux dissimulations… et qui a pour objet une augmentation du prix stipulé dans un acte public ou dans un acte sous signature privée, précédemment enregistré, il y a lieu d'exiger à titre d'amende une somme triple du droit qui doit être perçu sur les sommes et valeurs ainsi stipulées ». Ce qui voudrait dire que l'amende est de 300 % par rapport aux droits simples.

Reprenons notre exemple :

Comme il s'agit d'un immeuble bâti, les droits simples après redressement seront de :

15 % des 80 000 000, en l'occurrence : 12 000 000.

L'amende sera de 12 000 000 x 3 = 36 000 000.

Vous vous en doutez, la preuve irréfutable d'une dissimulation est très difficile à apporter. Habituellement, l'Administration motive le redressement en formulant des éléments de comparaison qui justifient que le prix déclaré est réellement inférieur à la valeur vénale. Il va sans dire que la détermination de la valeur vénale n'est pas aisée. Au demeurant, l'Administration dispose d'une arme foudroyante qui est le droit de préemption.

3- Le droit de préemption et la remise gracieuse de pénalités :

- ***Le droit de préemption :***

L'article 330 du Code Général des Impôts dispose que : « L'Administration a la faculté dans un délai de 6 mois, de se substituer à l'acquéreur d'un bien ou au bénéficiaire d'un droit à un bail si elle le juge utile, et si elle estime le prix porté à l'acte insuffisant. La préemption se fait de plein droit après simple notification par acte d'huissier. L'Administration doit alors rembourser à l'acquéreur, le montant du prix porté à l'acte augmenté de 10 % ».

En termes clairs, il s'agit d'une expropriation pour cause d'utilité fiscale. Le cas le plus connu de l'exercice du droit de préemption concerne l'immeuble SHELL situé à Yaoundé. Le législateur a parlé d'un délai de six mois à compter de la date de l'enregistrement de l'acte pour éviter que l'insécurité ne plane indéfiniment sur l'acquéreur.

- ***La remise gracieuse de pénalités :***

Bien qu'il y ait des contribuables qui sont de véritables fripouilles fiscales, il en existe également qui sont honnêtes mais peuvent se tromper. Cette dernière catégorie peut bénéficier d'une clémence fiscale lorsque leurs actes sont hors délai.

L'article 331 du C.G.I. dispose que : « La remise gracieuse des amendes et pénalités peut être accordée sur demande dûment timbrée et après paiement des droits simples par le Chef de Centre des Impôts, son supérieur hiérarchique, l'inspecteur vérificateur, le Directeur ou le ministre compétent suivant les quotités déterminées par des textes nationaux ».

À l'article L 145 de renchérir :

« En cas de remise ou modération, la décision est notifiée :

- par le Chef de Centre Régional des Impôts ou le responsable de la structure chargée de la gestion des « Grandes Entreprises » dans la limite de trente millions (30 000 000) de francs pour les impôts et taxes en principal et de trente millions (30 000 000) de francs pour les pénalités et majorations ;

- par le Directeur Général des Impôts dans la limite de cent millions (100 000 000) de francs, pour les impôts et taxes en principal et de cent millions (100 000 000) de francs pour les pénalités et majorations ;

- par le ministre chargé des Finances pour les impôts et taxes en principal dont les montants sont supérieurs à cent millions (100 000 000) de francs ainsi que pour les pénalités et majorations dont les montants sont supérieurs à cent millions (100 000 000) de francs Cfa. Toutefois, lorsque la décision de l'autorité compétente ne satisfait pas le demandeur, le recours hiérarchique reste ouvert à ce dernier jusqu'au ministre chargé des Finances ».

La Loi de Finances de l'exercice 2015 a modifié les dispositions de l'article 571 du C.G.I.

Avant 2015, l'article 571 du C.G.I. disposait que :

« Les remises ou les modérations des pénalités de retard sont accordées :

- jusqu'à 300 000 francs par le Chef de Centre Départemental ou Divisionnaire des Impôts ;

- de 300 001 à 1 000 000 de francs par le Chef de Centre Régional des Impôts ;

- de 1 000 001 à 5 000 000 de francs par le Directeur Général des Impôts ;

- au-delà de 5 000 000 de francs par le ministre des Finances ».

À partir du 1er janvier 2015, l'article 571 du C.G.I. dispose que :

« Les remises ou les modérations des pénalités de retard sont accordées :

- jusqu'à 1 000 000 de francs par les Chefs de Centres des Impôts ;

- jusqu'à 5 000 000 de francs par les Chefs de Centres Régionaux des Impôts et le Directeur des Grandes Entreprises ;

- jusqu'à 20 000 000 de francs par le Directeur Général des Impôts ;

- au-delà de 20 000 000 de francs par le ministre en charge des Finances »./-

Première partie :

LES DROITS D'ENREGISTREMENT CLASSIQUES

B. LE RÉGIME DES PLUS-VALUES IMMOBILIÈRES RÉALISÉES PAR LES PARTICULIERS

C. LE RÉGIME DES MUTATIONS IMMOBILIÈRES

D. LE RÉGIME DES CONTRATS DE LOCATION

E. LE RÉGIME DES CONTRATS DE GÉRANCE LIBRE DES POINTS DE VENTE DE CARBURANT

F. LE RÉGIME DES MUTATIONS DE FONDS DE COMMERCE

G. LE RÉGIME DE CONSTITUTION DES SOCIÉTÉS ET DES AUGMENTATIONS DE CAPITAL

H. LE RÉGIME D'ABSORPTION ET DE FUSION DES SOCIÉTÉS

I. LE RÉGIME DES MARCHÉS PUBLICS

J. LE RÉGIME DES DONATIONS ET DES SUCCESSIONS

B. LE RÉGIME DES PLUS-VALUES IMMOBILIÈRES RÉALISÉES PAR LES PARTICULIERS

En règle générale, sont soumises à l'impôt ''les plus-values réalisées par les personnes physiques sur les immeubles bâtis ou non bâtis acquis à titre onéreux ou gratuit, ''. Cette disposition est visée à l'article 46 alinéa 2 du Code Général des Impôts (C.G.I.). Ce qui voudrait dire qu'en cas de cession, la plus-value est imposable peu importe qu'elle revête en amont une nature de vente, de donation ou de succession.

En matière de plus-value hors bilan, c'est le Notaire qui effectue un prélèvement libératoire pour le compte du vendeur. À ce titre, le Notaire est le redevable légal, le cédant en l'occurrence le vendeur, le redevable réel.

Il convient de souligner qu'en matière de plus-value immobilière, l'événement qui fait naître la créance du Trésor Public est la signature de l'acte de cession et non l'encaissement du prix. À la lecture de ce qui vient d'être mentionné, la date de signature de l'acte prévaut sur celle du versement du numéraire. C'est une approche assez originale dans la fiscalité des ménages, fiscalité assise sur la comptabilité de caisse.

En outre, l'article 48 alinéa 3 du C.G.I. dispose que : « La plus-value imposable visée à l'article 46 alinéa 2 du présent code est égale à la différence entre le prix déclaré par les parties et la valeur du bien à la dernière mutation. La valeur du bien à la dernière mutation comprend le cas échéant les frais de construction et/ou de transformation de l'immeuble dûment justifiés ». À cet effet, si l'immeuble a été acquis à titre onéreux, le montant à retenir est celui mentionné dans l'acte et non la valeur vénale éventuellement redressée. De même, si l'immeuble a été acquis à titre gratuit, le montant à retenir sera celui déclaré à l'Enregistrement pour le calcul des droits de donation ou de succession. À la lumière de ce qui vient d'être souligné, les ayants droit d'une succession ont intérêt à ne pas sous-évaluer les sommes mentionnées dans leur déclaration au risque d'acquitter une considérable taxe sur la plus-value.

Afin d'assurer une meilleure fiabilité à la valeur du bien à la dernière mutation, l'article 558 du C.G.I. dans la rubrique dite ''Obligations des parties, des officiers ministériels et des inspecteurs'', dispose que : « les actes portant mutation de propriété ou de jouissance d'immeubles ou de fonds de commerce doivent en plus comporter, le cas échéant, la valeur vénale ou estimée du bien lors de sa dernière mutation ou de son immatriculation. De même, il sera annexé en plus, à chaque copie de l'acte, une copie du bordereau analytique du titre foncier, dûment certifié par le notaire ». C'est la raison pour laquelle les officiers publics, en l'occurrence les Notaires, ont l'obligation de joindre une copie du bordereau analytique dans leurs actes de mutation.

Le taux de prélèvement à retenir au titre de la plus-value réalisée par les particuliers était de 25 %. Il a été ramené à 10 % dans les dispositions de la loi de finances de l'exercice 2007. Il est visé à l'article 90 du C.G.I. Pour la détermination de la base imposable, l'article 48 al.3 du C.G.I. énumère les charges déductibles à prendre en compte. Cet article énonce que :

« Pour la détermination de la base imposable de la plus-value, il est tenu compte, comme charges déductibles :

- des frais réels afférents à la dernière mutation, lorsque celle-ci avait été réalisée à titre onéreux,

- des frais réels afférents à la dernière mutation non compris les droits d'enregistrement, lorsque celle-ci avait été réalisée à titre gratuit ».

1er exemple d'application :

À titre personnel, Madame Amélie LIBASSE a effectué l'opération immobilière suivante auprès de Maître Eugène CHOUAEBOU, Notaire à Douala, Boulevard de la République.

Le 02 septembre 2001, elle a vendu au prix de 180 000 000 F CFA un immeuble urbain bâti situé à Akwa-Douala. Il émerge du bordereau analytique annexé dans l'acte que cet immeuble avait été antérieurement acquis au prix de 105 000 000 F CFA. Les frais réels dûment justifiés s'élevaient à 36 000 000 F CFA dont 15 750 000 F CFA de droits d'enregistrement.

- Quelle est l'issue fiscale réservée à cette opération au titre de la plus-value immobilière ?

<u>Liquidation :</u>

Prix de cession de l'immeuble 180 000 000

-

<u>Charges réelles déductibles* (105 000 000 + 36 000000) .141 000 000</u>

= Plus-value imposable 39 000 000

Montant à acquitter au Trésor Public : 39 000 000 x 25 % = <u>9 750 000</u>

*<u>NOTA</u> : charges réelles déductibles = valeur d'acquisition + frais réels de transformation et d'enregistrement.

2ème exemple d'application :

À titre individuel, Monsieur William ESSOUMI a effectué l'opération suivante auprès de Maître Jacques NDIAYE, Notaire à Douala, Rue des Ecoles.

Le 19 septembre 2001, il a vendu au prix de 240 000 000 F CFA un immeuble urbain bâti situé à Bonapriso-Douala. Il ressort du bordereau analytique annexé dans l'acte que cet immeuble avait été précédemment acquis lors d'une succession déclarée en juillet 1998 pour une valeur estimative de 165 000 000 F CFA.

Les frais réels dûment justifiés s'élevaient à 45 000 000 F CFA dont 24 750 000 F CFA de droits d'enregistrement.

- Quel est le sort fiscal réservé à cette opération au regard de la plus-value immobilière ?

Liquidation :

Prix de cession de l'immeuble 240 000 000

-

Charges réelles déductibles*
(165 000 000 + 45 000 000 – 24 750 000) 185 250 000
= Plus-value imposable 54 750 000

Montant à acquitter au Trésor Public : 54 750 000 x 25 % = 13 687 500

3ème exemple d'application :

Á titre personnel, Madame Germaine POULEBA a effectué l'opération immobilière suivante auprès de Maître Joseph WOWE, Notaire à Douala, Rue de l'Espérance.

Le 04 mars 2007, elle a vendu au prix de 370 000 000 F CFA un immeuble urbain bâti situé à Deïdo-Douala. Il émerge du bordereau analytique annexé dans l'acte que cet immeuble avait été antérieurement acquis au prix de 132 000 000 F CFA. Les frais réels dûment justifiés s'élevaient à 43 000 000 F CFA dont 14 710 000 F CFA de droits d'enregistrement.

- Quelle est l'issue fiscale réservée à cette opération au titre de la plus-value immobilière ?

Liquidation :

Prix de cession de l'immeuble...............................370 000 000

-

Charges réelles déductibles (132 000 000+43 000 000) 175 000 000
= Plus-value imposable...195 000 000

Montant à acquitter au Trésor Public : 195 000 000 x 10 % = 19 500 000

4ème exemple d'application :

À titre individuel, Monsieur Claude MANANGA a effectué l'opération immobilière suivante auprès de Maître Joséphine MATOTOLO, Notaire à Douala, Rue Paolo Prisoso.

Le 18 février 2008, il a vendu au prix de 513 000 000 F CFA un immeuble urbain bâti situé à Bonanjo-Douala. Il ressort du bordereau analytique annexé dans l'acte que cet immeuble avait été précédemment acquis lors d'une succession déclarée en mai 2004 pour une valeur estimative de 372 000 000 F CFA. Les frais réels dûment justifiés s'élevaient à 93 250 000 F CFA dont 48 500 000 F CFA de droits d'enregistrement.

- Quelle est l'issue fiscale réservée à cette opération au titre de la plus-value immobilière ?

Liquidation :

Prix de cession de l'immeuble............................513 000 000

-

Charges réelles déductibles
(372 000 000 + 93 250 000 – 48 500 000) 416 750 000
= Plus-value imposable.....................................96 250 000

Montant à acquitter au Trésor Public : 96 250 000 x10 % = 9 625 000

Remarques :

Les charges de propriété déductibles qui correspondent à un taux de 30 % dont parle le C.G.I. en son article 48 alinéa 2 n'intègrent pas le calcul de la plus-value réalisée par les particuliers mais plutôt celui de la détermination des revenus locatifs nets.

Le C.G.I. ne tient pas encore compte de l'érosion monétaire dont il serait souhaitable que le barème des coefficients soit élaboré et publié.

À présent, le législateur n'a prévu aucune prescription relative à la taxation sur la plus-value réalisée par les particuliers. Étant donné que le but poursuivi est de taxer une plus-value spéculative, il serait peut-être impératif de fixer une date limite au-delà de laquelle le fisc n'a plus la capacité de réclamer la taxe./-.

C. LE RÉGIME DES MUTATIONS IMMOBILIÈRES « MUTATIONS DE PROPRIÉTÉ »

Les opérations de mutation immobilière revêtent de sérieuses exigences sous l'angle juridique et sont onéreuses lorsqu'on est de mauvaise moralité fiscale. Dans l'optique juridique, elles donnent lieu à la rédaction d'un acte notarié d'une relative complexité. Au plan fiscal, elles conduisent à l'acquittement des droits de mutation, de la taxe foncière et de la plus-value immobilière.

Les deux taux des droits de mutation des immeubles urbains sont les suivants :

- 10 % pour les immeubles non bâtis ;
- 15 % pour les immeubles bâtis.

Les deux taux des immeubles ruraux sont les suivants :

- 10 % pour les immeubles bâtis ;
- 5 % pour les immeubles non bâtis.

Les annexes sont passibles d'un droit fixe de 4000 F CFA par exemplaire.

Quant à la taxe foncière, l'article 583 alinéa 1 du C.G.I. dispose que : « Les actes portant hypothèque, mutation de propriété ou de jouissance en matière immobilière ne peuvent recevoir la formalité de l'enregistrement que sur justification du paiement régulier de la taxe sur la propriété foncière.

Toute immatriculation au registre de la conservation foncière est conditionnée par la production d'une quittance de règlement de la taxe sur la propriété foncière ou la présentation d'un certificat de non-imposition délivré par le service des impôts compétent ».

À l'alinéa 2 de l'article 579 du C.G.I. de disposer que : « La taxe sur la propriété foncière est exigible le 1er janvier de l'année d'imposition. Elle doit être acquittée spontanément au plus tard le 15 mars, sur déclaration du redevable ou de son représentant ».

L'article 581 alinéas 2 et 3, à présent abrogé, retraçait graduellement le tarif de la taxe sur la propriété foncière et des centimes additionnels prélevés au profit des communes de la manière suivante :

Propriétés non bâties

superficie	Taxe foncière	Centimes additionnels	total
≤ 400 m²	2 500	630	3 130
401 à 1000 m²	5 000	1 250	6 250
1001 à 3000 m²	7 500	1 880	9 380
3001 à 5000 m²	12 000	3 000	15 000

Au-delà de 5000 m², 5 F CFA par m² supplémentaire, sans dépasser 50 000 F CFA de taxe foncière et 12 500 F CFA de centimes additionnels.

Propriétés bâties

superficie	Taxe foncière	Centimes additionnels	total
≤ 400 m²	5 000	1 250	6 250
401 à 1000 m²	10 000	2 500	12 500
1001 à 3000 m²	15 000	3 750	18 750
3001 à 5000 m²	24 000	6 000	30 000

Au-delà de 5000 m², 10 F CFA par m² supplémentaire, sans dépasser 100 000 F CFA de taxe foncière et 25 000 F CFA de centimes additionnels.

La loi de finances de l'exercice 2006 a modifié les dispositions de la taxe foncière. Elle est à présent de 0,1 % de la valeur de l'immeuble majorée de 10 % de centimes additionnels. Elle est visée à l'article 581 alinéas 1 et 2 du C.G.I. qui dispose que :

« - Le taux de la taxe sur la propriété foncière est fixé à 0,1 %.

- La taxe en principal déterminée par application du taux prévu à l'alinéa 1er ci-dessus, est majorée de 10 % au titre des centimes additionnels communaux, reversés directement à la commune du lieu de situation de l'immeuble ».

La Loi de Finances de l'exercice 2017 dispose que : ‘‘le produit de la taxe foncière sur les propriétés immobilières est affecté à la commune du lieu de situation de l'immeuble à concurrence de 60 %’’.

En ce qui concerne la plus-value, nous l'avons vu dans le chapitre précédent, le taux de taxation était de 25 % avant 2007, il est de 10 % à partir du 1er janvier 2007. Pour mémoire, ce taux s'applique sur la différence entre le prix d'acquisition et la valeur du bien à la dernière mutation. La valeur du bien à la dernière mutation intègre éventuellement les frais de construction et/ou de transformation dûment justifiés. (Cf. article 48 alinéa 3 du C.G.I.). Le redevable légal étant le notaire, c'est lui qui devra effectuer sur le vendeur, un prélèvement dit « libératoire ». Ce prélèvement doit intervenir avant la formalité de l'enregistrement.

Nous ne parlerons ici que des mouvements de patrimoine à titre onéreux matérialisés par des actes solennels en l'occurrence, les ventes d'immeubles passées chez le Notaire. Nous parlerons plus loin des mutations immobilières à titre gratuit, à savoir, les donations et les successions. Nous ne surchargerons pas ce chapitre en parlant des profits réalisés par des professionnels de l'immobilier, tels que les marchands de biens et les promoteurs. Ces profits, taxés à l'Impôt sur le Revenu (I.R) dans le cadre des Bénéfices Industriels et Commerciaux (B.I.C.) ne relèvent pas des droits d'enregistrement. Au demeurant, les promoteurs institutionnels à savoir la MAETUR, la MAGZI et la SIC compte tenu de l'application de la TVA, les acquisitions et les ventes de ces derniers nécessitent impérativement la formalité tout en étant enregistrées gratis avec la perception du timbre gradué et du timbre de dimension. Dans la pratique, tant à l'acquisition qu'à la vente, la TVA à payer soit par le client soit par le promoteur est calculée par le notaire en même temps que les droits d'enregistrement qui sont bien entendu gratis mais conduisent au paiement du timbre gradué et de celui de dimension.

À la lumière de ce qui précède, nous verrons sous l'angle juridique :

- Le délai d'enregistrement d'un acte de mutation immobilière ;
- Les précisions à faire ressortir dans un acte notarié.

Sous l'angle fiscal, nous prendrons quatre exemples d'application et ferons la liquidation des droits de mutation, de la taxe foncière et de la plus-value immobilière.

1- Le délai d'enregistrement

L'enregistrement d'un acte notarié de mutation immobilière doit intervenir dans le mois qui suit l'opération taxable. Il va de soi que c'est la première date de l'acte qui reste la seule valable pour apprécier les pénalités éventuelles. Ces pénalités sont d'un droit en sus, c'est-à-dire égales aux droits simples.

À titre de rappel, soulignons que le délai d'enregistrement d'une vente d'immeuble court à partir du moment où la vente est devenue « parfaite par le consentement réciproque des parties sur la chose et sur le prix ».

2- Les précisions à insérer dans un acte notarié

Les dispositions de l'article 370 du C.G.I. sont formelles : « Les actes portant mutation à titre gratuit ou onéreux d'immeubles ou de fonds de commerce, doivent porter l'état civil, le numéro du contribuable et l'adresse complète des parties, l'identification complète et l'origine de la propriété du bien muté, l'identification de la situation locative du bien et comporter quatre (04) copies de l'acte dont deux (02) sur papier libre.

Un plan de situation du bien est joint à l'acte, aux doubles et aux copies déposées au Centre des Impôts.

Les actes portant constitution de sociétés doivent également respecter l'exigence de présentation d'un plan de localisation lors de la présentation à la formalité de l'enregistrement.

Les actes ne remplissant pas ces conditions voient leur enregistrement retardé jusqu'à ce qu'ils soient complétés. Le retard ainsi apporté ne met pas obstacle à l'application des pénalités ».

1er exemple d'application :

Monsieur Alfred DJIKA vend à Madame Lina FATIMA un immeuble urbain non bâti situé à New-Deïdo d'une superficie de 1820 m² au prix déclaré de 16 000 000 F CFA. Cette vente a été contractée le 19 octobre 2001 chez Maître Moussa KARIMOU, Notaire à Douala. Le 24 octobre 2001, Maître Moussa KARIMOU soumet l'acte à la formalité d'enregistrement. À la lecture du bordereau analytique annexé, il ressort que cette vente avait déjà fait l'objet d'une première mutation en février 1997 au prix de 12 000 000 F CFA. Maître Moussa KARIMOU a joint quatre (4) annexes.

Au mépris des dispositions de l'article 583 alinéa 1 du C.G.I., Maître Moussa KARIMOU n'a fourni aucune quittance de taxe foncière au Centre des Impôts territorialement compétent. Par ailleurs, au travers d'éléments de comparaison, l'Administration a apporté la preuve que la valeur réelle de cet immeuble non bâti est de 21 000 000 F CFA.

- Quel est le volume des droits à acquitter au titre de cette mutation ?

- Quel est le montant à régler au regard de la taxe foncière et des centimes additionnels ?

- Comment s'opérera la taxation sur la plus-value immobilière ?

Liquidation :

Droits de mutation :

Droits simples (acte) : 21 000 000 x 10 % = 2 100 000

Droits simples (annexes) : 4 000 x 4 = 16 000

Amendes redevables (art 327 du C.G.I.) : $\frac{21\,000\,000 - 16\,000\,000}{2}$ = 2 500 000

Montant à acquitter au Trésor Public : 4 616 000

Taxe foncière et centimes additionnels :

Droits simples (7 500 + 1 880) x 5 (exercices) = 46 900

Pénalité encourue (7 500 + 1 880) x 5 (exercices) = 46 900

Montant à acquitter au Trésor Public : 93 800

Taxation sur la plus-value :

Montant déclaré dans l'acte : 16 000 000

–

Montant relatif à la précédente mutation : 12 000 000

= Plus-value imposable 4 000 000

Montant à acquitter au Trésor Public : 4 000 000 x 25 % = 1 000 000

Récapitulation :

Total droits simples : 2 100 000 + 16 000 + 46 900 + 1 000 000 = 3 162 900

Total pénalités et amendes : 2 500 000 + 46 900 = 2 546 900

Total global à acquitter au Trésor Public : 5 709 800

2ème exemple d'application :

Monsieur Louis LOUGA, Cadre de banque, vend à Monsieur ISSOFA DIALO, Directeur de société, un immeuble urbain bâti situé à Akwa-Douala d'une superficie développée de 480 m² au prix déclaré de 30 000 000 F CFA. Cette vente a été contractée le 10 août 2001 chez Maître Ahmadou BACHIROU, Notaire à Douala.

Le 20 septembre 2001, Maître Ahmadou BACHIROU soumet l'acte à la formalité d'enregistrement. Á la lecture du bordereau analytique annexé, il ressort que cette vente avait déjà fait l'objet d'une première mutation en janvier 1991 pour un montant de 16 000 000 F CFA. Les frais réels de transformation dûment justifiés se sont élevés à 6 000 000 F CFA dont 2 400 000 F CFA de droits d'enregistrement.

Maître Ahmadou BACHIROU a joint cinq annexes. Malgré les dispositions de l'article 583 alinéa 1 du C.G.I., Maître Ahmadou BACHIROU n'a produit aucune quittance de taxe foncière au Centre des Impôts territorialement compétent. En outre, l'expert immobilier assermenté dans le ressort de la Cour d'Appel du Littoral atteste que la valeur vénale de cet immeuble est de 50 000 000 F CFA.

- Quelle est l'issue fiscale réservée à cette opération tant en matière de droits de mutation, de taxe foncière et centimes additionnels, que de plus-value immobilière ?

Liquidation :

Droits de mutation :

Droits simples (acte) : 50 000 000 x 15 %		= 7 500 000
Droits simples (annexes) :	4 000 x 5	= 20 000
Pénalité encourue (1 droit en sus. art.316 du C.G.I.)		= 7 520 000
Amendes redevables (art. 327 du C.G.I.) :		
$\frac{(50\,000\,000 - 30\,000\,000)}{2}$		=10 000 000
Montant à acquitter au Trésor Public :		25 040 000

Taxe foncière et centimes additionnels :

Droits simples :	(10 000 + 2 500) x 5 (exercices)	= 62 500
Pénalité encourue :	(10 000 + 2 500) x 4 (exercices)	= 50 000
Montant à acquitter au Trésor Public :		112 500

Taxation sur la plus-value :

Montant déclaré dans l'acte :	30 000 000
– Charges réelles déductibles (16 000 000 + 6 000 000)	22 000 000
= Plus-value imposable	8 000 000

Montant à acquitter au Trésor Public : 8 000 000 x 25 % = **2 000 000**

Récapitulation :

Total droits simples : 7 500 000 + 20 000 + 62 500 + 2 000 000 = 9 582 500
Total pénalités et amendes : 7 500 000 + 10 000 000 + 50 000 = 17 550 000
Total global à acquitter au Trésor Public : 27 132 500

3ème exemple d'application :

Monsieur Maurice MAPOPO, Directeur de société, vend à Madame Laurette MBELASO, Cadre des assurances, un immeuble urbain bâti situé à Bonanjo-Douala d'une superficie développée de 810 m^2 au prix déclaré de 47 000 000 F CFA. Cette vente a été contractée le 02 avril 2007 chez Maître Lamine BEN OMAR, Notaire à Douala. Le 05 mai 2007, Maître Lamine BEN OMAR soumet l'acte à la formalité d'enregistrement.

À la lecture du bordereau analytique annexé dans l'acte, il ressort que cette vente avait déjà fait l'objet d'une première mutation en février 2000 pour un montant de 23 000 000 F CFA. Les frais réels de transformation dûment justifiés se sont élevés à 7 500 000 F CFA dont 3 650 000 F CFA de droits d'enregistrement.

Maître Lamine BEN OMAR a joint quatre annexes. Malgré les dispositions de l'article 583 alinéa 1 du C.G.I., Maître Lamine BEN OMAR n'a produit aucune quittance de taxe foncière au Centre des Impôts territorialement compétent. En outre, en conformité avec l'évaluation administrative sous-tendue par le rapport d'expertise d'un assermenté près la Cour d'Appel du Littoral, il ressort que la valeur réelle de cet immeuble est de 64 000 000 F CFA.

- Quel est le sort fiscal réservé à cette opération tant en matière de droits de mutation, de taxe foncière et centimes additionnels, que de plus-value immobilière ?

Liquidation :

Droits de mutation :

Droits simples (acte) : 64 000 000 x 15 %	= 9 600 000
Droits simples (annexes) : 4 000 x 4	= 16 000
Pénalité encourue (1 droit en sus. art.316 du C.G.I.)	= 9 616 000
Amendes redevables (art.327 du C.G.I.) (64 000 000 – 47 000 000) / 2	= 8 500 000
Montant à acquitter au Trésor Public :	27 732 000

Taxe foncière et centimes additionnels :

Droits simples : [(10 000 + 2 500) x 3] + [(64 000 000 x 0,1 %) x 2]+ [(64 000 000 x 0,1 %) x 2] x 10 %= 176 800

Pénalité encourue	176 800
Montant à acquitter au Trésor Public :	353 600

Taxation sur la plus-value :

Montant déclaré dans l'acte :	47 000 000
– Charges réelles déductibles (23 000 000 + 7 500 000)	30 500 000
= Plus-value imposable	16 500 000

Montant à acquitter au Trésor Public : 16 500 000 x 10 % = 1 650 000

Récapitulation :

Total droits simples : 9 600 000 + 16 000 + 176 800 + 1 650 00 = 11 442 800
Total pénalités et amendes : 9 616 000 + 8 500 000 + 176 800 = 18 292 800
Total à acquitter au Trésor Public : 29 735 600

4ème exemple d'application

Monsieur Denis DIKANJO, Ingénieur des travaux vend à Monsieur Pierre EWESAN, Fonctionnaire international, un immeuble urbain bâti situé à Kotto-Douala d'une superficie développée de 1013 m² au prix déclaré de 63 000 000 F CFA. Cette vente a été contractée le 13 février 2010 chez Maître Théodore NJONGO, Notaire à Douala. Le 09 mars 2010, Maître Théodore NJONGO soumet l'acte à la formalité d'enregistrement.

À la lecture du bordereau analytique annexé dans l'acte, il ressort que cet immeuble a été acquis lors d'une succession déclarée en juin 2007 pour une valeur estimative de 42 000 000 F CFA. Les frais réels dûment justifiés se sont élevés à 14 510 000 F CFA dont 4 730 000 F CFA de droits d'enregistrement.

Maître Théodore NJONGO a joint cinq annexes. Malgré les dispositions de l'article 583 alinéa 1 du C.G.I., Maître Théodore NJONGO n'a produit aucune quittance de taxe foncière au Centre des Impôts territorialement compétent. En outre, l'expert immobilier assermenté dans le ressort de la Cour d'Appel du Littoral atteste que la valeur vénale de cet immeuble est de 75 000 000 F CFA.

- Quelle est l'issue fiscale réservée à cette opération tant en matière de droits de mutation, de taxe foncière et centimes additionnels, que de plus-value immobilière ?

Liquidation :

Droits de mutation :

Droits simples (acte) : 75 000 000 x 15 %	= 11 250 000
Droits simples (annexes) : 4 000 x 5	= 20 000
Amendes redevables (art. 327 du C.G.I.) : (75 000 000 – 63 000 000) / 2	= 6 000 000
Montant à acquitter au Trésor Public :	17 270 000

Taxe foncière et centimes additionnels :

Droits simples : [(75 000 000 x 0,1 %) x 5] + [(75 000 000 x 0,1 %) x 5)] x 10 % =	412 500
Pénalité encourue : [(75 000 000 x 0,1 %) x 4] + [(75 000 000 x 0,1 %) x 4] x 10 % =	330 000
Montant à acquitter au Trésor Public :	742 500

Taxation sur la plus-value :

Montant déclaré dans l'acte :	63 000 000
– Charges réelles déductibles (42 000 000 + 14 510 000 – 4 730 000)	51 780 000
= Plus-value imposable	11 220 000
Montant à acquitter au Trésor Public : 11 220 000 x 10 % =	1 122 000

Récapitulation :

Total droits simples : 11 250 000 + 20 000 + 412 500 + 1 122 000 =	12 804 500
Total amendes et pénalités : 6 000 000 + 330 000	= 6 330 000
Total à acquitter au Trésor Public :	19 134 500

D. LE RÉGIME DES CONTRATS DE LOCATION « LES MUTATIONS DE JOUISSANCE »

Le bail est un contrat par lequel une personne s'engage à fournir à une autre, la jouissance temporaire d'une chose moyennant un prix (loyer ou fermage) proportionnel au temps.

C'est un contrat à titre onéreux, synallagmatique et consensuel.

Le contrat de bail est un acte par lequel l'une des parties, le bailleur, s'oblige à fournir à l'autre, le preneur, et plus précisément le locataire en cas d'occupation d'une maison urbaine, fermier en cas d'occupation d'un bien rural, la jouissance temporaire d'une chose moyennant un prix habituellement proportionnel à la durée du contrat. C'est ainsi que la location d'une maison implique l'abandon intégral par le bailleur au preneur, de la jouissance de la chose louée.

La loi de finances de l'exercice 1995/96 a modifié certaines dispositions du défunt Code de l'E.T.C. Á partir du 1er juillet 1995, la modulation des droits de mutation de jouissance est fonction de la situation géographique.

Les taux des baux d'immeubles sont les suivants :

Urbain commercial	: 10 % contre	10 % antérieurement
Urbain d'habitation	: 5 % contre	5 % antérieurement
Rural commercial	: 5 % contre	10 % antérieurement
Rural d'habitation	: 2 % contre	5 % antérieurement

Il importe de souligner que cette modulation vise à faire prévaloir une certaine équité dans les droits de mutation à titre onéreux d'immeubles, en tenant compte du niveau de revenus entre les zones urbaine et rurale. Au surplus, la réduction des taux tend à encourager les parties à abandonner les pratiques de minoration des bases d'imposition.

Pour l'appréciation des notions "urbain et rural" on s'en tient souvent aux limites fixées par le texte qui définit le périmètre urbain. La ville étant considérée comme un espace aménagé où se concentre une importante population. Habituellement, les services fiscaux se rapprochent des Préfectures, des Sous-préfectures et Communes dans le but de rentrer en possession des cartes géographiques actualisées qui permettent de mieux contrôler les stipulations des parties dans les actes et déclarations.

À la lecture de ce qui précède, nous verrons le bail à usage d'habitation, le bail à usage commercial ou professionnel, le bail à construction.

Avant de passer aux exemples d'application, il importe de souligner que lorsque la location d'un immeuble, fût-elle à usage d'habitation, est consentie aux sociétés et entreprises en vue de loger son personnel, c'est le taux intermédiaire de 10 % qui s'applique conformément aux dispositions des articles 341-2 et 543-b du C.G.I.

Il est également important de mentionner que, bien que le C.G.I. n'autorise le fractionnement des droits que dans certaines conditions afférentes aux mutations par décès (Cf. art. 315 du C.G.I.), la tolérance administrative accorde aux baux emphytéotiques un intervalle d'enregistrement par période de trois ans tant pour les droits que pour les charges relatives aux baux à construction.

Les contrats de location sous seing privé doivent être présentés en cinq exemplaires dont trois dûment timbrés à 500 F CFA la feuille avant 2005 et 1000 F CFA la feuille à partir du 1er janvier 2005. En ce qui concerne les contrats de location notariés, seule la minute devra être timbrée. La pénalité est d'un droit en sus au cas où le contrat de location n'est pas déposé au Centre des Impôts compétent dans les trois mois qui suivent sa date de signature pour les baux sous seing privé, un mois pour les baux authentiques. (Cf. art. 276 al.1 et 2 et 320 du C.G.I.).

Le souci de commodité nous conduit à focaliser nos exemples d'application sur les contrats sous seing privé.

1er exemple d'application :

Le 15 novembre 2001, Monsieur Louis BEZAMA, propriétaire, signe un contrat à usage d'habitation avec Madame Annette HOUTA.

Le loyer mensuel convenu est de 100 000 F CFA payable tous les trois mois. Il est mentionné que ce contrat est renouvelable tous les ans par tacite reconduction. Le présent contrat prend effet à partir de la date de signature. Il a été déposé par Madame Annette HOUTA au Centre divisionnaire des Impôts de Douala II le 26 décembre 2001. Il est précisé qu'il a été établi en 5 exemplaires dont 3 feuilles par exemplaire.

- Quelle est l'issue fiscale réservée à ce contrat de location ?

Liquidation :

E = 5 % x 100 000 x 12(mois)	= 60 000
T.D. = 500 x 3 x 3	= 4 500
Montant à acquitter au Trésor Public :	64 500

2ème exemple d'application :

Le 10 mars 2001, Monsieur Éric FAUSTO, propriétaire, signe un contrat de location à usage commercial avec Madame Céline MANANG.

Le local faisant l'objet du présent contrat est situé au quartier New-Deïdo. Le loyer mensuel convenu est de 250 000 F CFA payable tous les mois. Il est précisé que ce contrat est renouvelable tous les trois ans par tacite reconduction. La première période va du 14 avril 2001 au 13 avril 2004. Le 07 juillet 2001, madame Céline MANANG, pour besoins de formalité, soumet le contrat à l'appréciation du Chef de Centre divisionnaire des Impôts de Douala VII. Il est précisé qu'il a été établi en 5 exemplaires dont quatre feuilles par exemplaire.

- Quel est le sort fiscal réservé à ce contrat de location ?

Liquidation :

E = 10 % x 250 000 x 36 (mois)	= 900 000
Pénalité encourue	= 900 000
T.D. = 500 x 4 x 3	= 6 000
Montant à acquitter au Trésor Public :	1 806 000

3ème exemple d'application :

Le 26 juin 2001 Madame Hélène NDIAYE, propriétaire d'un terrain non bâti situé à Bonapriso, signe un bail à construction avec monsieur ETABI ABDEL. Le présent bail est conclu pour une durée de 10 ans. La période à considérer va du 14 juillet 2001 au 13 juillet 2011. L'immeuble présentement donné à bail est destiné à un usage commercial. Le loyer mensuel est de 125 000 F CFA et le coût des travaux du bâtiment à ériger est évalué à 25 000 000 F CFA.

Le 13 novembre 2001 Monsieur ETABI ABDEL soumet le contrat pour besoins de formalité à l'appréciation du Chef de Centre divisionnaire des Impôts de Douala II. Il est précisé que ce contrat est établi en 5 exemplaires dont 7 feuilles par exemplaire.

- Quelle est l'issue fiscale réservée à ce contrat de location tant sous l'angle légal que sous l'angle toléré ?

Liquidation :

- *Solution légale :*

E = 10 % x 125 000 x 120 (mois)	= 1 500 000
Charges = 10 % x 25 000 000	= 2 500 000
Pénalité encourue	= 4 000 000
T.D. = 500 x 7 x 3	= 10 500
Montant à acquitter au Trésor Public :	8 010 500

- *Solution tolérée*

E = 10 % x 125 000 x 36 (mois)	= 450 000
Charges = 10 % x 25 000 000 x 3/10	= 750 000
Pénalité encourue	= 1 200 000
T.D. = 500 x 7 x 3	= 10 500
Montant à acquitter au Trésor Public :	2 410 500

4ème exemple d'application :

Le 28 novembre 2006 Monsieur Laurent FOTOLA, propriétaire d'un immeuble non bâti situé à Bonabéri-Douala, signe un bail à construction avec Monsieur Albert ESSOKA.

Le présent bail est conclu pour une durée de 20 ans. La période à considérer va du 08 décembre 2006 au 07 décembre 2026. L'immeuble présentement donné à bail est destiné à un usage commercial.

Le loyer mensuel est de 370 000 F CFA et le coût des travaux du bâtiment à ériger est évalué à 73 000 000 F CFA.

Le 12 mars 2007 Monsieur Albert ESSOKA soumet le contrat pour besoins de formalité à l'appréciation du Chef de Centre divisionnaire des Impôts territorialement compétent. Il est précisé que ce contrat est établi en 5 exemplaires dont 7 feuilles par exemplaire.

- Quelle est l'issue fiscale réservée à ce contrat tant sous l'angle légal que sous l'angle toléré ?

Liquidation :

- *Solution légale :*

E = 10 % x 370 000 x 240 (mois)	= 8 880 000
Charges = 10 % x 73 000 000	= 7 300 000
Pénalité encourue (1 droit en sus)	= 16 180 000
T.D. : 1 000 x 7 x 3	= 21 000
Montant à acquitter au Trésor Public :	32 381 000

- *Solution tolérée :*

E = 10 % x 370 000 x 36 (mois)	= 1 332 000
Charges : 10 % x 73 000 000 x 3/20	= 1 095 000
Pénalité encourue	= 2 427 000
T.D. :1 000 x 7 x 3	= 21 000
Montant à acquitter au Trésor Public :	4 875 000

5ème exemple d'application :

Le 14 décembre 2009 Monsieur Christopher DENGEA, propriétaire d'un immeuble non bâti situé à Bojongo-Douala, signe un bail à construction avec madame Gisèle PONDA.

Le présent bail est conclu pour une durée de 15 ans. La période à considérer va du 04 janvier 2010 au 03 janvier 2025. L'immeuble présentement donné à bail est destiné à un usage commercial.

Le loyer mensuel est de 482 000 F CFA et le coût des travaux du bâtiment à ériger est évalué à 87 000 000 F CFA.

Le 17 janvier 2010 Madame Gisèle PONDA soumet le contrat pour besoins de formalité à l'appréciation du Chef de Centre Divisionnaire des Impôts territorialement compétent. Il est précisé que ce contrat est établi en 5 exemplaires dont 9 feuilles par exemplaire.

- Quelle est l'issue fiscale réservée à ce contrat tant sous l'angle légal que sous l'angle toléré ?

- Sous l'angle toléré, quels seront les droits dus si Madame PONDA le soumet pour renouvellement à la date du 10 avril 2013 ?

Liquidation :

- **1ère question :**

- Solution légale :

E= 10 % x 482 000 x 180 (mois)	= 8 676 000
Charges : 10 % x 87 000 000	= 8 700 000
T.D. :1 000 x 9 x 3	= 27 000
Montant à acquitter au Trésor Public :	17 403 000

- Solution tolérée :

E= 10 % x 482 000 x 36 (mois)	= 1 735 200
Charges : 10 % x 87 000 000 x 3/15	= 1 740 000
T.D. :1 000 x 9 x 3	= 27 000
Montant à acquitter au Trésor Public	3 502 200

- **2ème question :**

E=10 % x 482 000 x 36 (mois)	= 1 735 200
Charges : 10 % x 87 000 000 x 3/15	= 1 740 000
Pénalité encourue	= 3 475 200
Montant à acquitter au Trésor Public :	6 950 400

E. LE RÉGIME DES CONTRATS DE GÉRANCE LIBRE DES POINTS DE VENTE DE CARBURANT

Au regard de la liquidation, les contrats de location qui lient les propriétaires de terrains aux compagnies pétrolières obéissent aux mêmes règles que les baux à construction précédemment étudiés. Il en va de même des locations de terrains communaux même si la compagnie pétrolière s'engage à détruire la construction érigée, à la fin du contrat. Ces dispositions sont observées aux articles 341 alinéa 2 et 543 alinéa b du C.G.I. Pour mémoire, c'est le taux intermédiaire de 10 % qui s'applique.

La valeur des constructions est celle qui est mentionnée dans le contrat. Si elle n'est pas mentionnée, une évaluation doit être estimée par les parties. Au cas où cette évaluation serait provisoire, une évaluation complémentaire devra être fournie par les parties lorsque la construction arrivera à son terme.

En ce qui concerne les contrats souscrits entre les gérants et les compagnies pétrolières, les valeurs locatives minimales s'apprécient de la manière suivante :

- Pour les « Filling », en l'occurrence les points de vente où il est simplement débité du carburant au moyen des pompes à l'exclusion des services parallèles, le montant minimal à retenir au titre du taux de redevance est d'1 F CFA par litre de carburant débité.

- Pour les stations-service, en l'occurrence les établissements où en plus du débit de carburant, le gérant assure d'autres prestations telles que le lavage, le graissage, la vidange et diverses autres réparations par le biais d'un certain nombre d'installations appropriées mises à la disposition du gérant par la compagnie pétrolière, le montant minimal à retenir au titre du taux de redevance est de 2 F CFA par litre de carburant débité.

Il mérite d'être mentionné que le carburant est un combustible utilisé dans les moteurs à explosion alors que le lubrifiant est un produit qui sert à assurer le graissage.

Un contrat de gérance libre doit comporter la dénomination et l'adresse de la compagnie pétrolière d'une part, la filiation du gérant d'autre part.

Les clauses qui doivent y être insérées sont les suivantes :

-L'objet ;
-Le caractère *intuitu personae* ;
-La durée ;

-Et enfin, les obligations au travers desquelles l'on fait éventuellement ressortir le montant du dépôt de garantie mais impérativement le taux de redevances, les horaires d'ouverture et le minimum horaire de la présence effective du gérant au point de vente.

C'est traditionnellement en annexe qu'on énumère les prévisions de vente et s'il y a lieu leurs réalisations.

1er exemple d'application :

Soit un contrat de gérance libre souscrit le 13 mars 2002 entre la compagnie ESSO, Société Anonyme au capital de 5 milliards de F CFA, immatriculée au Registre de Commerce sous le N° 2047, Boîte postale 8126 Douala d'une part,

Et Madame Sylvia MISPECK, de nationalité camerounaise, née le 13 août 1957 à Yokadouma. Fille de Moïse MISPECK et de Elisabeth NAKTA, CNI N° 2004538 du 27 novembre 1998, ci-après désignée la gérante.

La compagnie ESSO donne gérance libre à Madame Sylvia MISPECK soussignée qui accepte, un fonds de commerce ayant pour objet, la vente au détail des produits pétroliers et dérivés (carburant, combustibles liquides ou gazeux, lubrifiants...).

Le présent fonds n'est ni cessible ni transmissible et prendrait fin immédiatement par démission, par décès, par non-respect des clauses contractuelles, par incapacité physique, morale ou intellectuelle de la gérante.

Les parties conviennent que le présent contrat est fait pour une durée d'un an ferme. Il prend effet à compter du 1er avril 2002 pour arriver à terme au 31 mars 2003.

Le dépôt de garantie pour la gestion de ce point de vente se chiffre à 10 000 000 F CFA.

Le taux de redevance est fixé à 0,5 F CFA par litre de carburant acheté à la compagnie ESSO (Super, Pétrole, Gasoil).

La gérante s'engage à maintenir le Filling ouvert tous les jours 24 heures/24 sauf avis contraire et écrit de la compagnie ESSO. La gérante s'engage à être effectivement et personnellement au point de vente au minimum 5 heures par jour.

Il est joint deux annexes dont l'une comporte le modèle d'imprimé de déclaration d'accident et l'autre fait ressortir les éléments suivants :

- Super : 3 152 m^3
- Gasoil : 476 m^3
- Pétrole : 374 m^3

Chaque exemplaire du contrat comporte 11 feuilles de format 21 x 29,7.

- Quel est le sort fiscal réservé à ce Filling ?

Liquidation :

Durée : 1 an. Du 01-04-2002 au 31-03-2003.

$1 m^3$ = 1 000 litres

4002 m^3 = 4 002 000 litres

E = 10 % x 4 002 000 x 1 F CFA	= 400 200
Retenue de garantie = 1 % x 10 000 000	= 100 000
Annexes = 4 000 x 2	= 8 000
T. D. = 500 x 11 x 3	= 16 500
Montant à acquitter au T.P. :	524 700

2ème exemple d'application :

Soit un contrat de gérance de station-service souscrit le 05 février 2001 entre la compagnie ELIBUR, Société Anonyme au capital de 4,5 milliards de F CFA, immatriculée au registre de commerce sous le n° 9043, Boîte postale 7 123 Douala d'une part,

Et Monsieur Fabien OLUNJE, de nationalité camerounaise, né le 07 juin 1953 à Mokolo. Fils de Célestin OLUNJE et de Joséphine FARIDA, CNI N° 1007426 du 13 mai 1997, ci-après désigné le gérant.

La compagnie ELIBUR donne gérance libre à Monsieur Fabien OLUNJE soussigné, qui accepte, un fonds de commerce ayant pour objet la vente au détail des produits pétroliers et dérivés.

Le présent fonds n'est ni cessible ni transmissible et prendrait fin immédiatement par démission, par décès, par non-respect des clauses contractuelles, par incapacité physique, morale ou intellectuelle du gérant.

Les parties conviennent que le présent contrat est fait pour une durée d'un an renouvelable par tacite reconduction. La première période prend effet à compter du 1er mars 2001 pour arriver à terme à la date du 28 février 2002.

Le dépôt de garantie pour la gestion de ce point de vente se chiffre à 17 500 000 F CFA.

Le taux de redevance est fixé à 1,5 F CFA par litre de carburant acheté à la compagnie ELIBUR. Le gérant s'engage à être personnellement et effectivement à la station-service au minimum 4 heures par jour.

Il est joint deux annexes dont l'une comporte le modèle d'imprimé de déclaration d'accident et l'autre fait ressortir les objectifs de vente qui sont les suivants :

- Super : 4 123 m^3
- Gasoil : 273 m^3
- Pétrole : 128 m^3

Chaque exemplaire du contrat comporte 17 feuilles de format 21 x 29,7.

Le 07 mars 2001, Monsieur Fabien OLUNJE se présente au Centre des Impôts de Douala IX pour besoins de formalité.

Le 09 mars 2002, Monsieur Fabien OLUNJE revient au Centre des Impôts de Douala IX pour renouveler son contrat.

Il produit une déclaration sur laquelle il est mentionné que les réalisations au titre de la période du 1er mars 2001 au 28 février 2002 ont été de :

- Super : 3 726 m^3
- Gasoil : 186 m^3
- Pétrole : 210 m^3

En outre, il est précisé que les prévisions au titre de la période du 1er mars 2002 au 28 février 2003 sont les suivantes :

- Super : 5 142 m^3
- Gasoil : 324 m^3
- Pétrole : 216 m^3

- Quel est le sort fiscal réservé à ce contrat lors du premier enregistrement ?

- Quel est le sort fiscal réservé à ce contrat au moment du renouvellement ?

Liquidation :

- Droits dus lors du 1er enregistrement :

Durée : 1 an. Du 01-03-2001 au 28-02-2002
1 m^3 = 1 000 litres
4 524 m^3 = 4 524 000 litres

E = 10 % x 4 524 000 x 2 F CFA	=	904 800
Retenue de garantie = 1 % x 17 500 000	=	175 000
Annexes : 4 000 x 2	=	8 000
T.D. : 500 x 17 x 3	=	25 500
Montant à acquitter au T.P. :		1 113 300

- Droits dus lors du renouvellement :

Durée : 1 an. Du 01-03-2002 au 28-02-2003
Réalisations de la période précédente : 4 122 m^3
Crédit d'impôt : 904 800 – (10 % x 4 122 000 x 2 F CFA) = 80 400

E= 10 % x 5 682 000 x 2 F CFA	=	1 136 400
Trop perçu	=	80 400
Montant à acquitter au T.P. :		1 056 000

3ème exemple d'application :

Soit un contrat de gérance de station-service souscrit le 29 décembre 2005 entre la compagnie DUALA – OIL, Société anonyme au capital de 10 milliards de F CFA, immatriculée au registre de commerce sous le N° 4721, B.P.4210 Douala d'une part,

Et Monsieur Aristide EYOMONGA, de nationalité camerounaise né le 16 février 1962 à Mora, fils de Louis BENOTA et de Solange EBOUNGA, CNI N° 1002734 du 06 novembre 2001, ci-après désigné le gérant.

La compagnie DUALA – OIL donne gérance libre à Monsieur Aristide EYOMONGA soussigné, qui accepte un fonds de commerce ayant pour objet la vente au détail des produits pétroliers et dérivés.

Le présent fonds n'est ni cessible ni transmissible et prendrait fin immédiatement par démission, par décès, par non-respect des clauses contractuelles, par incapacité physique, morale ou intellectuelle du gérant.

Les parties conviennent que le présent contrat est fait pour une durée d'un an renouvelable par tacite reconduction. La première période prend effet à compter du 03 janvier 2006 pour arriver à terme au 02 janvier 2007.

Le dépôt de garantie pour la gestion de ce point de vente se chiffre à 32 800 000 F CFA.

Le taux de redevance est fixé à 3 F CFA par litre de carburant acheté à la compagnie DUALA – OIL.

Le gérant s'engage à maintenir la station – service ouverte tous les jours 24heures/24 sauf avis contraire et écrit de la compagnie DUALA – OIL.

Le gérant s'engage à être personnellement et effectivement à la station – service au minimum 5 heures par jour.

Il est joint deux annexes dont l'une comporte le modèle d'imprimé de déclaration d'accident et l'autre fait ressortir les objectifs de vente qui sont les suivants :

- Super : 5235 m^3
- Gasoil : 317 m^3
- Pétrole : 136 m^3
- Lubrifiant : 217 m^3

Chaque exemplaire du contrat comporte 21 feuilles de format 21 x 29,7.

Le 24 avril 2006, Monsieur Aristide EYOMONGA se présente au Centre des Impôts de Douala XI pour besoins de formalité.

Le 29 janvier 2007, Monsieur Aristide EYOMONGA revient au Centre des Impôts de Douala XI pour renouveler son contrat et produit une déclaration sur laquelle il est mentionné que les réalisations au titre de la période du 03 janvier 2006 au 02 janvier 2007 ont été de :

- Super : 5813 m^3
- Gasoil : 326 m^3
- Pétrole : 149 m^3
- Lubrifiant : 328 m^3

En outre, il est précisé que les prévisions au titre de la période du 03 janvier 2007 au 02 janvier 2008 sont les suivantes :

- Super : 7214 m^3
- Gasoil : 413 m^3
- Pétrole : 187 m^3
- Lubrifiant : 149 m^3

- Quel est le sort fiscal réservé à ce contrat lors du premier enregistrement ?

- Quel est le sort fiscal réservé à ce contrat lors du renouvellement ?

Liquidation :

Droits dus lors du premier enregistrement :

Durée : 1 an. Du 03 janvier 2006 au 02 janvier 2007
1m^3 = 1000litres
5688 m^3 = 5 688 000 litres

E = 10 % x 5 688 000 x 3 F CFA	= 1 706 400
Retenue de garantie : 1 % x 32 800 000	= 328 000
Annexes : 4 000 x 2	= 8 000
Pénalité encourue (1 droit en sus)	= 2 042 400
T.D. : 1 000 x 21 x 3	= 63 000
Montant à acquitter au Trésor Public :	4 147 800

Droits dus lors du renouvellement :

Durée : 1 an
Du 03 janvier 2007 au 02 janvier 2008
Réalisations de la période précédente : 6288 m^3
Complément de droits : (10 % x 6 288 000 x 3 F CFA) - 1 706 400 = 180 000

E = 10 % x 7 814 000 x 3 F CFA	= 2 344 200
Moins perçu	= 180 000
Montant à acquitter au Trésor Public :	2 524 200

4ème exemple d'application :

Soit un contrat de gérance libre de station-service souscrit le 17 février 2008 entre la compagnie AFRIKA-KÉROSÈNE, Société anonyme au capital de 15 milliards de francs Cfa, immatriculée au registre de commerce sous le N° 3426, B.P.8237 Douala d'une part,

Et monsieur Didier EKIKO, de nationalité camerounaise né le 28 mars 1967 à Mbankomo-Yaoundé, fils de Oscar EKIKO et de Justine LUMA, C.N.I. N° 1004823 du 13 avril 2007, ci-après désigné le gérant.

La compagnie AFRIKA-KÉROSÈNE donne gérance libre à monsieur Didier EKIKO soussigné qui accepte un fonds de commerce ayant pour objet la vente au détail des produits pétroliers et dérivés.

Le présent fonds n'est ni cessible ni transmissible et prendrait fin immédiatement par démission, par décès, par non-respect des clauses contractuelles, par incapacité physique, morale ou intellectuelle du gérant.

Les parties conviennent que le présent contrat est fait pour une durée d'un an renouvelable par tacite reconduction. La première période prend effet à compter du 14 mars 2008 pour arriver à terme à la date du 13 mars 2009.

Le dépôt de garantie pour la gestion de ce point de vente se chiffre à 46 000 000 F CFA.

Le taux de redevance est fixé à 2,5 F CFA par litre de carburant acheté à la compagnie AFRIKA-KÉROSÈNE.

Le gérant s'engage à maintenir la station-service ouverte 24 heures/24 sauf avis contraire et écrit de la compagnie AFRIKA-KÉROSÈNE.

Le gérant s'engage à être personnellement et effectivement à la station-service au moins 4 heures par jour.

Il est joint deux annexes dont l'une comporte le modèle d'imprimé de déclaration d'accident et l'autre fait ressortir les objectifs de vente qui sont les suivants :

- Super : 8410 m^3
- Gasoil : 730 m^3
- Pétrole : 260 m^3
- Lubrifiant : 740 m^3

Chaque exemplaire du contrat comporte 32 feuilles de format 21 x 29,7.

Le 13 juillet 2008, monsieur Didier EKIKO se présente au Centre des Impôts de Douala IV pour besoins de formalité.

Le 02 avril 2009, monsieur Didier EKIKO revient au Centre des Impôts de Douala IV pour renouveler son contrat et produit une déclaration sur laquelle il est mentionné que les réalisations au titre de la période du 14 mars 2008 au 13 mars 2009 ont été de :

- Super : 7130 m^3
- Gasoil : 510 m^3
- Pétrole : 580 m^3
- Lubrifiant : 690 m^3

En outre, il est précisé que les prévisions au titre de la période du 14 mars 2009 au 13 mars 2010 sont les suivantes :

- Super : 8570 m^3
- Gasoil : 780 m^3
- Pétrole : 320 m^3
- Lubrifiant : 850 m^3

Le 17 mars 2010, monsieur Didier EKIKO revient pour la seconde fois au Centre des Impôts de Douala IV pour renouveler son contrat et présente une déclaration sur laquelle il est mentionné que les réalisations au titre de la période du 14 mars 2009 au 13 mars 2010 ont été de :

- Super : 8920 m^3
- Gasoil : 830 m^3
- Pétrole : 370 m^3
- Lubrifiant : 940 m^3

D'autre part, il est précisé que les prévisions au titre de la période du 14 mars 2010 au 13 mars 2011 sont les suivantes :

- Super : 8320 m^3
- Gasoil : 710 m^3
- Pétrole : 290 m^3
- Lubrifiant : 830 m^3

- Quel est le sort fiscal réservé à ce contrat lors du premier enregistrement ?

- Quel est le sort fiscal réservé à ce contrat lors du premier renouvellement ?

- Quel est le sort fiscal réservé à ce contrat lors du deuxième renouvellement ?

Liquidation :

Droits dus lors du premier enregistrement :

Durée : 1 an. Du 14 mars 2008 au 13 mars 2009
1 m^3 = 1000 litres
9400 m^3 = 9 400 000 litres
E = 10 % x 9 400 000 x 2,5 F CFA = 2 350 000
Retenue de garantie : 1 % x 46 000 000 = 460 000
Annexes : 4 000 x 2 = 8 000
Pénalité encourue (1 droit en sus) = 2 818 000
T.D. :1 000 x 32 x 3 = 96 000
Montant à acquitter au Trésor Public : 5 732 000

Droits dus lors du premier renouvellement :

Durée : 1 an. Du 14 mars 2009 au 13 mars 2010
Réalisations de la période précédente : 8220 m^3
Crédit d'impôt : 2 350 000 – (10 % x 8 220 000 x 2,5 F CFA) = 295 000
E = 10%x 9 670 000 x 2,5 F CFA = 2 417 500
Trop perçu = 295 000
Montant à acquitter au Trésor Public = 2 122 500

Droits dus lors du second renouvellement :

Durée : 1 an. Du 14 mars 2010 au 13 mars 2011
Réalisations de la période précédente : 10 120 m^3
Complément de droits : (10 % x 10 120 000 x 2,5 F CFA) – 2 417 500 = 112 500
E= 10 % x 9 320 000 x 2,5 F CFA = 2 330 000
Moins perçu = 112 500
Montant à acquitter au Trésor Public = 2 442 500

F. LE RÉGIME DES MUTATIONS DE FONDS DE COMMERCE

Le fonds de commerce est classiquement défini comme étant l'ensemble des droits et valeurs au moyen desquels s'exerce un négoce ou une industrie. Un fonds de commerce comprend généralement :

- Des éléments incorporels tels que : la clientèle, l'achalandage, le droit au bail, les brevets d'invention, les licences et autorisations administratives.

Il mérite d'être souligné que les créances ne font pas partie du fonds de commerce.

- Des éléments corporels tels que : l'outillage, le matériel, le mobilier.

- Des marchandises neuves en l'occurrence celles qui font l'objet du commerce, c'est-à-dire celles destinées à être revendues avec ou sans transformation. Les matières premières qui entrent dans la fabrication sont assimilées à des marchandises neuves. Il en est de même du stock.

La vente d'un fonds de commerce est soumise au taux élevé de 15 % et visée aux articles 341-1 et 543-a du C.G.I.

La location d'un fonds de commerce est soumise au taux intermédiaire de 10 % et visée à l'article 342 du C.G.I.

La vente des marchandises neuves est soumise au taux réduit de 2 % lorsque celles-ci sont désignées article par article dans le contrat ou dans la déclaration. À défaut de l'énumération d'article par article, c'est le taux élevé de 15 % qui prévaut.

Les approvisionnements et autres biens non destinés à la vente mais au fonctionnement de l'exploitation doivent être considérés comme matériel et taxés au taux de 15 %.

Soulignons que la clientèle est l'élément fondamental d'un fonds de commerce. Autrement dit, dès qu'il y a cession de clientèle, il y a cession de fonds de commerce et en l'absence de clientèle, il ne saurait y avoir de fonds de commerce. La clientèle dans son acceptation légale représente l'ensemble des relations établies entre le public et un particulier chargé par sa profession de satisfaire des besoins déterminés.

L'annexe où sont énumérés les articles neufs est soumis au droit fixe de 4 000 F CFA.

Les rubriques qu'il importe de faire figurer dans une déclaration de fonds de commerce sont les suivantes :

- la raison sociale, les noms, prénoms et filiation des comparants ;
- la désignation ;
- l'origine de propriété ;
- la conséquence ;
- le prix ;
- La lecture des lois et l'affirmation de sincérité.

Notons que la vente d'un fonds de commerce ne peut être publiée dans un journal d'annonces légales que si elle a été préalablement enregistrée.

Rappelons que jadis, on admettait généralement que la valeur des éléments incorporels d'un fonds de commerce équivalait au montant des bénéfices des trois dernières années. C'est une approche qui a été abandonnée parce qu'elle conduisait dans la plupart des cas à des résultats inexacts.

En effet, le bénéfice dont le responsable des domaines chargé d'évaluer le fonds de commerce peut avoir connaissance est le bénéfice net déclaré par le commerçant. Nous le savons, le bénéfice net déclaré par le contribuable est souvent minoré, certaines charges admises ne correspondent pas à des dépenses effectives et méritent d'être réintégrées pour déterminer le bénéfice fiscal. C'est la raison pour laquelle, il est à présent objectif de prendre en compte le chiffre d'affaires. Pour vendre un fonds de commerce, les démarcheurs se basent presque toujours sur les recettes. À ce titre, on considère généralement le chiffre d'affaires moyen des deux ou trois dernières années qui ont précédé la vente./-

1er exemple d'application :

Il ressort de l'acte N° 4361 du répertoire du 17 août 2001 de Me Henri BALOUTOU, Notaire à Douala, portant vente de fonds de commerce de la société CAFOCAM au profit de Madame Chehab MARIKA née le 10 juin 1962 à Garoua-Boulaï, les éléments suivants :

Un fonds de commerce exploité à Akwa-Douala sous la dénomination CAFOCAM, immatriculé au registre de commerce sous le N° 6213. Ce fonds comprend d'une part les éléments incorporels, le matériel et les objets mobiliers, d'autre part des marchandises neuves et un stock constitué d'alimentation humaine dont le détail est joint à l'annexe de l'acte.

Le vendeur déclare que le fonds de commerce cédé à Madame Chehab MARIKA appartient à la société venderesse pour l'avoir créé elle-même suivant divers actes antérieurs justifiables.

Comme conséquence de la présente vente, Madame Chehab MARIKA bénéficiera de tous les documents administratifs, publics et autres établis au nom de la société CAFOCAM. Elle pourra en user et en disposer, soit en déplaçant le fonds, soit en le cédant à un tiers dans les conditions et limites prévues par les lois et règlements.

La présente vente est consentie et acceptée moyennant le prix de 13 492 000 F CFA dont le détail ci-suit :

- Éléments incorporels 2 000 000
- Matériel et objets mobiliers 500 000
- Marchandises (farine)....................4 841 000
- Stock (alimentation humaine) 6 151 000

Me Henri BALOUTOU a donné lecture des articles 324 à 329 du C.G.I. sur les insuffisances et dissimulations ainsi que sur le droit de préemption en matière de vente d'immeubles, de meubles, de fonds de commerce ou de navires.

- Quelle est l'issue fiscale réservée à cette mutation de fonds de commerce tout en sachant que cet acte a été déposé au Bureau des Impôts territorialement compétent le 26 août 2001 ?

<u>Liquidation</u> :

D.S (Éléments incorporels, matériel et objets mobiliers) 2 500 000 x 15 % = 375 000
D.S (marchandises et stock) 10 992 000 x 2 % =219 840
Annexe = 4 000
Montant à acquitter au T.P. : 598 840

2ème exemple d'application :

Il émerge de l'acte N° 2732 du répertoire du 11 septembre 2001 de Me Auguste MARSOTONG, Notaire à Douala, portant vente de fonds de commerce d'un Bar-restaurant au profit de Monsieur Didier CHAMASANG né le 13 novembre 1958 à Guider, les éléments suivants :

Un fonds de commerce exploité à Bonanjo-Douala sous la dénomination La CACHETTE, immatriculé au registre de commerce sous le N° 4128. Ce fonds comprend d'une part les éléments incorporels, le mobilier et le matériel destinés à l'exploitation, d'autre part, un stock d'alimentation humaine dont les parties n'ont pas pris la peine d'énumérer.

Le vendeur déclare que le fonds de commerce cédé à Monsieur Didier CHAMASANG lui appartient pour l'avoir hérité suivant jugement N° 124/87/88 du tribunal de première instance de Douala-Bonabéri.

Comme conséquence de la présente vente, Monsieur Didier CHAMASANG bénéficiera de tous les éléments corporels et incorporels du présent fonds dont toute contestation actuelle ou éventuelle d'un tiers serait nulle et non avenue. Il pourra à son tour le céder s'il le désire à un tiers dans les conditions et limites prévues par les lois et règlements.

La présente vente est consentie et acceptée moyennant le prix de 8 158 000 F CFA dont le détail ci-suit :

- Éléments incorporels, mobilier et matériel d'exploitation 5 658 000
- Stock d'alimentation humaine 2 500 000

Me Auguste MARSOTONG a donné lecture des articles 324 à 329 du C.G.I. sur les insuffisances et dissimulations ainsi que sur le droit de préemption en matière de vente d'immeubles, de meubles, de fonds de commerce ou de navires.

- Quelle est l'issue fiscale réservée à cette mutation de fonds de commerce tout en sachant que cet acte a été déposé au Centre des Impôts territorialement compétent le 23 octobre 2001 ?

Liquidation :

DS (Éléments incorporels, mobilier et matériel d'exploitation) 5 658 000 x 15 %	= 848 700
DS (Stock d'alimentation humaine) 2 500 000 x 15 %	= 375 000
Pénalité encourue (1 droit en sus)	= 1 223 700
Montant à acquitter au Trésor Public :	2 447 400

G. LE RÉGIME DE CONSTITUTION DES SOCIÉTÉS ET DES AUGMENTATIONS DE CAPITAL

Il est communément admis que la constitution d'une société nécessite un certain nombre de formalités qui vont de la promesse à la réalisation des apports par les associés. Les formalités sont diverses selon le type de société mais d'une manière générale, elles débutent par la rédaction d'un écrit, ensuite s'effectue la publicité, et enfin, on procède à la libération des apports.

La rédaction d'un écrit se matérialise par des statuts qui précisent les éléments du contrat de société. La publicité est faite dans le but de révéler aux tiers l'existence de la société. La libération des apports peut être totale ou partielle. Quand elle est totale, les associés apportent tous les biens promis. Quand elle est partielle, une partie des biens est apportée lors de la constitution, le reste, ultérieurement. Ces formalités occasionnaient des frais dont notamment les droits d'enregistrement qui étaient visés aux articles 346 et 544-A du C.G.I.

Outre les droits d'enregistrement, il existe les frais d'actes perçus par le Notaire, les frais de publicité légale afférents aux frais de dépôt des statuts au greffe du tribunal, les frais divers au cas où interviendraient les banques.

Au surplus, malgré le principe de l'intangibilité du capital social, le montant inséré dans les statuts lors de la constitution peut être susceptible de modifications. Il peut subir une réduction ou une augmentation.

Bien que le noyau de notre étude concerne l'augmentation de capital, il n'est pas superflu de mentionner qu'une société peut être conduite à réduire son capital pour deux raisons :

- Dans le but d'annuler les pertes primitivement accumulées, trop pesantes pour espérer pouvoir les compenser en faisant des bénéfices éventuels.

Il n'est pas rare qu'une société réduise son capital pour amortir des pertes et pouvoir ensuite procéder à une augmentation de capital. Elle assainit ainsi sa situation dans l'optique d'inciter de nouveaux actionnaires d'intégrer la société. Cette approche relative à un assainissement financier est souvent appelée par les praticiens « le procédé de l'accordéon ».

- Également, bien que ce soit un cas rare, la réduction du capital peut se faire dans le but de rembourser une partie des apports lorsque le capital est trop important. Si la société dispose de fonds inemployés, les bénéfices sont produits par les seuls fonds employés et sont répartis entre tous les associés.

Il va de soi que dans une société anonyme, les dividendes par action risquent d'être trop faibles et une baisse du cours de l'action n'est pas à exclure.

Dans la circonstance, nous cernerons l'augmentation de capital sous trois de ses diverses formes :

- Une augmentation de capital par apports nouveaux ;
- Une augmentation de capital par incorporation de réserves ;
- Une augmentation de capital par compensation de dettes.

Traditionnellement, une augmentation de capital par apports nouveaux est effectuée lorsque la société envisage d'accroître son volume d'activité soit par des moyens financiers qui se traduisent par des apports en espèces, soit par des moyens d'exploitation qui se traduisent par des apports en nature.

Sous cet angle, la structure fondamentale de financement va changer avec d'une part une augmentation des capitaux propres et d'autre part une augmentation des valeurs immobilisées ou du fonds de roulement.

Seule une augmentation en numéraire correspond à un financement direct à même de procurer des liquidités à la société. Les apports en nature et l'augmentation qui résultent d'une opération de fusion ou d'absorption correspondent aux mécanismes indirects de financement.

- En revanche, une augmentation de capital par incorporation de réserves ne modifie aucunement les moyens d'action d'une société. La capitalisation des réserves s'accompagne d'une distribution gratuite d'actions ou de parts sociales. Cette distribution gratuite n'est pas considérée comme une distribution de bénéfices et échappe donc à l'impôt sur le revenu. La capitalisation des réserves n'entraîne aucun enrichissement immédiat des associés. C'est plus tard qu'elle gonflera leurs dividendes. Au demeurant, les créanciers de la société vont disposer d'une marge de garantie plus importante étant donné qu'une incorporation de réserves conduit systématiquement à une remarquable stabilité du capital.

- Enfin et de manière regrettable, une société peut procéder à une augmentation de capital par compensation de dettes. Une société qui a de sérieuses difficultés de trésorerie peut proposer à ses créanciers l'octroi des parts de capital en contrepartie des créances. Comme corollaire, l'extinction des dettes par le biais de la compensation conduit à la souscription du capital par les créanciers. L'augmentation de capital par compensation de dettes a cependant pour effet de modifier la structure de financement de la société en transformant une dette qui comporte des exigences de remboursement en capital non exigible.

Généralement, la constitution des sociétés et les opérations d'augmentation de capital donnent libre cours à des calculs fiscaux relativement complexes. Les Notaires chargés de rédiger les actes solennels sont souvent victimes de douloureux redressements au regard des erreurs commises dans leurs calculs. Certes, dans la loi des finances de l'exercice 1995/96, le législateur a mis sur pied des mesures de faveur en plafonnant les droits à régler au Trésor Public, dans le souci de faciliter la constitution des sociétés et les opérations d'augmentation de capital.

Le schéma suivant est un décalque de l'article 544 du C.G.I. :

Taux	Tranches de capital	Plafonds des droits à payer
2 %	0 < 750 000 000	750 000
1,5 %	750 000 001<1 500 000 000	1 500 000
1 %	1 500 000 001<3 000 000 000	3 000 000
0,5 %	3 000 000 001<5 000 000 000	5 000 000
0,25 %	Au-delà de 5 000 000 000	2 500 000

La loi des finances de l'exercice 2010 fait ressortir les dispositions suivantes dans ses articles 546–6 et 585 du C.G.I. : « sont enregistrés gratis, les actes de constitution et de prorogation de société ainsi que les actes portant augmentation de capital ; les actes de constitution et de prorogation de société ainsi que les actes portant augmentation de capital ne sont pas soumis au droit de timbre gradué ». Ces dispositions sont muettes au regard du droit de timbre de dimension.

Afin d'éviter des interprétations erratiques, nous allons prendre quatre exemples d'application :

1er exemple d'application :

La société MABOPPA a été constituée le 15 avril 2001 chez Maître Abdou TELLI, Notaire à Douala, Rue JAMOT. Au moment de la souscription, les 1 200 000 000 F CFA de capital ont été entièrement libérés. Le 10 octobre 2002, elle procède à une augmentation de capital par incorporation de réserves. À ce titre, son capital passe de 1 200 000 000 F CFA à 7 000 000 000 F CFA.

- Quels sont les droits simples dus au titre de la constitution de société ?

- Quels sont les droits simples dus au titre de l'augmentation de capital ?

Liquidation :

- Droits simples dus au titre de la constitution de société :

2 % x 750 000 000 = 15 000 000 ramenés à 750 000
1,5 % x (1 200 000 000 – 750 000 000) = 6 750 000 ramenés à 1 500 000
Montant à acquitter au Trésor Public : 750 000+1 500 000 = 2 250 000

- Droits simples dus au titre de l'augmentation de capital :

1,5 % x (1 500 000 000 – 1 200 000 000) =4 500 000 ramenés à 1 500 000
1 % x (3 000 000 000 – 1 500 000 000) = 15 000 000 ramenés à 3 000 000
0,5 % x (5 000 000 000 – 3 000 000 000) =10 000 000 ramenés à 5 000 000
0,25 % x (7 000 000 000 – 5 000 000 000) = 5 000 000 ramenés à 2 500 000
Montant à acquitter au Trésor Public :
1 500 000 + 3 000 000 + 5 000 000 + 2 500 000 = 12 000 000

Remarques :

En vertu des dispositions de l'article 544 du C.G.I., les droits dus par la société MABOPPA tant pour la constitution de société que pour l'augmentation de capital s'élèvent à 14 250 000 F CFA. En l'absence de plafonds, la société aurait réglé 56 250 000 F CFA.

Dans la réalité, le Notaire rédigera deux actes : un premier lors de la constitution, un second lors de l'augmentation de capital.

À partir de la date de signature de chaque acte, le Notaire aura un mois pour les soumettre à la formalité d'enregistrement, le cas échéant, les pénalités seront encourues./-

2ème exemple d'application :

La société DAMETA a été constituée le 08 janvier 2001 chez Maître Rodolphe EDOGO, Notaire à Douala, Boulevard de la Liberté. Au moment de la souscription, les 150 000 000 F CFA de capital ont été entièrement libérés. Le 17 août 2002, elle procède à une augmentation de capital par apports nouveaux d'éléments d'actifs. À cet effet, son capital passe de 150 000 000 F CFA à 1 250 000 000 F CFA. Le 14 septembre 2003, elle envisage une seconde augmentation de capital. Cette fois-ci son capital passe de 1 250 000 000 F CFA à 2 450 000 000 F CFA.

- Quels sont les droits simples dus au titre de la constitution de société ?

- Quels sont les droits simples dus au titre de la première augmentation de capital ?

- Quels sont les droits simples dus au titre de la seconde augmentation de capital ?

Liquidation :

- Droits simples redevables au titre de la constitution :

2 % x 150 000 000 = 3 000 000 ramenés à 750 000
Montant à acquitter au Trésor Public : 750 000

- Droits simples redevables au titre de la première augmentation de capital :

2 % x (750 000 000 – 150 000 000) = 12 000 000 ramenés à 750 000
1,5 % x (1 250 000 000 – 750 000 000) = 7 500 000 ramenés à 1 500 000
Montant à acquitter au Trésor Public : 750 000 + 1 500 000 = 2 250 000

- Droits simples redevables au titre de la seconde augmentation de capital :

1,5 % x (1 500 000 000 –1 250 000 000) = 3 750 000 ramenés à 1 500 000
1 % x (2 450 000 000 – 1 500 000 000) = 9 500 000 ramenés à 3 000 000
Montant à acquitter au Trésor Public : 1 500 000+ 3 000 000 = 4 500 000
Nota : le total des droits simples dus s'élève à 7 500 000 F CFA au lieu de 35 750 000 F CFA.

La prise en compte du montant de 750 000 F CFA lors de la première augmentation de capital a toujours poussé certains contribuables à croire qu'il y a double imposition. Ce qui n'est pas le cas. Il s'agit dans l'esprit du législateur d'imposer la progressivité par tranche de capital. Dans la circonstance, la tranche qui va de 150 000 000 F CFA à 750 000 000 F CFA n'a supporté l'impôt qu'une seule fois, en l'occurrence, lors de la première augmentation.

3ème exemple d'application :

La société ETURUKAN a été constituée le 22 janvier 2010 chez Maître EBELAN, Notaire à Douala, rue des TROIS-MORTS. Au moment de la souscription, les 3 700 000 000 F CFA de capital ont été entièrement libérés. Le 06 juin 2010, elle procède à une augmentation de capital par apports nouveaux d'éléments d'actifs. À ce titre, son capital passe de 3 700 000 000 F CFA à 4 250 000 000 F CFA.

- Quels sont les droits simples dus au titre de la constitution de société ?

- Quels sont les droits simples dus au titre de l'augmentation de capital ?

Liquidation :

. Droits simples dus au titre de la constitution :

E= Gratis
T.G. = Gratis

. Droits simples dus au titre de l'augmentation de capital :

E= Gratis
T.G.= Gratis

4ème exemple d'application :

La société KATEVI a été constituée le 12 novembre 2006 chez Maître DJOTAGA, Notaire à Douala, Rue des SERPENTS. Au moment de la souscription, les 3 200 000 000 F CFA de capital ont été entièrement libérés.

Le 14 février 2010, elle procède à une augmentation de capital par compensation de dettes. À ce titre, son capital passe de 3 200 000 000 F CFA à 6 510 000 000 F CFA.

- Quels sont les droits simples dus au titre de la constitution de société ?

- Quels sont les droits simples dus au titre de l'augmentation de capital ?

Liquidation :

Droits simples dus au titre de la constitution de société :

2 % x 750 000 000 = 15 000 000	ramenés à 750 000
1,5 % x (1 500 000 000 – 750 000 000) = 11 250 000	ramenés à 1 500 000
1 % x (3 000 000 000 – 1 500 000 000)=15 000 000 ramenés à	3 000 000
0,5 % x (3 200 000 000 – 3 000 000 000)	= 1 000 000
Montant à acquitter au Trésor Public :	6 250 000

. Droits simples dus au titre de l'augmentation de capital :

E = Gratis
T.G.= Gratis

*Complément :

Le capital social d'une entreprise est divisé en actions. Une action peut être évaluée de manière différente. On distingue :

- La valeur nominale ;
- La valeur comptable intrinsèque ;
- Et enfin, la valeur boursière.

La valeur nominale correspond à la notion juridique du capital social. Elle est égale au capital social divisé par le nombre d'actions. C'est sur cette base qu'est affecté le bénéfice de l'entreprise par le décompte d'un intérêt statuaire sur la valeur nominale. La valeur nominale minimale est fixée à 10 000 F CFA pour les sociétés de capitaux et 5000 F CFA pour les sociétés de personnes.

La valeur comptable intrinsèque équivaut au rapport entre la situation nette et le nombre de titres. La différence entre cette valeur et la valeur nominale provient de l'accumulation des réserves par la société.

La valeur boursière est celle qui résulte de la cotation en bourse. C'est en somme une valeur de marché différente des deux précédentes.

Avec la présence effective de la bourse des valeurs dans notre communauté nationale, les sociétés florissantes seront de plus en plus incitées à augmenter leur capital par apports nouveaux. À un prix d'émission différent, de nouvelles actions seront émises de même valeur nominale que les anciennes.

S'il arrive que le prix d'émission soit inférieur à la valeur de l'action ancienne, la valeur de l'action après augmentation de capital diminuera par rapport à la valeur ancienne parce que ça sera la moyenne pondérée des valeurs anciennes et des prix d'émission. Il est évident que les anciens actionnaires seront lésés par la baisse de valeur de leurs actions. Afin d'éviter une situation préjudiciable aux anciens actionnaires, le législateur devra leur faire bénéficier d'un droit préférentiel de souscription lors de l'augmentation de capital. Ce droit mériterait d'être négociable et coté en bourse.

À la lumière de ce qui précède, nous allons étudier les formules de calcul des droits de souscription et des droits d'attribution lorsque nous sommes en présence d'une augmentation de capital par apports nouveaux isolément ou d'une augmentation de capital par incorporation des réserves isolément. Ensuite, nous clôturerons par l'évaluation des titres cotés en bourse et les droits sociaux non cotés en bourse.

- Droits de souscription :

Soit une société anonyme dans laquelle il y a N actions valant chacune C Francs cfa qui est la valeur intrinsèque telle qu'elle se déduit de la valeur de l'actif net.

Ladite société émet N' actions nouvelles au prix P Franc cfa.

- Quelle est la valeur du droit de souscription ?

Calculons d'abord la perte de valeur de l'action ancienne :

Après augmentation de capital, l'actif net de la société est NC + N'P

À cet effet, il y a alors N + N' actions, chacune d'elle a pour valeur :

$$\frac{NC + N'P}{N + N'}$$

Étant donné que l'action ancienne, par hypothèse, avant augmentation de capital, avait pour valeur C, la différence de valeur peut s'écrire :

$$d_s = C - \frac{NC + N'P}{N + N'}$$

Ou encore

$$d_s = \frac{C(N + N') - NC - N'P}{N + N'}$$

Elle peut également s'écrire :

$$\boldsymbol{d_s = \frac{N'(C-P)}{N + N'}}$$

La formule précédente montre immédiatement que si les actions nouvelles sont émises à la valeur P = C, on a C-P = 0, $d_s = 0$. Elle révèle également que le droit croît lorsque P diminue, puisque la différence C-P tend à croître.

- Droit d'attribution :

Soit une société anonyme dans laquelle il y a N actions valant chacune C Francs cfa. La société distribue N' actions gratuites lors d'une augmentation de capital par incorporation de réserves.

Quelle est la valeur du droit d'attribution ?

Il demeure évident qu'après augmentation de capital, l'actif net de la société est toujours NC, mais il y a désormais N + N' actions. Chacune vaut donc NC/(N + N') d'où la valeur du droit d'attribution

da = C-NC/(N + N')
ou encore N'C/(N+N')

NOTA : la formule de « da » peut être trouvée à partir de celle de « ds » en y remplaçant p par zéro. [**da = N'C/(N + N')**]

- Évaluation des titres cotés en bourse :

Nous le savons, au sens économique du terme, un marché parfait n'existe pas. Néanmoins, il existe des marchés qui se rapprochent de la perfection à telle enseigne que les prix moyens qui y sont pratiqués symbolisent à un moment donné, la valeur vénale réelle des biens qui y sont vendus.

Sauf hypothèses exceptionnelles, c'est le cas des bourses des valeurs caractérisées par l'abondance et la publicité des transactions portant sur des titres semblables.

À la lecture de ce qui précède, il est opportun que le législateur mette sur pied des dispositions au travers desquelles, les titres cotés en bourse et transmis à titre gratuit dont le cours moyen atteint par eux au jour même de la transmission soit considéré comme étant une base légale d'évaluation ne pouvant être contestée ni par les parties, ni par l'Administration.

En ce qui concernera les opérations autres que les mutations à titre gratuit et bien qu'aucune base légale ne soit pour le moment fixée, le cours de la bourse constituera, en pratique, une présomption de valeur qu'on ne pourrait remettre en question.

Au demeurant, si au jour de l'acte ou de la mutation, aucune cotation n'a eu lieu, il n'existe aucune base légale d'évaluation. Dans la réalité, le cours du jour le plus voisin devra être adopté.

De manière exceptionnelle, si un titre est coté uniquement dans une bourse étrangère, le cours hors des frontières, s'il ne constitue pas une base légale, paraît difficile à remettre en cause, sauf dans les circonstances tout à fait particulières.

Il va sans dire que les dispositions susmentionnées ne s'appliquent qu'en présence d'un véritable cours de bourse reconnu officiellement. Toutefois, sur le terrain, il convient de retenir des cours officieux résultat du marché dit

« hors cote » lorsque les cours qui y sont pratiqués ont en fait, une valeur indicative qui s'apparente à celle donnée par les cours officiels du fait de la fréquence et de l'importance des transactions.

Pour clore, il est impératif qu'on mette sur pied un organisme spécial chargé de contrôler les évaluations, organisme qui devra rapprocher les indications fournies par les parties des cours pratiqués au jour de la mutation à contrôler ou éventuellement des cours pratiqués à une date proche de cette mutation.

- Évaluation des droits sociaux non cotés en bourse :

Au cas où il serait impossible de rapprocher les évaluations indiquées par les parties des cours en bourse, il serait souhaitable de rechercher s'il n'existe pas, pour la valeur considérée, un marché revêtant peut-être des garanties inférieures à celle d'une bourse des valeurs, mais susceptibles de fournir un certain nombre d'indications fiables, permettant sous réserve de certaines corrections, de déterminer la valeur considérée, soit pour des valeurs similaires, un marché hors cote où les transactions, sans être quotidienne, sont souvent assez fréquentes pour conserver une valeur qui peut être indicative.

Afin que les prix qui sont fabriqués puissent être observés avec intérêt, il est d'une importance capitale que ce marché ne soit pas faussé, en l'occurrence :

- S'il s'agit du marché du titre lui-même, que ce marché ne soit pas trop étroit ou alors que les transactions n'y soient pas entachées de fraudes ou de collusions entre vendeurs et acheteurs.

- S'il s'agit du marché de titres similaires, outre les conditions précédentes, il est nécessaire qu'il y ait une similitude suffisante pour que la comparaison soit valable. Les documents sociaux des entreprises intéressées permettront d'apprécier le degré de similitude.

En somme, et sauf cas exceptionnels, on sera contraint de constater l'absence quasi totale d'un marché présentant des qualités telles qu'on puisse en déduire un prix moyen susceptible de constituer la valeur vénale du titre en cause.

Par moments, à défaut de marché proprement dit, une indication sérieuse pourra être fournie à une date rapprochée dans des actes où les parties ont des intérêts opposés tels que les partages de succession, soit par l'évaluation donnée à ses titres par la société pour un exercice déterminé et ayant pour objet d'en fixer le prix de vente ou de préemption.

Encore faut-il qu'une telle évaluation ne soit pas fixée dans l'intérêt exclusif de la société ou de ses principaux membres./-

H. LE RÉGIME D'ABSORPTION ET DE FUSION DES SOCIÉTÉS

Les termes Absorption et Fusion, Scission, Apport partiel d'actif sont continuellement confondus à telle enseigne qu'afin d'éviter tout embarras, certains parlent d'absorption - fusion ou de fusion – absorption. Somme toute, on rappellera :

- Qu'une fusion est une opération ayant pour résultat la réunion en un seul être moral de deux ou plusieurs sociétés antérieurement distinctes et indépendantes soit par création d'une société nouvelle soit par absorption d'une ou plusieurs sociétés par l'une d'entre elles.

- Qu'une scission est l'apport des biens d'une société à deux ou plusieurs sociétés préexistantes ou créées à cet effet.

- Que l'apport partiel d'actif est la participation d'une société à une autre d'une partie seulement de ses biens.

Les trois opérations ont des ressemblances. Elles tendent toutes les trois à mieux répartir les moyens d'exploitation. La différence, toutefois, est que dans la fusion ou scission, la ou les sociétés préexistantes disparaissent alors que dans l'apport partiel d'actif, la société apporteuse subsiste.

À la lumière de tout ce qui précède, la fusion-absorption est une opération financière au travers de laquelle les assemblées générales de deux sociétés approuvent la convention ou le contrat d'apport. Cette convention ou ce contrat d'apport fixe de manière détaillée la nature et la valeur des biens apportés, les clauses de la nouvelle structure et les caractéristiques des nouvelles actions à émettre ou à remettre.

Il est courant que la société absorbée solde ses dettes avant d'apporter son actif, à moins que la société absorbante accepte à la fois l'actif et le passif de la structure qu'elle absorbe. La prise en charge du passif est soumise à un droit fixe de 50 000 F CFA conformément à l'article 350 alinéa 3 du C.G.I. qui dispose que : « sont soumis au droit fixe, la prise en charge par la société absorbante ou nouvelle de tout ou partie du passif des sociétés anciennes dans les actes de fusion des sociétés anonymes ou à responsabilité limitée ».

Il est d'une importance capitale que les obligataires ou les porteurs de parts ne soient pas lésés à la suite de l'opération et leurs intérêts doivent être préservés.

La fusion de sociétés conduit inéluctablement à l'augmentation de capital. Il faut néanmoins comprendre qu'une société qui fusionne ou absorbe une autre ne procède pas impérativement au doublement de son capital. Elle souhaiterait par exemple le faire passer de six cents (600) millions à huit cents (800) millions de francs Cfa, ce qui correspondra à créer vingt (20) mille actions nouvelles de dix (10 000) francs Cfa. Dans cette circonstance, l'émission se fera sur la base d'une action nouvelle pour trois anciennes.

D'une façon générale, la quotité se calculera de la manière suivante :

$$\frac{\text{Augmentation du capital}}{\text{Valeur nominale de l'action}} = \text{nombre d'actions nouvelles}$$

$$\frac{\text{Ancien capital}}{\text{Valeur nominale de l'action}} = \text{nombre d'actions anciennes}$$

$$\frac{\text{Nombre d'actions nouvelles}}{\text{Nombre d'actions anciennes}} = \text{quotité}$$

La valeur du droit de souscription dépend de la demande sur le marché, elle-même fonction de l'intérêt que suscite l'opération initiée par la société émettrice ; il est toutefois possible de calculer la valeur théorique du droit. Cette valeur résulte du cours de l'action ancienne en bourse avant l'opération du prix d'émission des actions nouvelles et du rapport en résultant.

Les clauses qui doivent être insérées dans une convention de fusion-absorption sont les suivantes :

- L'objet ;
- Les conditions d'exécution ;
- L'évaluation de l'actif ;
- L'évaluation du passif ;
- Le rapport d'échange des droits sociaux ;
- Les impôts et taxes.

1er exemple d'application :

Par devant Me SARAHOUI, Notaire à Douala, il est établi une convention de fusion- absorption entre d'une part,

La SARL MWANATOCAM B.P. 6348 Douala, N.I.U. M088200007204 Z, Registre de commerce N° 1822 R.C., représentée par Sébastien NGUIME,

La société QUITATO Cameroun en abrégé SOQUITACAM dont le siège est à Guider BP 713, N.I.U. M 015890000113 I, Registre de commerce N° 146/2000-2001, représentée par Oumarou YOUSSOUFA.

La présente convention a pour objet la fusion-absorption de la Sarl MWANATOCAM par la société SOQUITACAM.

L'exécution de la présente convention devra s'effectuer en rapport avec les dispositions des articles 189 à 194 de l'Acte uniforme OHADA relatif au Droit des sociétés commerciales et du Groupement d'intérêt économique.

La société MWANATOCAM fait apport à la société SOQUITACAM de tout son actif au 31 décembre 2003 sans que cette énumération soit limitative, de manière ci-après :

- Stock de marchandise	1 150 000 000
- Clientèle et achalandage	..5 000 000
- Matériel roulant	7 600 000
Total	1 162 600 000

La société SOQUITACAM s'engage à prendre en charge le passif de la société MWANATOCAM déterminé selon le détail ci-après :

- Pertes cumulées	95 381 000
- Dettes fournisseurs	.1 299 000 000
Total	1 394 381 000

En représentation et rémunération de l'apport d'actif, il sera attribué aux divers ayants droit de la société MWANATOCAM mille (1000) actions de dix mille (10 000) F CFA chacune à créer par SOQUITACAM à titre d'augmentation du capital sur lesquelles mille (1 000) actions devraient être attribuées à l'absorbant, en raison de sa participation dans la société absorbée conformément à l'acte de fusion.

L'absorbant ne pouvant posséder ses propres actions, renoncera à ses droits dans l'augmentation de capital de telle sorte qu'en représentation des apports effectués par la société MWANATOCAM, il ne sera procédé qu'à une augmentation de capital de dix millions (10 000 000) de F CFA par voie de création de mille (1 000) actions nouvelles de dix mille (10 000) F CFA chacune.

Les impôts et taxes résultant de cette opération de fusion seront à la charge de la société absorbée et de la société absorbante selon les modalités ci-après :

L'imposition de la plus-value de fusion reste à la charge de la société MWANATOCAM dans un compte de plus-value.

S'agissant de la société absorbante SOQUITACAM, elle supportera le cas échéant le droit dégressif d'apport sur le montant de l'actif apporté sans préjudice du paiement du droit fixe sur la prise en charge du passif de la société absorbée.

La TVA initialement déduite sur les marchandises par la société MWANATOCAM ne devra pas faire l'objet d'une seconde déduction de la société absorbante SOQUITACAM.

Par ailleurs, la société SOQUITACAM s'engage à reverser à l'administration fiscale la TVA collectée sur la vente des marchandises de la société absorbée.

Il est précisé que la présente convention comporte deux (2) annexes.

Elle a été établie le 10 janvier 2004 et déposée au Centre des Impôts territorialement compétent le 10 Mars 2004.

- Quel est le sort fiscal réservé à cette convention de fusion – absorption ?

Liquidation :

Prise en charge du passif :

DF	= 50 000
Annexes :	
DF : 4 000 x 2	= 8 000
Augmentation de capital :	
2 % x 10 000 000	= 200 000
Pénalités encourues :	
50 000 + 8 000 + 200 000	= 258 000

Récapitulation :

Total droits simples : 50 000 + 8 000 + 200 000	= 258 000
Total pénalités	= 258 000
Montant à acquitter au Trésor Public :	516 000

2ème exemple d'application :

Par devant Me NDINOGUE, Notaire à Douala, il est établi une convention de fusion-absorption entre d'une part,

La SARL SOTRACAM B.P. 9142 Douala, N.I.U. M172300006302, registre de commerce N° 3142 RC, représentée par Laurent GUEYE,

La Sarl YOUSSOCAM dont le siège est à Yagoua B.P. 922, N.I.U. M012800004103 Registre de commerce N° 1213/2010, représentée par Abdou SYLLA.

La présente convention a pour objet la fusion-absorption de la Sarl SOTRACAM par la Sarl YOUSSOCAM.

L'exécution de la présente convention devra s'effectuer en rapport avec les dispositions des articles 189 à 194 de l'Acte uniforme OHADA relatif au Droit des sociétés commerciales et Groupement d'intérêt économique.

La Sarl SOTRACAM fait apport à la Sarl YOUSSOCAM de tout son actif au 31 décembre 2009 sans que cette énumération soit limitative, de la manière suivante :

- Stocks de marchandises et de produits finis.........2 180 000 000
- Clientèle, achalandage, droit au bail.........................7 000 000
- Mobilier, outillage et matériel de transport........ ..... 12 000 000

Total 2 199 000 000

La Sarl YOUSSOCAM s'engage à prendre en charge le passif de la Sarl SOTRACAM défini de la manière suivante :

- Pertes cumulées..125 723 000
- Dettes fournisseurs à moyen et à long terme.......1 720 000 000

Total 1 845 723 000

En représentation et rémunération de l'apport d'actif, il sera attribué aux divers ayants droit de la Sarl SOTRACAM deux mille (2 000) actions de dix mille (10 000) F CFA chacune à créer par la Sarl YOUSSOCAM à titre d'augmentation de capital sur lesquelles deux mille (2 000) actions devraient être attribuées à l'absorbant, compte tenu de sa participation dans la société absorbée conformément à l'acte de fusion.

L'absorbant ne pouvant posséder ses propres actions, renoncera à ses droits dans l'augmentation de capital de vingt millions (20 000 000) de F CFA par voie de création de deux mille (2 000) actions nouvelles de dix mille (10 000) F CFA chacune.

Les impôts et taxes résultant de cette opération de fusion seront à la charge de la société absorbée et de la société absorbante selon les conditions suivantes :

L'imposition de la plus-value de fusion reste à la charge de la Sarl SOTRACAM dans un compte de plus-value.

S'agissant de la SARL absorbante YOUSSOCAM, elle bénéficiera le cas échéant de l'enregistrement ''Gratis'' sur le montant de l'actif apporté sans préjudice du paiement du droit fixe sur la prise en charge du passif de la société absorbée.

La TVA initialement déduite sur les marchandises et les produits finis par la Sarl SOTRACAM ne devra pas faire l'objet d'une seconde déduction de la SARL absorbante YOUSSOCAM.

En outre, la Sarl YOUSSOCAM s'engage à reverser à l'administration fiscale la TVA collectée sur la vente des marchandises de la société absorbée.

Il est précisé que la présente convention comporte trois (3) annexes.

Elle a été établie le 07 janvier 2010 et déposée au Centre des Impôts territorialement compétent le 18 avril 2010.

- Quel est le sort fiscal réservé à cette convention de fusion-absorption ?

Liquidation :

<u>Prise en charge du passif :</u>
DF = 50 000
<u>Annexes :</u>
DF : 4 000 x 3 = 12 000
<u>Augmentation de capital :</u>
E = Gratis
<u>Pénalités encourues :</u>
50 000 + 12 000 = 62 000

Récapitulation :

Total droits simples : 50 000 + 12 000	= 62 000
Total pénalités	= 62 000
Montant à acquitter au Trésor Public	124 000

***COMPLÉMENT :**

Une société porte son capital de 180 000 000 F CFA à 300 000 000 F CFA par émission d'actions de 10 000 F CFA qui est la valeur nominale des actions anciennes.

$$\frac{300\ 000\ 000 - 180\ 000\ 000}{10\ 000} = 12\ 000 \text{ actions nouvelles}$$

$$\frac{180\ 000\ 000}{10\ 000} = 18\ 000 \text{ actions anciennes}$$

$$\frac{12\ 000}{18\ 000} = \frac{2}{3}$$

La souscription aura lieu à raison de 2 actions nouvelles pour 3 anciennes.

Si la valeur nominale des actions anciennes était de 7.500 F CFA, le nombre d'actions anciennes serait de :

$$\frac{180\ 000\ 000}{7.500} = 24\ 000$$

Et la quotité deviendrait : 12 000/24 000 = ½ (1 action nouvelle pour 2 anciennes)

Ce cas bien que rare se produit souvent dans l'hypothèse où la société procède à une double opération.

1) Augmentation de capital par incorporation de réserves et élévation de la valeur nominale des actions anciennes de 7.500 F CFA à 10 000 F CFA.

2) Augmentation de capital en numéraire de 120 000 000 F CFA. En fait, l'élévation de la valeur nominale aura pour effet de porter le capital à :

180 000 000 + (24 000 x 2. 500) = 240 000 000 F CFA. En refaisant le calcul de la quotité, il ressort :

$$\frac{120\ 000\ 000}{10\ 000} = 12\ 000$$

$$\frac{240\ 000\ 000}{10\ 000} = 24\ 000$$

$$\frac{12\ 000}{24\ 000} = \frac{1}{2}$$ (1 action nouvelle pour 2 anciennes)

***Autre illustration :**

Soit une société au capital de 400 000 000 F CFA divisé en 40 000 actions d'une valeur nominale de 10 000 F CFA cotées à 27 000 F CFA en bourse. Elle procède à une augmentation de capital de 400 000 000 F CFA à 600 000 000 F CFA, par émission de 20 000 actions de 10 000 F CFA, émises avec une prime d'émission de 2 000 F CFA. La quotité sera une action nouvelle pour deux anciennes.

Le propriétaire de deux actions anciennes possède ainsi deux droits pour souscrire une action nouvelle. Après l'opération, il sera propriétaire de trois actions dont le prix de revient sera :

2 x 27 000 F CFA = 54 000 F CFA
1 x 12 000 F CFA = 12 000 F CFA
66 000 F CFA
Soit 66 000 : 3 = 22 000 F CFA par action.

D'où une valeur théorique du droit de souscription qui est de :

27 000 F CFA – 22 000 F CFA = 5 000 F CFA.

Ces calculs sont établis en partant de l'action ancienne droit attaché. Mais on peut aussi rechercher la valeur théorique du droit en partant de l'action ancienne ex-droit. Dans cette illustration, supposons que l'action ancienne ex-droit soit côté à 22 000 F CFA.

Pour obtenir une action nouvelle, il faut verser 12 000 F CFA et la valeur d'une action nouvelle est, en principe, égale à celle d'une action ancienne dont on a détaché le droit, soit 22 000 F CFA.

La valeur de deux droits de souscription est donc :

22 000 F CFA – 12 000 F CFA = 10 000 F CFA. D'où la valeur d'un droit : 10 000/2 = 5 000 F CFA. Ultérieurement, en raison des fluctuations boursières, l'action ancienne ex-droit peut avoir un cours inférieur à 22 000 F CFA, 20 000 F CFA par exemple.

Le cours théorique du droit deviendra :
(20 000 F CFA – 12 000 F CFA)/2= 4 000 F CFA

Et son cours boursier peut n'être que de 3 500 F CFA. Dès lors les détenteurs de fonds qui s'intéressent à l'émission auront l'avantage d'acheter des droits pour souscrire une action nouvelle, en décaissant : (3.500 F CFA x 2) + 12 000 F CFA = 19 000 F CFA au lieu d'acheter à la bourse une action ex-droit qu'ils paieraient à 20 000 F CFA. Les porteurs d'actions anciennes peuvent procéder de même en vendant leurs actions pour acheter des droits et reconstituer leur portefeuille. /-.

I. LE RÉGIME DES MARCHÉS PUBLICS

Les marchés publics sont des contrats passés par les collectivités publiques en vue de la réalisation des travaux, fournitures et services.

L'importance du patrimoine de l'État, les tâches qui lui incombent, qu'il a prises en charge ou qui lui ont été dévolues nécessitent d'importants travaux en nombre et en valeur. L'entretien des services administratifs exige de nombreuses livraisons de fournitures ou de prestations de services. En général, ce sont des entreprises privées qui sont chargées d'exécuter ces contrats de travaux, de fournitures ou de services et ces contrats prennent la dénomination de « marchés publics ».

Les dispositions applicables aux marchés publics sont mentionnées dans les articles 342 al.10, 343 al.5 et 543-d du C.G.I.

L'entreprise titulaire d'un marché public se heurte à des problèmes techniques et financiers.

Les problèmes techniques sans être pour autant les plus simples à résoudre, sont ceux pour lesquels l'entreprise de prime abord est mieux armée, étant donné que par définition, toute entreprise adjudicataire doit être agréée par l'Administration, à cet effet, l'agrément présuppose une certaine compétence.

En revanche, le financement d'un important marché nécessite le plus souvent la mise en œuvre de capitaux considérables et c'est assurément dans ce domaine qu'émergent de très délicats problèmes. Il va de soi que si la demande de l'Administration est comparable à celle que pourrait passer n'importe quelle entreprise privée, l'entreprise ne rencontrera pas de difficultés particulières, son financement s'intégrant à celui de l'actif de roulement. A contrario, si le marché est important par rapport à l'activité de l'adjudicataire, il est de tradition que le financement exige un recours à des capitaux extérieurs.

Sous l'angle technique, la terminologie change selon l'importance financière du contrat conclu avec l'État, les collectivités publiques locales et les établissements publics administratifs :

- Jusqu'à 5 000 000 F CFA, il s'agit de Bon de commande ;
- De 5 000 001 à 50 000 000 F CFA, il s'agit de Lettre commande ;
- Au-delà de 50 000 000 F CFA, il s'agit de Marché.

Afin d'éviter de conduire l'esprit à la confusion, nous adopterons le terme générique « marché » quelle qu'en soit l'importance financière.

Le régime fiscal des marchés peut avoir une mise en œuvre particulière compte tenu des accords, des conventions et des lois attribuant des avantages exceptionnels à certains organismes ou éventuellement à certaines entreprises.

Au demeurant, les fournitures ou les prestations établies au moyen des factures de moins de 5 000 000 F CFA étaient exempts des droits d'enregistrement. Depuis le 1er janvier 2005, elles sont soumises au taux de 5 %.

La Loi de Finances de l'exercice 2015 a modifié les dispositions de l'article 543 alinéa c du C.G.I.

Avant 2015, l'article 543 alinéa c du C.G.I. disposait que :

« Sont soumis au taux moyen de 5 % :

- Les marchés et commandes publics de montant inférieur à 5 millions, payés sur le budget de l'État, des collectivités territoriales décentralisées et des établissements publics administratifs ».

À partir du 1er janvier 2015, l'article 543 alinéa c du C.G.I. dispose que :

« Sont soumis au taux moyen de 5 % :

- Les marchés et commandes publics de montant inférieur à 5 millions, payés sur le budget de l'État, des collectivités territoriales décentralisées, des établissements publics administratifs, des sociétés à capitaux publics et des sociétés d'économie mixte ou sur financement extérieur ».

Avant d'aborder les différentes approches, il convient de noter que les marchés doivent rendre distincts leur montant hors taxes avant d'y rattacher les taxes relevant des droits indirects (droits de douane ou TVA).

Ces taxes constituent des impôts afférents aux marchés alors que les droits d'enregistrement dont il sera question dans ce chapitre relèvent de la fiscalité des entreprises.

En matière d'exemptions, l'article 546 B-7 de la Loi de Finances 2016 énonce : « les commandes publiques relatives aux carburants et lubrifiants, quel que soit le mode d'acquisition ou de paiement. Ces commandes sont également exemptes de l'application du timbre de dimension ».

Afin que rien d'utile ne puisse rester dans l'ombre, nous allons observer trois approches fiscales des marchés publics :

- L'approche du droit proportionnel de 2 % ;
- L'approche du droit fixe de 50 000 F CFA et du droit de timbre gradué ;
- L'approche des exonérations.

1- L'approche du droit proportionnel de 2 %

C'est l'approche du droit commun dont le taux est assis sur le montant hors taxes. Le marché peut également être assorti d'un cautionnement et/ou d'une retenue de garantie qui relève (nt) d'un taux super réduit de 1 %. Le cautionnement rend certaine l'exécution intégrale du marché. La retenue de garantie assure la bonne qualité des prestations. Certains marchés peuvent comporter une ou plusieurs annexes. Chacune d'elle sera imposée au droit fixe de 4 000 F CFA. Les droits de timbre de dimension à apposer sur chaque feuille dépendent du format (Cf.art .547 du C.G.I.).

Depuis la loi de finances de l'exercice 2005, le format 21 x 29,7 est passé à 1000 F CFA la feuille. Le format 29,7 x 42 est resté à 1000 F CFA la feuille. Il en est de même du format 42 x 54 qui est resté à 1 500 F CFA la feuille.

Cette approche de droit commun demeure applicable tant qu'il n'y a aucune autre disposition découlant d'un texte spécifique. Elle est visée à l'article 543 alinéa d du C.G.I.

1er exemple d'application :

Il ressort des clauses du marché N° 0147/MINDIC/DAG/01/02 les éléments suivants :

Montant H.T.	:	90 000 000
TVA (18,7 %)	:	16 830 000
Montant T.T.C.	:	106 830 000
Retenue de garantie	:	10 %
Cautionnement	:	5 %

Sept exemplaires de format 21 x 29,7 dont chacun comporte neuf (9) feuilles.

Une annexe de huit (8) feuilles.

- Quel est le sort fiscal réservé à ce marché ?

<u>Liquidation</u> :

Droits simples (marché)	: 90 000 000 x 2 %	=	1 800 000
Droits simples (annexe)	: D.F.	=	4 000
Retenue de garantie	: 90 000 000 x 10 % x 1 %	=	90 000
Cautionnement	: 90 000 000 x 5 % x 1 %	=	45 000
Droits de timbre de dimension (marché) :	500 x 9 x 7	=	31 500
Droits de timbre de dimension (annexe) :	500 x 8 x 7	=	28 000
Montant à acquitter au Trésor Public :			1 998 500

2ème exemple d'application :

Il ressort des clauses du marché N° 0834/MINDEF/DAG/06 les éléments suivants :

Montant T.T.C.	:	143 100 000
Retenue de garantie	:	5 %
Cautionnement	:	2,5 %

Sept exemplaires de format 21 x 29,7 dont chacun comporte huit (8) feuilles.

Deux annexes dont chacune comporte dix (10) feuilles.

- Quel est le sort fiscal réservé à ce marché ?

Liquidation :

Montant H.T. : $\frac{143\ 100\ 000}{1{,}1925} = 120\ 000\ 000$

Droits simples (marché)	: 120 000 000 x 2 %	=	2 400 000
Droits simples (annexes).	: D.F. 4000 x 2	=	8 000
Retenue de garantie	: 120 000 000 x 5 % x 1 %	=	60 000
Cautionnement	: 120 000 000 x 2,5 % x 1 %	=	30 000
Droits de timbre de dimension (marché)	: 1000 x 8 x 7	=	56 000
Droits de timbre de dimension (annexes)	: 1000 x 10 x 2 x 7	=	140 000
Montant à acquitter au Trésor Public :			2 694 000

2- L'approche du droit fixe de 50 000 F CFA et du droit de timbre gradué :

À défaut d'un droit proportionnel avantageux, cette approche est mise en œuvre lorsqu'un marché est financé par l'extérieur pour plus de 50 %. En effet, l'article 350 alinéa 2 du C.G.I. dispose que : « sont soumis au droit fixe, les marchés publics sur financement conjoint passés avec l'État pour l'exécution du plan de développement économique et social dont le financement extérieur est majoritaire, sauf le cas où l'application du droit proportionnel serait plus favorable au redevable ».

Certes, l'exigibilité du droit fixe en ce qui concerne les marchés administratifs occasionne impérativement l'exigibilité des droits de timbre gradué conformément à l'article 585 du C.G.I. qui dispose que : « sont soumis au droit de timbre gradué, les actes qui bien que contenant des énonciations de valeurs, ne sont pas soumis à un droit proportionnel d'enregistrement soit par application de la loi (enregistrement gratis ou au droit fixe), soit par suite de l'existence de conditions suspensives ».

La tarification et l'assiette des droits de timbre gradué se présentent de la manière suivante conformément à l'article 586 du C.G.I. :

10 000 F CFA par exemplaire, pour un marché compris entre 0 et 10 000 000				
25 000 F CFA	-- / / --	10 000 001	et	20 000 000
50 000 F CFA	-- / / --	20 000 001	et	50 000 000
100 000 F CFA	-- / / --	50 000 001	et	100 000 000
200 000 F CFA	-- / / --	100 000 001	et	500 000 000
300 000 F CFA	au-delà de	500 000 000		

Pour mémoire et à titre d'insistance au regard des dispositions de l'article 587 du C.G.I., l'acquittement des droits de timbre gradué n'exclut pas le paiement des droits de timbre de dimension.

3ème exemple d'application :

Il émerge de l'examen des données du marché N° 0223/MINAT/DAG/01/02 financé à 57 % par la coopération belge, les éléments suivants :

Montant H.T. : 150 000 000
TVA (18,7 %) : 28 050 000
Montant T.T.C. : 178 050 000
Retenue de garantie : 10 %
Cautionnement : 10 %
Sept exemplaires de format 21 x 29,7 dont chacun comporte neuf (9) feuilles.
Deux annexes dont chacune comporte onze (11) feuilles.

- Quel est le sort fiscal réservé à ce marché ?

Liquidation :

Droits simples (marché)	: D.F.	=	50 000
Droits simples (annexes)	: D.F. : 4000 x 2	=	8 000
Droits de timbre gradué	: 200 000 x 7	=	1 400 000
Droits de timbre de dimension (marché)	: 500 x 9 x 7	=	31 500
Droits de timbre de dimension (annexes)	: 500 x 11 x 2 x 7	=	77 000
Montant à acquitter au Trésor Public	:		1 566 500

4ème exemple d'application

Il ressort de l'examen des données du marché N° 0726/MINEFI/DAG/05 financé à 54 % par la coopération chinoise, les éléments suivants :

Montant T.T.C. : 113 287 500
Retenue de garantie : 12 %
Cautionnement : 10 %
Sept exemplaires de format 21 x 29,7 dont chacun comporte onze (11) feuilles.
Trois annexes dont chacune comporte neuf (9) feuilles.

- Quel est le sort fiscal réservé à ce marché ?

Liquidation :

Montant H.T. : $\frac{113\,287\,500}{1{,}1925} = 95\,000\,000$

Droits simples (marché)	: D.F.	= 50 000
Droits simples (annexes)	: DF. 4000 x 3	= 12 000
Droits de timbre gradué	: 100 000 x 7	= 700 000
Droits de timbre de dimension (marché)	: 1000 x 11 x 7	= 77 000
Droits de timbre de dimension (annexes)	: 1000 x 9 x 3 x 7	= 189 000
Montant à acquitter au Trésor Public	:	1 028 000

NOTA : Dans cette approche, la retenue de garantie et le cautionnement n'ont aucune incidence sur la liquidation.

3- L'approche des exonérations

Il s'agit d'exonérations des droits d'enregistrement découlant de diverses lois et ordonnances. Nous en cernerons ici trois :

- Les exonérations provenant des conventions de financement passées avec des organismes internationaux tels que : la BAD, le FMI, la Banque Mondiale, le FED., etc. ;

- Les exonérations provenant des lois spéciales qui attribuent un statut fiscal particulier à certains organismes d'État ;

- Les exonérations initiées par le Code des investissements.

Dans les trois cas, il s'agit d'exonérations portant sur les droits d'enregistrement. Les droits de timbre gradué et ceux du timbre de dimension demeurent par conséquent exigibles.

5ème exemple d'application :

Il s'ensuit du marché N° 02117/PR/01/02 exonéré des droits d'enregistrement selon les traités internationaux signés et ratifiés par le Cameroun, les éléments suivants :

Montant H.T.	: 125 000 000
TVA (18,7 %)	: 23 375 000
Montant T.T.C.	: 148 375 000

Sept exemplaires de format 21 x 29,7 dont chacun comporte neuf (9) feuilles.

- Quel est le sort fiscal réservé à ce marché ?

Liquidation :

Droits d'enregistrement (marché) = gratis
Droit de timbre gradué : 200 000 x 7 = 1 400 000
Droits de timbre de dimension (marché) : 500 x 9 x 7 = 31 500
Montant à acquitter au Trésor Public : 1 431 500

6ème exemple d'application :

Il ressort du marché N° 01420/PR/06 exonéré des droits d'enregistrement selon les traités internationaux signés et ratifiés par le Cameroun, les éléments suivants :

Montant T.T.C. : 1 001 700 000
Retenue de garantie : 15 %
Cautionnement : 12 %

Sept exemplaires de format 42 x 54 dont chacun comporte douze (12) feuilles.

Quatre annexes dont chacune comporte dix (10) feuilles.

- Quel est le sort fiscal réservé à ce marché ?

Liquidation :

Montant H.T. : $\frac{1\,001\,700\,000}{1,1925}$ = 840 000 000

Droits d'enregistrement (marché) = Gratis
Droits de timbre gradué : 300 000 x 7 = 2 100 000
Droits simples (annexes) : 4 000 x 4 = 16 000
Droits de timbre de dimension (marché) : 1 500 x 12 x 7 = 126 000
Droits de timbre de dimension (annexes) :1 500 x 10 x 4 x 7 = 420 000
Montant à acquitter au Trésor Public : 2 662 000

Remarques :

À partir de leur date de signature, les marchés réputés actes administratifs doivent être soumis à la formalité d'enregistrement dans un délai d'un (1) mois. Au-delà, les pénalités sont encourues.

Les dispositions de l'article 276 alinéa 4 du C.G.I. accordent des mesures d'assouplissement au redevable. Elles énoncent que : « … les actes dont la validité est subordonnée à la signature ou l'acceptation de l'administration, les délais… ne courent qu'à partir du jour où le redevable est avisé de cette signature ou approbation… ». Dans la pratique, les délais courent à partir de la date de signature du bordereau de transmission.

L'arrêté N° 51/MINDIC du 28 décembre 1990 dans son article 15 attribue une exonération totale des droits d'enregistrement et du timbre aux entreprises de la zone franche industrielle pour une période de 10 ans. À ce titre, tous les droits tant d'enregistrement que du timbre sont « gratis ». / -

- **Complément : le régime fiscal spécial des Bons de commande, des Lettres-commandes et des Marchés AES-SONEL**

Nous le savons, l'entretien des services d'une structure telle que AES-SONEL qui est la sixième société camerounaise en matière de chiffre d'affaires, exige de nombreuses fournitures et/ou des prestations de services. En général, ce sont des sous-traitants qui sont chargés d'exécuter les travaux de fournitures ou de prestations de services. Les contrats qui lient ces sous-traitants à AES-SONEL prennent communément la dénomination de « marché ». Sous l'angle technique, la terminologie change selon l'importance financière du contrat. De 0 à 5 000 000 F CFA, il s'agit de Bons de commande ; de 5 000 001 F CFA à 50 000 000 F CFA, il s'agit de Lettres-commande ; au-delà de 50 000 000 F CFA, il s'agit de Marchés.

À la lecture de ce qui précède, nous allons observer trois approches : celle des actes de commerce, celle des taux proportionnels de 2 % et 5 % et enfin, celle des exonérations.

Les actes et transactions entre AES-SONEL et une entreprise sous-traitante sont soumis à un droit fixe de 12 000 F CFA conformément aux dispositions des articles 545-B et 546-B1 du Code Général des Impôts (C.G.I.). Pour mémoire, un acte de commerce est un contrat entre commerçants pour les besoins de leur commerce. Il mérite d'être souligné que les actes de commerce sont par leur nature exempts de formalité. C'est lorsqu'on les soumet volontairement à la formalité que le droit fixe de 12 000 F CFA est exigible.

Lorsque AES-SONEL concède une Lettre-commande ou un marché à une entreprise sous-traitante et que la prise en charge des travaux relève du Ministère des Mines, de l'Eau et de l'Énergie, l'acte va revêtir une nature administrative et sera assimilé à un marché public. Cet acte sera passible d'un taux de 2 % tel que visé aux articles 343 alinéa 5 et 543 alinéa e du C.G.I. Ce type de Lettre-commande ou de Marché peut éventuellement être assorti d'un cautionnement et/ou d'une retenue de garantie dont le taux à retenir est de 1 % en vertu des dispositions des articles 344 et 543 alinéa e du C.G.I. À titre de rappel, c'est le cautionnement qui rend certaine l'exécution intégrale du marché alors que la retenue de garantie assure la bonne qualité des prestations. Depuis le 1er janvier 2005, les Bons de commande qui dénotent une nature administrative sont obligatoirement à soumettre à la formalité d'enregistrement. Le taux applicable est de 5 % conformément aux dispositions de la Loi des finances N° 2004/026 du 20 décembre 2004 portant exécution du budget pour l'exercice 2005.

Bien que parfois la prise en charge des travaux confiés à l'entreprise puisse relever du Ministère des Mines, de l'Eau et de l'Énergie, une entreprise sous-traitante peut détenir un Arrêté du Ministère de Développement Industriel et Commercial (MINDIC) qui l'exonère des droits d'enregistrement pendant une certaine période. Dans cette circonstance, l'acte est à enregistrer « gratis » avec perception des droits de timbre gradué et des droits de timbre de dimension conformément aux dispositions visées à l'article 585 du C.G.I.

Dans l'optique de sécuriser les recettes fiscales afférentes aux Bons de commande, aux Lettres-commande et aux Marchés, l'exclusivité de la formalité revient aux Cellules Spéciales d'Enregistrement rattachées aux Centres Régionaux des Impôts. /-

J. LE RÉGIME DES DONATIONS ET DES SUCCESSIONS "LES MUTATIONS À TITRE GRATUIT"

Le mot succession exprime la transmission des biens et des droits d'une personne, le défunt, au profit d'autres personnes survivantes, les héritiers, désignés par la loi ou par la volonté du défunt.

Le mot succession désigne l'héritier ou le successible.

Pour hériter, il faut :

- Être vivant à l'instant même du décès de la personne à succéder. Un enfant simplement conçu est considéré comme vivant s'il naît viable ;

- Ne pas avoir été déclaré indigne par la loi en raison des torts graves causés au défunt ou à sa mémoire.

Sont incapables de succéder :

- Celui qui n'a pas encore été conçu ;
- Celui qui n'est pas né viable.

Un enfant qui naît dans les 300 jours de la mort de son père est légitime et héritier de lui (Cf. article 315 du Code Civil).

En outre, pour hériter, il faut être parent du défunt par le sang et non par alliance. Cette règle s'applique uniquement aux successions sans testament.

Pour les successions « testamentaires », l'ayant droit est qualifié de légataire et non d'héritier. Il va de soi que le but essentiel des successions est la transmission des biens à la famille du défunt. Pour mémoire, la société repose sur la cellule familiale.

Nous entendons par famille, l'ensemble des personnes qui descendent d'un même auteur.

Un veuf ou une veuve n'a pas de droits héréditaires dans sa belle-famille. En revanche, il peut être débiteur d'une obligation alimentaire au profit de ses beaux-parents si des enfants sont nés de cette union.

L'époux survivant est assimilé à un « héritier ». Si la loi lui accorde des droits plus ou moins importants dans des cas précis, ces droits peuvent lui être enlevés par une disposition testamentaire.

Il mérite d'être souligné que les textes sur l'adoption constituent une exception à la notion de famille. La loi a placé l'enfant adoptif dans la famille légitime d'adoption. Dans le cas d'une adoption plénière, l'enfant cesse d'appartenir à sa famille par le sang alors que dans le cas d'une adoption simple, il conserve également les droits dans sa famille d'origine.

Les mutations à titre gratuit sont celles qui impliquent une volonté de libéralité et qui en principe ne comportent aucune contrepartie de la part de celui qui en bénéficie. Elles peuvent avoir lieu entre vifs, c'est le cas des donations. Les taux sont les suivants conformément à l'article 544 B-c du C.G.I. :

- 5 % en ligne directe descendante ou ascendante et entre époux ;
- 10 % entre frères et sœurs ;
- Et 20 % entre parents au-delà du deuxième degré et non-parents.

Les mutations à titre gratuit peuvent également résulter d'un décès, on parle alors de succession.

En matière de succession, c'est le décès qui constitue le fait générateur de l'impôt. Le régime fiscal applicable est celui qui est en vigueur à la date du fait générateur. Si le jour du décès ne peut être prouvé en cas de disparition ayant précédé la découverte d'un corps, l'ouverture de la succession, date non du jour de la disparition mais du jour où on établit l'acte qui constate le décès.

À la lumière de tout ce qui précède, l'impôt est exigible :

- Pour toute dévolution ab intestat ;
- Pour toute succession testamentaire ;
- Pour toute libéralité à cause de mort.

Les biens doivent être estimés à leur valeur vénale à la date du décès. Dans le calcul de l'impôt à payer, il s'opère une première réduction de 75 % tant pour la ou les veuve(s) que pour les ayants droit avec un maximum de 30 000 F CFA pour chaque ayant droit et pour la veuve ou l'ensemble des veuves en cas de polygamie.

La ou les veuve(s) peuvent bénéficier d'une seconde réduction de 10 % par enfant mineur ou infirme avec un maximum de 50 %. L'enfant ou les enfants peuvent jouir d'une seconde réduction de même nature et dotée du même plafond si le défunt a laissé des petits enfants mineurs ou infirmes.

Tous les biens et droits mobiliers et immobiliers composant le patrimoine du défunt, transmis à ses héritiers ou légataires selon le droit civil, doivent être déclarés. La déclaration de succession est en somme un reflet du patrimoine fiscal transmis aux héritiers.

Les dons manuels doivent être énoncés dans la déclaration en vue de supporter les droits de mutation, sous peine de subir les sanctions applicables aux dissimulations.

Les biens mobiliers, les immeubles et fonds de commerce situés à l'étranger ne supportent pas les droits de mutation mais doivent être déclarés.

Le calcul de l'impôt théorique est visé à l'article 544 paragraphe B du C.G.I.

Les droits sont progressifs :

Tranche de	0	à	500 000	néant	DF*
Tranche de	500 001	à	2 000 000	2 %	30 000
Tranche de	2 000 001	à	5 000 000	5 %	150 000
Tranche de	5 000 001	à	10 000 000	8 %	400 000
Au-delà de	10 000 000			10 %	à déterminer.

*Certes, au cas où la valeur de l'actif net imposable est inférieure ou égale à 500 000 F CFA on perçoit un droit fixe de 4 000 F CFA lorsque la succession est sous seing privé, 10 000 F CFA lors qu'elle est élaborée sous forme authentique.

Les héritiers, légataires ou donataires qui renoncent à la succession ou aux legs ne sont pas redevables des droits. La liquidation et le paiement des droits sont effectués sur la base d'une déclaration de succession dont les imprimés sont délivrés par l'administration.

Les personnes tenues de souscrire les déclarations sont les héritiers, les donataires et les légataires. Les cohéritiers y compris le (s) conjoint(s) survivant(s) sont solidaires pour le paiement de l'impôt. Le nombre de déclarations à fournir est de cinq (5) dont trois (3) à timbrer. En retour, l'administration délivrera un certificat d'acquit de droits après paiement de l'impôt redevable.

La veuve ou l'ensemble des veuves est usufruitière du ¼ de la succession. Le bureau compétent est le Centre des Impôts du domicile du défunt.

Les successions doivent être déclarées à l'administration dans les douze (12) mois qui suivent le décès. Les cohéritiers peuvent déclarer la succession. Dans certains cas, c'est le notaire chargé de liquider la succession qui accomplit les formalités fiscales. Si la succession accuse jusqu'à douze mois de retard, la pénalité est d'un demi-droit en sus c'est-à-dire 50 % des droits dus. Au-delà de douze mois, la pénalité est d'un droit en sus, en l'occurrence, 100 % (Cf. articles 279 et 322 du C.G.I.).

La valeur des meubles meublants ne peut être inférieure à 5 % de l'ensemble des autres biens qui composent la succession (Cf. Article 297 du C.G.I.). Par meubles meublants s'entendent les effets destinés à l'usage et à l'ornement des pavillons ou des appartements : tapis, pendules, fauteuils, chaises, vaisselle, miroir, tableaux, etc.

Les frais funéraires dûment justifiés ne sont déductibles qu'à concurrence de 500 000 F CFA à l'exclusion des frais occasionnés par le repas de famille. (Cf. article 559 du C.G.I.). Si le défunt était marié sous un régime de communauté de biens, la liquidation tient compte d'un boni de communauté qui équivaut à 50 % de l'actif successoral net.

Le tableau des valeurs respectives des usufruits et des nues-propriétés, tel qu'il figure à l'article 301 al. 2 du C.G.I., est déterminant pour le calcul des droits de succession.

Ce tableau est le suivant :

Âge de l'usufruitier	**Valeur de l'usufruit**	**Valeur de la nue-propriété**
Moins de 20 ans révolus	7/10e de la propriété entière	3/10e de la propriété
Moins de 30 ans révolus	6/10e de la propriété entière	4/10e de la propriété
Moins de 40 ans révolus	5/10e de la propriété entière	5/10e de la propriété
Moins de 50 ans révolus	4/10e de la propriété entière	6/10e de la propriété
Moins de 60 ans révolus	3/10e de la propriété entière	7/10e de la propriété
Moins de 70 ans révolus	2/10e de la propriété entière	8/10e de la propriété
Plus de 70 ans révolus	1/10e de la propriété entière	9/10e de la propriété

La liquidation des droits de succession n'est peut-être pas la plus difficile mais le volume des connaissances exigées est inéluctablement très important.

1er exemple d'application :

Monsieur Mathieu BAGARTA, Militaire retraité, domicilié à New-Bell Douala, marié sous le régime de communauté de biens décède le 12 janvier 2001 à l'âge de 76 ans.

Le défunt laisse pour lui succéder :

Une veuve : Martine NDEMAGA, âgée de 64 ans
Quatre enfants :
Jean-Pierre BAGARTA, 34 ans
Solange BAGARTA, 26 ans
Laurent BAGARTA, 23 ans
Sylvie BAGARTA, 15 ans

Les biens du de cujus sont les suivants :

- Un terrain non bâti situé à Bonabéri-Douala IV d'une superficie de 627 m^2 estimé à 5 250 000 F CFA.
- Un terrain bâti situé à Bonapriso-Douala 1er d'une superficie de 690 m^2 estimé à 19 720 000 F CFA.
- Un compte bancaire à la SCB-Crédit Lyonnais N° 00500071427XL d'un solde créditeur de 1 257 000 F CFA.

Monsieur Jean-Pierre BAGARTA administrateur des biens suivant jugement d'hérédité N° 914/2001/2002 du 14 septembre 2001 établi par le tribunal du 1er degré de Douala, soumet la présente déclaration au Centre divisionnaire des Impôts de Douala VII le 2 octobre 2001 et l'atteste sincère et véritable.

- Quelle est l'issue fiscale réservée à cette succession ?

Liquidation :

- Valeur de l'actif brut :

		5 250 000
	+	19 720 000
	+	1 257 000
	=	26 227 000
+ forfait mobilier (art. 297 du C.G.I.)		1 311 350
	=	27 538 350

- actif net imposable (boni de communauté) :

$\frac{27\,358\,350}{2} = 13\,769\,175$

- Impôt théorique : (art 348 et 544 B-b du C.G.I.)

0	à	500 000	néant	0
500 001	à	2 000 000	2 %	30 000
2 000 001	à	5 000 000	5 %	150 000
5 000 001	à	10 000 000	8 %	400 000
10 000 001	à	13 769 175	10 %	376 918
				956 918

L'article 267 du C.G.I. dispose que : « les droits sont assis sur les sommes et valeurs arrondies au millier de francs supérieurs ». Soit : 957 000

- Parts des parties :

La veuve est usufruitière du ¼ de la succession.

a)- Part de la veuve âgée de 64 ans :

$$\frac{1}{4} \times \frac{2}{10} = \frac{2}{40}$$

b)- Part des enfants :

$$1 - \frac{2}{40} = \frac{38}{40}$$

- Impôt à payer :

a)- par la veuve :

$$957\,000 \times \frac{2}{40} = 47\,850$$

1ère réduction : (art. 544 B-2 du C.G.I.)

$$47\,850 - (75\,\% \times 47\,850) = 17\,850$$

max : 30 000

2ème réduction :

17 850 – (10 % x 17 850) = 16 065 arrondi à <u>16 070</u>

b)- par les enfants :

$$957\,000 \times \frac{38}{40} = 909\,150$$

1ère réduction :(art. 544 B-2 du C.G.I.)

909 150 – (75 % x 909 150) = <u>789 150</u>

max : 4 x 30 000 = 120 000

2ème réduction : (néant) ; le défunt n'a pas laissé des petits-enfants mineurs ou infirmes.

Récapitulation :

Droits simples : 16 070 + 789 150	= 805 220
Timbre de dimension : 500 x 3	= 1 500
Montant à acquitter au Trésor Public :	806 720

2ème exemple d'application :

Monsieur Laurent KONATE, Douanier retraité, domicilié à Deïdo-Douala 1er, marié sous le régime de communauté des biens décède à Douala le 15 mai 1999 à l'âge de 73 ans.

Le défunt laisse pour lui succéder :
Une veuve, Laurentine FABILE, âgée de 64 ans.
Quatre enfants :

Solange KONATE,	38 ans
Alfred KONATE,	32 ans
Richard KONATE,	27 ans
Jacques KONATE,	25 ans

Les biens du de cujus sont les suivants :

- Un terrain bâti de 350 m² situé à Bonadoumbè-Douala 1er estimé à 13 500 000 F CFA.
- Un terrain bâti de 475 m² situé à Bonapriso-Douala 1er estimé à 17 200 000 F CFA.
- Un terrain non bâti de 900 m² situé à Bonabéri-Douala IV estimé à 5 250 000 F CFA.
- Un compte bancaire SGBC N° 002000015618WZ d'un solde créditeur de 1 800 000 F CFA.

Monsieur Alfred KONATE, administrateur des biens suivant jugement d'hérédité N° 42/99/00 du 16 juillet 1999 établi par le tribunal du 1er degré de Douala, soumet la présente déclaration au Centre divisionnaire des impôts de Douala VII le 7 septembre 2001 et l'atteste sincère et véritable.

- Quelle est l'issue fiscale réservée à la présente déclaration de succession ?

Liquidation :

- Valeur de l'actif brut :

	13 500 000
+	17 200 000
+	5 250 000
+	1 800 000
	37 750 000
+ forfait mobilier (5 %. art. 297 du C.G.I.)	1 887 500
	39 637 500

- Actif net imposable (boni de communauté) :

$$\frac{39\,637\,500}{2} = 19\,818\,750$$

- Impôt théorique : (art. 85 et 348 et 544 B-b du C.G.I.)

0	à	500 000	néant	0
500 001	à	2 000 000	2 %	30 000
2 000 001	à	5 000 000	5 %	150 000
5 000 001	à	10 000 000	8 %	400 000
10 000 001	à	19 818 750	10 %	981 875
				1 561 875

arrondi à 1 562 000

- Parts des parties :

La veuve est usufruitière du ¼ de la succession.

a)- Part de la veuve âgée de 64 ans :

$$\frac{1}{4} \times \frac{2}{10} = \frac{2}{40}$$

b)- Part des enfants :

$$1 - \frac{2}{40} = \frac{38}{40}$$

- Impôt à payer :

a)- par la veuve :

$$1\,562\,000 \times \frac{2}{40} = 78\,100$$

1ère réduction : (art. 544 B-2 du C.G.I.)

78 100 – (75 % x 78 100) = 48 100

max : 30 000

2ème réduction : (néant) ; le de cujus n'a pas laissé d'enfants mineurs ou infirmes.

b)- par les enfants :

$$1\,562\,000 \times \frac{38}{40} = 1\,483\,900$$

1ère réduction :(art. 544 B-2 du C.G.I.)

1 483 900 – (75 % x 1 483 900) = 1 363 900

max :4 x 30 000 = 120 000

2ème réduction : (néant) ; pas de petits-enfants mineurs ou infirmes.

Récapitulation :

Droits simples : 48 100 + 1 363 900	= 1 412 000
Pénalité encourue (1 droit en sus : art. 279 et 322 du C.G.I.)	= 1 412 000
Timbre de dimension : 500 x 3	= 1 500
Montant à acquitter au Trésor Public :	2 825 500

3ème exemple d'application :

Monsieur Jules KAMEL, Infirmier retraité domicilié à Akwa-Douala 1er, marié sous le régime de communauté de biens décède à Douala le 24 juin 2000 à l'âge de 77 ans. Le de cujus laisse pour lui succéder :

Trois veuves :

Florence SONATO,	66 ans
Bernadette BELLA,	58 ans
Jeanne AJEVI,	52 ans

Quinze enfants :

Louis KAMEL,	42 ans
Georgette KAMEL,	39 ans
Christine KAMEL,	38 ans
Maurice KAMEL,	38 ans
Aurélien KAMEL,	37 ans
Alain KAMEL,	36 ans
Marie KAMEL,	36 ans
Hélène KAMEL,	35 ans
Chantal KAMEL,	35 ans
Anne KAMEL,	34 ans
Paul KAMEL,	33 ans
Sylvie KAMEL,	33 ans
Aline KAMEL,	32 ans
Rose KAMEL,	31 ans
Guillaume KAMEL,	31 ans

Les biens du de cujus sont les suivants :

- Un terrain bâti de 450 m² situé à New-Bell-Douala II estimé à 12 000 000 F CFA.
- Une plantation de 70 000 m² située à Manjo dans le Moungo, estimée à 18 000 000 F CFA.
- Un terrain bâti de 1900 m² situé à Bonabéri-Douala IV estimé à 27 000 000 F CFA.
- Un compte bancaire SCB-Crédit Lyonnais N° 4080000787-V d'un solde créditeur de 1 800 000 F CFA.

En outre, sur la base d'une facture justificative, les frais funéraires se sont élevés à 450 000 F CFA.

Monsieur Louis KAMEL, administrateur des biens suivant jugement d'hérédité N° 133/00/01 du 26 août 2000 établi par le tribunal du 1er degré de Douala, soumet la présente déclaration au Centre divisionnaire des Impôts de Douala V le 13 août 2001 et l'atteste sincère et véritable.

- Quelle est l'issue fiscale réservée à la présente déclaration de succession ?

Liquidation :

- Valeur de l'actif brut : 12 000 000
  + 18 000 000
  + 27 000 000
  + 1 800 000
  = 58 800 000

+ forfait mobilier (5 %. art. 297 du C.G.I.) 2 940 000
= 61 740 000

- Actif net :
  Actif brut – passif successoral
  61 740 000 – 450 000 = 61 290 000
- Actif net imposable (boni de communauté) :
  $\frac{61\,290\,000}{2} = 30\,645\,000$
- Impôt théorique : (art. 348 et 544 B-b du C.G.I.)

0	à	500 000	néant	0
500 001	à	2 000 000	2 %	30 000
2 000 001	à	5 000 000	5 %	150 000
5 000 001	à	10 000 000	8 %	400 000
10 000 001	à	30 645 000	10 %	2 064 500
				2 644 500

arrondi à 2 645 000

- Parts des parties :

La veuve ou l'ensemble des veuves est usufruitière du ¼ de la succession. Nous sommes en présence de trois veuves, donc chacune d'elle est usufruitière de $\frac{1/4}{3} = \frac{1}{12}$

a)- Part des veuves :

- part de la veuve âgée de 66 ans :

$$\frac{1}{12} \times \frac{2}{10} = \frac{2}{120}$$

- part de la veuve âgée de 58 ans :

$$\frac{1}{12} \times \frac{3}{10} = \frac{3}{120}$$

- part de la veuve âgée de 52 ans :

$$\frac{1}{12} \times \frac{3}{10} = \frac{3}{120}$$

Part de l'ensemble des veuves : $\frac{2 + 3 + 3}{120} = \frac{8}{120}$

b)- Part des enfants :

$$1 - \frac{8}{120} = \frac{112}{120}$$

- Impôt à payer :

a)- par les veuves :

$$2\,645\,000 \times \frac{8}{120} = 176\,340$$

1ère réduction : (art. 544 B-2 du C.G.I.)

176 340 – (75 % x 176 340) = 146 340

max : 30 000

2ème réduction : (néant) ; le de cujus n'a pas laissé d'enfants mineurs ou infirmes.

b)- par les enfants :

$$2\,645\,000 \times \frac{112}{120} = 2\,468\,670$$

1ère réduction : (art. 544 B-2 du C.G.I.)

2 468 670 – (75 % x 2 468 670) = 2 018 670

max : 15 x 30 000 = 450 000

2ème réduction : (néant) ; pas de petits-enfants mineurs ou infirmes.

Récapitulation :

Droits simples : 146 340 + 2 018 670	= 2 165 010
Pénalité encourue (1/2 droit en sus : art. 279 et 322 du C.G.I.)	= 1 082 510
Timbre de dimension : 500 x 3	= 1 500
Montant à acquitter au Trésor Public :	3 249 020

4ème exemple d'application :

Monsieur Élie NABIB, Contrôleur des Impôts retraité domicilié à Garoua, marié sous le régime de séparation de biens décède le 12 septembre 2000 à l'âge de 78 ans. Le de cujus laisse pour lui succéder :

Deux veuves :

Martine ASSANATOU, 72 ans
Patricia NAJIBA, 58 ans

Cinq enfants :

Cécile NABIB, 56 ans, mère de 4 enfants dont 3 mineurs
Charlotte NABIB, 44 ans, mère de 3 enfants dont 2 mineurs
William NABIB, 41 ans, père de 4 enfants dont 2 mineurs
Yannick NABIB, 41 ans, père de 6 enfants dont 3 mineurs
Benjamin NABIB, 17 ans, sans enfant.

Les biens du de cujus sont les suivants :

- Un terrain bâti situé à Garoua-Boulaï d'une superficie de 600 m² estimé à 14 000 000 F CFA.
- Un terrain bâti situé à Maroua-Salak d'une superficie de 810 m² estimé à 22 000 000 F CFA.
- Une plantation de 10 hectares située à Mayo-Oulo estimée à 47 000 000 F CFA.
- Un compte bancaire SGBC N° 0200010599ST d'un solde créditeur de 8 700 000 F CFA.
- Un compte bancaire BICEC N° 010009724AX d'un solde créditeur de 1 270 000 F CFA.
- Les meubles meublants dûment expertisés se chiffrent à 27 000 000 F CFA.
- Les frais funéraires dûment justifiés s'élèvent à 3 128 000 F CFA.

Monsieur William NABIB, administrateur des biens suivant jugement d'hérédité N° 144/2001/2002 du 24 novembre 2001 établi par le tribunal du 1er degré de Garoua, soumet la présente déclaration au Centre départemental des Impôts de la Bénoué le 13 décembre 2001 et l'atteste sincère et véritable.

- Quelle est l'issue fiscale réservée à la présente déclaration de succession ?

Liquidation :

- Valeur de l'actif brut :

		14 000 000
	+	22 000 000
	+	47 000 000
	+	8 700 000
	+	1 270 000
		92 970 000
Meubles meublants		27 000 000
		119 970 000

- Actif net :

  Actif brut – passif successoral

  119 970 000 – 500 000 = 119 470 000
- Actif net imposable : 119 470 000, pas de boni de communauté.
- Impôt théorique : (art. 348 et 544 B-b du C.G.I.)

0	à	500 000	néant	0
500 001	à	2 000 000	2 %	30 000

2 000 001 à 5 000 000	5 %	150 000
5 000 001 à 10 000 000	8 %	400 000
10 000 001 à 119 470 000	10 %	10 947 000
		11 527 000

- Parts des parties :

La veuve ou l'ensemble des veuves est usufruitière du ¼ de la succession. Nous sommes en présence de 2 veuves, donc chacune d'elle est usufruitière de $\frac{1/4}{2} = \frac{1}{8}$

a)- Parts des veuves :

- part de la veuve âgée de 72 ans :

$$\frac{1}{8} \times \frac{1}{10} = \frac{1}{80}$$

- part de la veuve âgée de 58 ans :

$$\frac{1}{8} \times \frac{3}{10} = \frac{3}{80}$$

Part de l'ensemble des veuves : $\frac{1+3}{80} = \frac{4}{80}$

b)- Part des enfants :

$$1 - \frac{4}{80} = \frac{76}{80}$$

- Impôt à payer :

a)- par les veuves :

$$11\,527\,000 \times \frac{4}{80} = 576\,350$$

1ère réduction : (art. 544 B-2 du C.G.I.)

576 350 – (75 % x 576 350) = 546 350

max 30 000

2ème réduction :

546 350 – (10 % x 546 350) = 491 720

b)- par les enfants :

$$11\,527\,000 \times \frac{76}{80} = 10\,950\,650$$

1ère réduction : (art. 544 b-2 du C.G.I.)

10 950 650 – (75 % x 10 950 650) = 10 800 650

max :5 x 30 000 = 150 000

Moyenne par enfant avant la 2ème réduction : $\frac{10\,800\,650}{5} = 2\,160\,130$

2ème réduction :

- Impôt à payer par Cécile NABIB mère de 3 enfants mineurs :

  2 160 130 – (30 % x 2 160 130) = 1 512 090

- Impôt à payer par Charlotte NABIB mère de 2 enfants mineurs : 2 160 130 – (20 % x 2 160 130) = 1 728 100
- Impôt à payer par William NABIB père de 2 enfants mineurs : 2 160 130 – (20 % x 2 160 130) = 1 728 100
- Impôt à payer par Yannick NABIB père de 3 enfants mineurs : 2 160 130 – (30 % x 2 160 130) = 1 512 090
- Impôt à payer par Benjamin NABIB n'ayant pas d'enfants : 2 160 130

Impôt à payer par les enfants :

1 512 090 + 1 728 100 + 1 728 100 + 1 512 090 + 2 160 130 = 8 640 510

Récapitulation :

Droits simples : 491 720 + 8 640 510	= 9 132 230
Pénalité encourue (1/2 droit en sus : Art 279 et 322 du C.G.I)	= 4 566 120
Timbre de dimension : 500 x 3	= 1 500
Montant à acquitter au Trésor Public :	13 699 850

5ème exemple d'application :

Monsieur Issa MATADI, Ingénieur agronome retraité, domicilié à Maroua, marié sous le régime de séparation de biens décède à SALAK le 17 mai 2006 à l'âge de 73 ans.

Le défunt laisse pour lui succéder :

Quatre veuves :

Farida BADAGANE, 64 ans
Etouma LANSANA, 59 ans
Lydia MANINGAL, 57 ans
Soula MOUTOWANE, 48 ans

Treize enfants :

Solabot MATADI, 44 ans, père de 3 enfants mineurs
Seidou MATADI, 38 ans, père de 4 enfants mineurs
Amina MATADI, 36 ans, mère de 6 enfants mineurs
Bachirou MATADI, 36 ans, père de 4 enfants mineurs
Moussa MATADI, 35 ans, père de 3 enfants mineurs
Bétina MATADI, 34 ans, mère de 5 enfants mineurs
Daouda MATADI, 34 ans, père de 3 enfants mineurs
Ousmanou MATADI, 34 ans, père d'1 enfant mineur
Dora MATADI, 33 ans, mère de 2 enfants mineurs
Abdou MATADI, 27 ans, sans enfant
Noëlla MATADI, 26 ans, mère d'1 enfant mineur

Polina MATADI, 25 ans, sans enfant
Kalouma MATADI, 24 ans, sans enfant

Les biens du de cujus sont les suivants :

- Un terrain bâti de 500 m2 situé à Mokolo estimé à 13 000 000 F CFA.
- Un terrain non bâti de 900 m2 situé à Ngaoundabal estimé à 5 000 000 F CFA.
- Un terrain bâti de 300 m2 situé à Garoua estimé à 27 000 000 F CFA.
- Un terrain non bâti de 710 m2 situé à Mora estimé à 4 500 000 F CFA.
- Une plantation de 3 hectares située à Mayo–Oulo estimée à 19 000 000 F CFA.
- Un compte bancaire SGBC N° 0200030627H d'un solde créditeur de 3 610 000 F CFA.
- Un compte bancaire BICEC N° 010007213W d'un solde créditeur de 2 120 000 F CFA.

Monsieur Solabot MATADI, administrateur des biens suivant jugement d'hérédité N° 634/2006 du 24 juillet 2006 établi par le tribunal du 1er degré de Maroua, soumet la présente déclaration au Centre départemental des Impôts du Diamaré le 16 décembre 2006 et l'atteste sincère et véritable.

- Quelle est l'issue fiscale réservée à la présente déclaration de succession ?

Liquidation :

- Valeur de l'actif brut :	13 000 000
	5 000 000
	27 000 000
	4 500 000
	19 000 000
	3 610 000
	2 120 000
	74 230 000
+ forfait mobilier (5 %. art. 297 du C.G.I.)	3 711 500
	77 941 500

- Actif net : 77 941 500 ; pas de passif successoral.
- Actif net imposable : 77 941 500 ; pas de boni de communauté.
- Impôt théorique : (art. 348 et 544 B-b du C.G.I.)

0	à	500 000	néant	0
500 001	à	2 000 000	2 %	30 000
2 000 001	à	5 000 000	5 %	150 000
5 000 001	à	10 000 000	8 %	400 000

10 000 001 à 77 941 500 10 % 6 794 150

7 374 150

arrondi à 7 375 000

Parts des parties :

La veuve ou l'ensemble des veuves est usufruitière du ¼ de la succession. Nous sommes en présence de 4 veuves, donc chacune d'elle est usufruitière de : $\frac{1/4}{4} = \frac{1}{16}$

a)- Parts des veuves :

- Part de la veuve âgée de 64 ans : $\frac{1}{16} \times \frac{2}{10} = \frac{2}{160}$
- Part de la veuve âgée de 59 ans : $\frac{1}{16} \times \frac{3}{10} = \frac{3}{160}$
- Part de la veuve âgée de 57 ans : $\frac{1}{16} \times \frac{3}{10} = \frac{3}{160}$
- Par de la veuve âgée de 48 ans : $\frac{1}{16} \times \frac{4}{10} = \frac{4}{160}$
- Part de l'ensemble des veuves : $\frac{2 + 3 + 3 + 4}{160} = \frac{12}{160}$

b)- Part des enfants : $1 - \frac{12}{160} = \frac{148}{160}$

- Impôts à payer :
  a) par les veuves :

  $7 \quad 375\,000 \times \frac{12}{160} = 553\,130$

1ère réduction :

553 130 – (75 % x 553 130) = 523 130

max : 30 000

2ème réduction : néant ; le défunt n'a pas laissé d'enfants mineurs.

b) par les enfants :

$7\,375\,000 \times \frac{148}{160} = 6\,821\,880$

1ère réduction :

6 821 880 - (75 % x 6 821 880) = 6 431 880

max :13 x 30 000 = 390 000

Moyenne par enfant avant la 2ème réduction :

$$\frac{6\,431\,880}{13} = 494\,760$$

2ème réduction :

- Impôt à payer par Solabot MATADI, père de 3 enfants mineurs : 94 760 – (30 % x 494 760) = 346 340
- Impôt à payer par Seidou MATADI, père de 4 enfants mineurs : 494 760 – (40 % x 494 760) = 296 860
- Impôt à payer par Amina MATADI, mère de 6 enfants mineurs : 494 760 – (50 % x 494 760) = 247 380
- Impôt à payer par Bachirou MATADI, père de 4 enfants mineurs : 494 760 – (40 % x 494 760) = 296 860
- Impôt à payer par Moussa MATADI, père de 3 enfants mineurs : 494 760 – (30 % x 494 760) = 346 340
- Impôt à payer par Bétina MATADI, mère de 5 enfants mineurs : 494 760 – (50 % x 494 760) = 247 380
- Impôt à payer par Daouda MATADI, père de 3 enfants mineurs : 494 760 – (30 % x 494 760) = 346 340
- Impôt à payer par Ousmanou MATADI, père de d'1 enfant mineur : 494 760 – (10 % x 494 760) = 445 290
- Impôt à payer par Dora MATADI, mère de 2 enfants mineurs : 494 760 – (20 % x 494 760) = 395 810
- Impôt à payer par Abdou MATADI, sans enfant : 494 760
- Impôt à payer par Noëlla MATADI, mère d'1 enfant mineur : 494 760 – (10 % x 494 760) = 445 290
- Impôt à payer par Polina MATADI, sans enfant : 494 760
- Impôt à payer par Kalouma MATADI, sans enfant : 494 760

<u>Récapitulation :</u>

Droits simples : 523 130 + 346 340 + 296 860 + 247 380 + 296 860 + 346 340 + 247 380 + 346 340 + 445 290 + 395 810 + 494 760 + 445 290 + 494 760 + 494 760 = 5 421 300

T.D. : 1 000 x 3 = 3 000

Montant à acquitter au Trésor Public : 5 424 300

<u>Remarques :</u>

Certains fiscalistes calculent le forfait mobilier sur l'actif net imposable. Pour mémoire, l'article 297 du C.G.I. dispose que : « la valeur des meubles meublants ne peut être inférieure à 5 % de l'ensemble des autres biens composant l'actif successoral ». Nous entendons par actif successoral, les actifs immobiliers et les actifs financiers non compris le passif successoral et le boni de communauté.

L'article 544 B-2 du C.G.I. dispose que : « le maximum de 30 000 F CFA est fixé pour chaque ayant droit en ligne directe et pour le conjoint ou l'ensemble des épouses en cas de polygamie ». Ce qui signifie qu'en cas de polygamie c'est le plafond de toutes les épouses qui est de 30 000 F CFA et non celui fixé pour chaque épouse comme certaines liquidations le font ressortir./-

- **Complément : rôle du notaire dans une succession**

Dès l'ouverture d'une succession, les héritiers se posent mille et une questions. Il est impératif que le notaire au regard de son devoir de conseil que lui assigne la jurisprudence soit à même d'y apporter des solutions.

Les questions que se posent les héritiers sont souvent élémentaires mais ne sont pas évidentes pour l'illettré juridique :

- Faut-il apposer les scellés ?
- Doit-on accepter la succession ?
- Doit-on prendre position après inventaire ?

C'est pour répondre à ces questions que nous estimons qu'il faille transiter par le ministère d'un Notaire.

La mise sur pied des droits héréditaires ou la dévolution d'une succession :

Afin de faire admettre sa qualité d'héritier ou de successible, il faut dresser par-devant notaire :

- Soit un acte de notoriété appelé communément attestation de deux témoins,
- soit un intitulé d'inventaire.

S'il existe un testament olographe ou mystique, il devra être remis au notaire, qui l'ouvrira s'il est cacheté et dressera séance tenante un procès-verbal afférent à l'ouverture et à l'état du testament en précisant la manière dont s'est opéré le dépôt. L'original du testament et le procès-verbal intégreront les minutes du notaire.

Au surplus, l'ouverture d'un coffre-fort en location auprès d'une banque devrait nécessiter un procès-verbal notarié.

Les formalités afin de constater la mutation de certains biens sont les suivantes :

- Face à une succession qui comporte des immeubles et des meubles, le notaire est astreint à certaines obligations afin de permettre aux héritiers de se considérer à l'égard des tiers comme propriétaires des biens :
    - Soumettre à la formalité d'enregistrement la déclaration de succession. L'administration exige la production d'un procès-verbal de conseil de famille, le jugement d'hérédité et le certificat de non-appel élaborés par le tribunal compétent.
    - Pour les biens meubles tels que les véhicules automobiles, il est admis tant dans la doctrine administrative que dans la pratique notariale que la mutation ne peut être réalisée au profit d'un des héritiers ou d'un tiers que si le bien ressort dans la déclaration de succession.

Au demeurant, il convient de préciser qu'en tout état de cause, le conjoint qui est usufruitier du quart de la succession a la capacité d'utiliser le véhicule du défunt même si la carte grise n'est pas mutée à son nom.

- Face à l'indivision :
    - Au cours de toute la période d'indivision, le notaire sera le plus souvent considéré comme mandataire responsable qui percevra l'actif liquide et pourra même assurer dans certaines circonstances une gestion provisoire. Éventuellement, il aura la capacité d'éponger le passif.
    - Le Notaire devra veiller à ce que l'encaissement de certaines créances successorales ne soit pas atteint par le délai de prescription.
- Au regard de la déclaration de succession :

Bien que la déclaration de succession en vue du paiement des droits de mutation puisse être directement souscrite par les héritiers ou les légataires auprès du Centre des impôts territorialement compétent, il importe de mentionner que c'est le notaire qui est le mieux indiqué pour effectuer les démarches administratives afin d'éviter les incohérences aux graves conséquences.

Conséquences fiscales du décès :

Il va sans dire que l'ouverture d'une succession conduit à une mutation de biens au travers de laquelle le patrimoine du défunt passe entre les mains de ses héritiers, donataires ou légataires. La mutation de biens occasionnés par le décès provoque l'acquittement au trésor public des droits de succession.

Hormis les droits de succession, la disparition d'un être humain permet d'établir la part incombant à la succession sous l'angle de l'impôt sur le revenu des personnes physiques (IRPP).

En outre le décès d'un commerçant ou d'un industriel étant considéré comme une relative cessation de commerce ou d'industrie, les héritiers ou ayants droit d'un commerçant ou d'un industriel doivent produire au Centre des Impôts territorialement compétent tous les renseignements nécessaires pour le calcul de l'impôt sur les bénéfices industriels ou commerciaux. L'imposition est établie immédiatement et porte sur les bénéfices réalisés à partir du 1er janvier jusqu'au jour du décès ainsi que sur les plus-values réalisées jusqu'à cette date.

Au cas où le défunt exerçait une profession libérale, les ayants droit doivent également élaborer une déclaration des bénéfices du défunt et l'impôt est immédiatement liquidé.

A contrario, si le défunt était un agriculteur, l'impôt sera calculé au titre de l'année normale d'imposition contrairement aux bénéfices commerciaux ou non commerciaux où l'imposition est immédiate.

En outre, l'impôt sur le revenu doit également être calculé pour tous les revenus de toute nature encaissés par le défunt à partir du 1er janvier jusqu'au jour du décès. À ce titre, les héritiers doivent soumettre au Centre des impôts territorialement compétent tous les revenus non encore taxés du défunt.

Évaluation des biens :

Les biens doivent être déclarés sur la base de leur valeur vénale à la date du décès. La loi des finances pour l'exercice 2004 a prévu une évaluation administrative des biens immeubles malgré les dispositions afférentes à l'article 324 du C.G.I. donnant à l'administration la possibilité de requérir l'expertise en vue de fixer la valeur taxable.

En effet la loi des finances N° 2003/017 du 22 décembre 2003 dans son article 546 bis du C.G.I. dispose que : « Nonobstant les dispositions des articles 324 et 325, le prix ou l'estimation ayant servi à la perception du droit proportionnel, progressif ou dégressif paraît inférieur à la valeur vénale des biens immeubles transmis en propriété, en usufruit ou en jouissance, l'administration doit, pour la fixation de la valeur taxable recourir à l'évaluation administrative suivant des modalités fixées par voie réglementaire ».

Bientôt, le fisc aura à évaluer les valeurs cotées en bourse. Le fait générateur étant le décès en matière de succession, pour notre part, il faudra retenir le cours moyen de la Bourse au jour du décès. Les cours de la bourse sont présupposés intégrer les intérêts et dividendes courus et non échus.

En ce qui concerne les dividendes, les parties doivent déclarer le prorata de dividendes courus au jour du décès même si la fixation et la distribution sont postérieures.

Pour clore, il importe de souligner que le schéma que nous avons vu concernant les dispositions de l'article 301 alinéa 2 du C.G.I. retraçant l'âge de l'usufruitier, la valeur de l'usufruit et celle de la nue-propriété ne s'impose qu'en matière fiscale pour les mutations à titre gratuit. Autant rappeler qu'il est anachronique pour le calcul des droits sur les actes à titre onéreux tels que les cessions d'actions ou les apports en société notamment pour la détermination du prix ou de la valeur à retenir sous l'angle juridique.

À présent, les parties peuvent évaluer l'usufruit ou la nue-propriété à partir des tables actuelles de mortalités à l'instar de celles qu'utilisent les compagnies d'assurance. /-

Deuxième partie :

LA CONTRIBUTION DES INSTITUTIONS FINANCIÈRES

K. LE RÉGIME DES OUVERTURES DE CRÉDIT

L. LE RÉGIME DES OUVERTURES DE COMPTE COURANT

K. LE RÉGIME DES OUVERTURES DE CRÉDIT

Classiquement, on dit que le crédit c'est du temps ou de l'argent. C'est du temps qu'on donne en attendant de l'argent ou de l'argent qu'on donne en attendant un temps.

Au regard de cette définition, nous retiendrons l'emploi du mot temps qui est l'un des supports du crédit.

Une autre définition est souvent formulée : « Faire crédit, c'est faire confiance ; c'est donner librement la disposition effective et immédiate d'un bien réel ou d'un pouvoir d'achat contre la promesse que le même bien ou un bien équivalent vous sera restitué dans un certain délai, le plus souvent avec rémunération du service rendu et du danger couru, danger de perte partielle ou totale que comporte la nature même de ce service ».

À la lecture de ce qui est précédemment évoqué, le second support de crédit est « la confiance » avec en contrepartie « la promesse » de rembourser. Les mots temps, confiance, promesse de rembourser se combinent pour engendrer le crédit.

Rappelons qu'étymologiquement le mot latin *credere* signifie « croire ». En somme, on ne prête que parce que le débiteur paraît capable de tenir sa promesse au terme convenu.

Au Cameroun, pour désigner l'opération de crédit, les particuliers préfèrent parler de « reconnaissance de dette », les banques parlent « d'ouverture de crédit », les sociétés commerciales parlent de « convention de prêts », les multinationales parlent de « transfert de créances ».

Les dispositions de l'article 546 alinéa 5 du C.G.I. énoncent que : « sont enregistrés Gratis : les prêts sur nantissement et sur hypothèque passés avec les établissements de crédit, ainsi que les mains levées, cautionnements et garanties y relatifs ».

Un acte d'ouverture de crédit doit comporter le montant du prêt, le taux de remboursement, les échéances de remboursement et la nature du bien hypothéqué ou gagé.

À l'image des marchés publics, certaines ouvertures de crédit sont assorties de cautionnement. La caution bancaire relève des règles de cautionnement telles qu'elles sont visées aux articles 2011 et suivants du Code Civil : « Celui qui se rend caution d'une obligation, se soumet envers le créancier à satisfaire cette obligation si le débiteur ne la satisfait pas lui-même ».

Dans presque tous les cas, les banques établissent une solidarité entre le débiteur et la caution, c'est-à-dire la possibilité pour le créancier de poursuivre à la fois le débiteur principal et la caution ou seulement l'un d'entre eux. Si la caution a été actionnée la première, elle est obligée de payer, mais elle conserve le droit d'agir à son tour contre le débiteur principal.

Certaines ouvertures de crédit peuvent en outre être assorties de nantissement qui est un contrat au travers duquel un débiteur concède au créancier un matériel, ou un fonds de commerce en vue de garantir le paiement de sa dette.

Certains Notaires sont réfractaires à l'acquittement tant des droits réclamés au titre du cautionnement qu'à ceux réclamés au titre du nantissement. Pour justifier leur résistance, ils allèguent les clauses insérées dans les articles 268 et 269 du C.G.I. relatives aux dispositions dépendantes et indépendantes dont il faudrait un peu s'y attarder :

Lorsqu'un acte ne comporte qu'une seule disposition, il va de soi qu'il ne peut occasionner que la perception d'un seul droit, en l'occurrence, celui afférent à cette disposition. A contrario, lorsqu'un acte contient des dispositions variées, toutes donneront lieu à la perception du droit afférent à chacune d'elle. À l'article 268 du C.G.I. de disposer que : « Lorsque dans un acte quelconque soit civil, soit judiciaire ou extrajudiciaire, il y a plusieurs dispositions indépendantes ou ne dérivant pas nécessairement les unes des autres il est dû pour chacune d'elles et selon son espèce un droit particulier d'enregistrement… ».

En ce qui concerne les dispositions dépendantes, un droit unique doit être perçu. À la seconde partie de l'article 268 du C.G.I. de renchérir :

« Lorsqu'un acte renferme plusieurs dispositions dépendantes tarifiées différemment, la disposition qui sert de base à la perception est celle qui donne lieu au droit le plus élevé ».

À la lecture de ce que nous venons de mentionner, un sérieux problème se pose : celui de distinguer ces deux dispositions. Même l'approche de la Cour Suprême qui est la suivante semble revêtir des ambiguïtés : « Pour soustraire à la pluralité des droits les dispositions d'un même acte, il faut, non pas seulement que ces dispositions soient liées entre elles dans l'intention des parties contractantes, mais que, prises isolément, elles concourent ensemble à la formalité d'un contrat principal et en constituent les éléments corrélatifs et nécessaires ».

Pour notre part, sauf meilleur arbitrage des autorités fiscales, pour qu'il y ait des dispositions dépendantes il faudrait qu'il y ait un lien de causalité dans un même acte. À titre d'exemple si dans un même acte l'opération de fusion conduit à une augmentation de capital, on ne va pas imposer d'un côté l'opération de fusion de l'autre, celle d'augmentation de capital. Les deux opérations ne constituant en réalité qu'une.

En revanche, lorsqu'on est en présence des dispositions indépendantes, il n'y a pas impérativement un rapport de causalité. L'une des opérations peut exister sans l'autre. À titre d'illustration, une opération d'ouverture de crédit peut se faire sans cautionnement ; il en va de même d'une ouverture de compte courant qui peut se réaliser sans nantissement, etc.

Pour clore, il importe de souligner que la loi N° 78/016 du 29 décembre 1978 accordant les exonérations fiscales au Crédit Foncier dispose que : « il est accordé à l'Établissement public dénommé Crédit Foncier du Cameroun, le bénéfice des exonérations afférentes aux droits d'enregistrement sur les conventions de financement des opérations relatives à l'habitat social ainsi que sur les prises d'hypothèques garantissant ces conventions ». Dans la circonstance, il va sans dire que l'exonération ne porte que sur les droits d'enregistrement, à cet effet, les droits de timbre demeurent exigibles.

1er exemple d'application :

Par acte notarié N° 7216 du 10 décembre 2004 de Me Francis LOUFOKA, Notaire à Douala, il ressort une ouverture de crédit avec cautionnement hypothécaire effectuée par la « Coopérative du Littoral » au profit de la clinique « Rodolpha » représentée par le Dr Pascal NOTAPPA BP 17513 Douala, de nationalité camerounaise, désigné emprunteur. Monsieur Pierre WAMATA, Magistrat retraité est désigné caution dans ce qui va suivre.

La « Coopérative du Littoral » ouvre à la clinique « Rodolpha » un crédit de 39 400 000 F CFA en principal au taux de 16,15 %. Le prêt sera remboursable en 48 mensualités de 1 119 640 F CFA HT. Monsieur Pierre WAMATA ci-dessus désigné caution, hypothèque un immeuble non bâti de 526 m² situé à New-Bell-Douala II.

Le 12 décembre 2004, au moyen du crédit précédemment obtenu, le Dr Pascal NOTAPPA achète un immeuble non bâti de 810 m² dans le voisinage de sa clinique située à Koumassi-Douala 1er. Le prix déclaré de l'immeuble nouvellement acquis est de 17 000 000 F CFA.

Le 16 décembre 2004, Me Francis LOUFOKA soumet l'acte muni de quatre (4) annexes à la formalité d'enregistrement.

Au mépris des dispositions de l'article 582 alinéa 2 du C.G.I., Me Francis LOUFOKA n'a fourni aucune quittance de taxe foncière au Centre des impôts territorialement compétent.

- Quels sont les droits dus au titre de l'ouverture de crédit avec cautionnement hypothécaire ?
- Quels sont les droits dus au titre de la mutation immobilière ?

- Quel est le montant à régler au regard de la taxe foncière et des centimes additionnels ?

Liquidation

- *Ouverture de crédit avec cautionnement hypothécaire :*

E= Gratis
DS (ouverture de crédit) : TG = 50 000 x 3 = 150 000
DS (cautionnement) : TG = 50 000 x 3 = 150 000

- *Droits de mutation :*

DS (acte) : 10 % x 17 000 000 = 1 700 000
DS (annexes) : 4 000 x 4 = 16 000

- *Taxe foncière et centimes additionnels :*

DS (5 000 + 1 250) x 5 (exercices) = 31 250
Pénalité encourue : (5 000 + 1 250) x 5 (exercices) = 31 250

Récapitulation :

Total DS : 150 000 + 150 000 + 1 700 000 + 16 000 + 31 250 =	2 047 250
Total pénalités	31 250
Total général à acquitter au T.P. :	2 078 500

2ème exemple d'application :

Par acte notarié N° 5727 du 26 janvier 2004 de Me André FOULMANE, Notaire à Douala, il ressort une ouverture de crédit assortie d'un nantissement de matériel effectué par la SCOLA-BANK SA au profit de MOUNATE SARL, représentée par Félix ALOUNDE B.P. 21 310 Douala, de nationalité camerounaise, désigné bénéficiaire dans ce qui va suivre.

La SCOLA-BANK S.A. ouvre par les présentes à la MOUNATE SARL, bénéficiaire, qui accepte, un crédit à moyen terme de 65 000 000 F CFA en principal au taux de 15 %. Ce crédit est destiné à l'acquisition du matériel de production. Le remboursement du prêt se fera en 48 mensualités de 1 557 300 F CFA H.T. La première mensualité interviendra le 13 mars 2004 et la dernière le 15 février 2008 conformément au tableau d'amortissement qui sera établi lors du décaissement et maintenu dans les registres de la SCOLA-BANK SA, dont copie sera transmise au bénéficiaire.

Pour garantir le parfait remboursement du prêt envers la SCOLA-BANK SA en vertu des présentes, le bénéficiaire affecte dès maintenant à titre de nantissement au profit de la SCOLA-BANK SA, un fonds de commerce d'une valeur de 75 000 000 F CFA pour la fabrication et la commercialisation des pâtes alimentaires exploité par la MOUNATE SARL dont le siège est à

AKWA-DOUALA, B P 3418, lequel est immatriculé au registre de commerce sous le N° 047306 à Douala, comprenant :

- L'enseigne et le nom commercial ;
- La clientèle et l'achalandage y attachés ;
- Le mobilier commercial ;
- Le matériel et l'outillage servant à l'exploitation du fonds de commerce, dont la liste est annexée aux présentes.

La SCOLA-BANK S.A. exercera sur le matériel sus désigné les droits, actions et privilèges conférés au créancier nanti par la loi.

En conséquence, les parties requièrent de Monsieur le Greffier en Chef du Tribunal de Première Instance de Douala une inscription du nantissement.

Le 7 février 2004 au moyen du crédit précédemment obtenu, la MOUNATE SARL achète du matériel de transport pour 19 000 000 F CFA, de l'outillage pour 21 000 000 F CFA, et des machines pour 25 000 000 F CFA.

- Quels sont les droits dus au titre de l'ouverture de crédit et du nantissement du fonds de commerce ?

- Quels sont les droits dus au titre de l'acquisition du matériel de transport, de l'outillage et des machines ?

Liquidation :

- Ouverture de crédit et nantissement de fonds de commerce :

E=Gratis

D.S. (ouverture de crédit) :	TG = 100 000 x 3	= 300 000
D.S. (nantissement) :	TG= 100 000 x 3	= 300 000
D.S. (annexe)		= 4 000
		604 000

- Acquisition du matériel, de l'outillage et des machines :

D.S. : (matériel, outillage, machines) : 5 % x 65 000 000 = 3 250 000

Total à acquitter au T.P. : 604 000 + 3 250 000 = 3 854 000

3ème exemple d'application :

Par acte notarié N° 718 du 13 décembre 2001 de Me Hervé MAPATI, Notaire à Douala, il ressort une convention de crédit effectuée par le « Crédit Foncier du Cameroun » au profit de monsieur Elie FATIMENONG, cadre à la S.N.A.C. B.P. 1481 Douala, de nationalité camerounaise, désigné emprunteur.

Le « Crédit Foncier du Cameroun » octroie à Elie FATIMENONG un financement pour habitat social d'un montant de 17 200 000 F CFA en principal au taux de 5 %. Ce prêt sera remboursable en 48 mensualités de 368 750 F CFA H.T.

Le 14 décembre 2001, à l'aide du crédit obtenu, Monsieur Elie FATIMENONG achète une villa à la MAETUR au prix de 9 000 000 F CFA H.T. Cette villa, située à Bonamoussadi - Douala est érigée sur un terrain de 216 m².

Le 17 décembre 2001, Me Hervé MAPATI soumet l'acte au Centre des impôts territorialement compétent.

- Quels sont les droits dus au titre de l'octroi de financement du Crédit foncier du Cameroun ?
- Quels sont les droits dus au titre de la mutation immobilière ?
- Quels sont les droits dus au titre de la taxe foncière et des centimes additionnels ?

Liquidation :

- *Octroi de financement du Crédit Foncier du Cameroun :*

E = Gratis
Timbre gradué = 25 000 x 3 = 75 000

- *Mutation immobilière :*

E = Gratis
Timbre gradué = 10 000 x 3 = 30 000

- *Taxe foncière et centimes additionnels* :*

Droits simples 5 000 + 1 250 = 6 250
Pénalité encourue : (un droit en sus) = 6 250

Récapitulation :

Total Timbre gradué : 75 000 + 30 000	= 105 000
Total droits simples	= 6 250
Total pénalités encourues	= 6 250
Montant à acquitter au T.P. :	117 500

*NOTA : la MAETUR étant exonérée de la taxe foncière, l'exigibilité n'est que d'une année.

L. LE RÉGIME DES OUVERTURES DE COMPTE COURANT

Toutes les opérations réalisées par une banque avec des particuliers ou des commerçants n'entraînent pas obligatoirement l'ouverture d'un compte ; il peut en être ainsi du paiement des coupons, des règlements occasionnels, des ordres de paiement venant de l'étranger et enfin du paiement à des exportateurs de crédits documentaires.

D'autres opérations nécessitent l'ouverture d'un compte dont le financement est limité à ces opérations et qui disparaît dès leur réalisation : le paiement d'accréditifs par exemple.

La plupart du temps, le banquier ouvre au nom de ses clients, des comptes fonctionnant de manière ininterrompue : les principaux sont le compte de chèques et le compte courant.

Bien que dans la circonstance, ce soit le compte courant qui nous préoccupe, rappelons quand même quelques propriétés du compte de chèques.

1- Propriétés du compte de chèques ou compte de dépôts

Le Code civil définit le dépôt et impose au dépositaire en l'occurrence celui qui reçoit, l'obligation de restituer au déposant en l'occurrence celui qui donne, la chose déposée après en avoir assuré la garde.

Le banquier a la possibilité d'utiliser les fonds déposés pour son propre compte à charge toutefois de les restituer à la première demande.

D'une manière générale, les comptes de chèques sont ouverts à des particuliers non commerçants ou à des commerçants pour leurs opérations personnelles. Ils n'enregistrent que des dépôts et des retraits, des opérations sur titres, des remises à l'encaissement, des achats ou des ventes des devises. Ils ne peuvent en principe devenir débiteurs.

2- Propriétés du compte courant

En revanche, le compte courant est une véritable convention entre le banquier et son client commerçant.

Cette convention ne résulte pas obligatoirement d'un écrit, elle s'inscrit simplement dans les faits. Le compte courant n'est pas comme le compte de chèques, uniquement destiné à recevoir des fonds déposés par le client. Il peut aussi enregistrer des avances consenties par le banquier.

Les conventions de compte courant sont visées à l'article 545 A-b du C.G.I. Ces conventions étaient sont soumises au droit fixe de 20 000 F CFA avec perception du timbre gradué. Depuis le 1er janvier 2007 elles sont exemptes de formalité (Cf. article 546 du C.G.I.)./-

1er exemple d'application :

Il ressort de l'acte notarié N° 1207 du 9 décembre 2001 de Me Sébastien LOUFOKOING, Notaire à Douala, une convention de compte courant entre la « Compagnie Financière du Wouri » et les « Établissements SALOKONG et Cie » BP 16 205 Douala représentés par Madame Agathe LAMINE, de nationalité camerounaise, désignée bénéficiaire.

La « Compagnie Financière du Wouri » ouvre un compte courant aux « Établissements SALOKONG et Cie » d'un montant de 76 000 000 F CFA en principal, non compris les intérêts, les commissions, les impôts et taxes.

Le 21 décembre 2001, avec le numéraire obtenu, les « Établissements SALOKONG et Cie » acquièrent un fonds de commerce à Akwa-Douala sous la dénomination « PRESSING DES ARTISTES », immatriculé au registre de commerce sous le N° 6426. Ce fonds comprend d'une part les éléments incorporels et d'autre part un stock de produits cosmétiques joints à l'annexe de l'acte établi par Me Sébastien LOUFOKOING.

Le vendeur déclare que le fonds de commerce cédé aux « Établissements SALOKONG et Cie » appartient à l'entreprise venderesse pour l'avoir créé elle-même suivant divers actes antérieurs justifiables.

Comme conséquence de la présente vente, les « Établissements SALOKONG et Cie » bénéficieront de tous les documents administratifs et publics établis au nom de la société venderesse. Les « Établissements SALOKONG et Cie » pourront en user et en disposer soit en déplaçant le fonds, soit en le cédant à un tiers dans les conditions et limites prévues par les lois et règlements.

La présente vente est consentie et acceptée moyennant le prix de 67 250 000 F CFA dont le détail est le suivant :

- Éléments incorporels..................46 250 000
- Stocks (produits cosmétiques) 21 000 000

Me Sébastien LOUFOKOING a donné lecture des articles 324 à 329 du C.G.I. sur les insuffisances et dissimulations ainsi que sur le droit de préemption en matière de vente d'immeubles, de meubles, de fonds de commerce ou de navires.

- Quelle est l'issue fiscale réservée à cette ouverture de compte courant ?
- Quel est le sort fiscal réservé à l'acquisition du fonds de commerce tout en sachant que les actes ont été déposés dans les délais ?

Liquidation :

-Ouverture de compte courant :

Droits fixes	=	20 000
Timbre gradué = 100 000 x 3	=	300 000

-Acquisition du fonds de commerce :

D.S. : (éléments incorporels)	:15 % x 46 250 000	=	6 937 500
D.S. : (stocks)	: 2 % x 21 000 000	=	420 000
D.S. : (annexe)		=	4 000

Récapitulation :

Total droits fixes	=	20 000
Total timbre gradué	=	300 000
Total D.S. : 6 937 500 + 420 000 + 4 000	=	7 361 500
Montant à acquitter au Trésor Public :		7 681 500

2ème exemple d'application :

Il ressort de l'acte notarié N° 7306 du 7 novembre 2001 de Me Édouard SOFATA, Notaire à Douala, une convention de compte courant entre la « SFT BANK » et la société « CAM-TRANSIT » B.P. 17801 Douala, représentée par Monsieur Louis MOMATE, de nationalité camerounaise, désigné bénéficiaire.

La « SFT BANK » ouvre un compte courant à la société « CAM-TRANSIT » d'un montant de 213 000 000 F CFA en principal, non compris les intérêts, les commissions, les impôts et taxes.

Avec les fonds rassemblés au titre de cette convention, la société « CAM-TRANSIT » acquiert un fonds de commerce à New-Bell Douala 1er sous la dénomination « DELTA ACCONAGE », immatriculé au registre de commerce sous le N° 7312. Ce fonds comprend d'une part les éléments incorporels, le mobilier et le matériel destinés à l'exploitation et d'autre part un stock de marchandises neuves afférentes à l'habillement des dockers dont les parties n'ont pas pris la peine d'énumérer.

Le vendeur déclare que le fonds de commerce cédé à la société « CAM-TRANSIT » lui appartient pour l'avoir acheté cinq années plus tôt suivant acte de Me Joseph KOSOMA, Notaire à Douala, dont les références sont les suivantes : volume 4, folio 26, N° 1347 du 14 octobre 1996.

Comme conséquence de la présente vente, la société « CAM-TRANSIT » bénéficiera de tous les éléments corporels et incorporels du présent fonds dont toute contestation actuelle ou éventuelle d'un tiers serait nulle et non avenue. Elle pourra à son tour le céder, si elle en éprouve le besoin, à un tiers dans les conditions et limites prévues par les lois et règlements.

La présente vente est consentie et acceptée moyennant le prix de 189 000 000 F CFA dont le détail est le suivant :

Éléments incorporels, mobilier et matériel d'exploitation : 113 000 000
Stocks (habits des dockers) : 6 000 000

Me Édouard SOFATA a donné lecture des articles 324 à 329 du C.G.I. sur les insuffisances et dissimulations ainsi que sur le droit de préemption en matière de vente d'immeubles, de meubles, de fonds de commerce ou de navires.

- Quelle est l'issue fiscale réservée à cette ouverture de compte courant tout en sachant que le Notaire a déposé l'acte hors délai au Centre des impôts territorialement compétent ?
- Quelle est l'issue fiscale réservée à l'acquisition du fonds de commerce dont l'acte a été présenté dans les délais pour obtention de formalité ?

Liquidation :

-Ouverture de compte courant :

D.F. = 20 000
TG = 200 000 x 3 = 600 000
Pénalité encourue (1 droit en sus) = 620 000

-Acquisition de fonds de commerce :

DS (Éléments incorporels, mobilier et matériel d'exploitation) : 15 % x 113 000 000 = 16 950 000
DS (stock : habits des dockers) : 15 % x 76 000 000 = 11 400 000

Récapitulation :

Total droits fixes	=	20 000
Total timbre gradué	=	600 000
Total DS : 16 950 000 + 11 400 000	=	28 350 000
Total pénalités	=	620 000
Montant à acquitter au Trésor Public :		29 590 000

Troisième partie :

LES CONTRIBUTIONS JUDICIAIRE ET EXTRAJUDICIAIRE

M. LE RÉGIME DES ACTES JUDICIAIRES

N. LE RÉGIME DES ACTES EXTRAJUDICIAIRES

M. LE RÉGIME DES ACTES JUDICIAIRES

Les actes judiciaires sont des écrits initiés et signés par les magistrats ou certains auxiliaires de justice tels que les greffiers.

Il existe cinq catégories d'actes judiciaires à soumettre à la formalité :

- Les ordonnances de référé. Le référé constitue une procédure exceptionnelle et rapide au travers de laquelle un plaideur demande au Président du Tribunal civil ou au Président du Tribunal de commerce de statuer provisoirement sur une contestation dont la solution s'impose de toute urgence. L'ordonnance du Président aura un caractère essentiellement provisoire.
- Les procès-verbaux de conciliation dressés par les juges de Paix.
- Les sentences arbitrales et accords survenus au cours d'une instance.
- Les sentences arbitrales ayant occasionné une ordonnance d'exequatur, en l'occurrence, une ordonnance qui rend exécutoire une sentence arbitrale.
- Les jugements et arrêts en premier et dernier ressort contenant des dispositions définitives en toute matière.

Un acte est considéré comme définitif lorsqu'il met fin à un litige sous réserve des voies de recours. Néanmoins, un jugement susceptible des voies de recours doit être enregistré. Il est également à souligner que même si un jugement met fin à un litige tout en laissant d'autres litiges ouverts, il doit être soumis à la formalité d'enregistrement.

Nous cernerons ici trois modes d'enregistrement d'actes judiciaires :

- L'enregistrement au droit proportionnel ;
- L'enregistrement « gratis » ;
- L'enregistrement en débet.

1- Actes judiciaires soumis au droit proportionnel :

Ils sont visés à l'article 342 alinéa 9 du C.G.I. qui dispose que :

« Sont soumis au taux moyen de 5 % les jugements contradictoires et par défaut en matière de police ordinaire, de police correctionnelle, ou en matière criminelle, portant condamnation, collocation ou liquidation ou obligations de sommes et valeurs mobilières et d'intérêts entre particuliers et plus généralement, tous jugements ou ordonnances de référés déclaratifs de droit ou de biens ».

Le droit proportionnel de condamnation est exigible dès lors qu'il y a condamnation de l'une ou l'autre des parties à des sommes d'argent ou à des valeurs mobilières par opposition aux immeubles. Une condamnation en restitution d'un immeuble n'est pas soumise au droit proportionnel mais à un droit fixe.

Les dépens ne sont pas soumis au droit proportionnel même si la condamnation aux dépens est prononcée à titre de dommage et intérêts. On entend par dépens, les dépenses légales faites ou à faire à l'occasion d'un procès. Les dépens comprennent le coût des actes de procédure, les émoluments des greffiers, des huissiers, les honoraires de l'avocat fixés par le tarif, les frais de voyage de la partie, les honoraires des experts, les indemnités allouées aux témoins, les droits de timbre et d'enregistrement du jugement. Ils ne comprennent pas les honoraires des avocats autres que ceux fixés par le tarif, les frais de voyage extralégaux, etc.

Exemple d'application :

Soit le jugement civil N° 230 du 10 février 2002 entre d'une part Paul SANDJOUIN, demandeur et concluant par l'entremise de Maître Louis AYANKO, Avocat à Douala, son conseil, et d'autre part la société FACTOVIN, défenderesse représentée par Maître Laurent TCHASSOUAN, son conseil.

Suivant exploit en date du 11 janvier 2002 enregistré à Douala, le 19 janvier 2002, volume 3, folio 87, N° 407/9 au droit fixe de 4 000 F CFA, exploit initié par Maître Pierre TAWANA, Huissier de Justice à Douala.

Le Sieur Paul SANDJOUIN a fait donner assignation à la société FACTOVIN d'avoir à se trouver et à comparaître par devant le Tribunal de Grande Instance de Douala statuant en matière civile et commerciale en salle ordinaire des audiences sise au Palais de Justice de ladite ville pour :

- S'entendre la défenderesse condamnée au paiement de 5 545 000 F CFA en principal augmenté des intérêts de droit à compter du jour de la demande en justice.
- Attendu que le demandeur expose qu'il est propriétaire d'un magasin d'une superficie de 688 m2 sis à AKWA-DOUALA qu'occupe la Société FACTOVIN depuis le 1er novembre 1997 comme l'atteste le contrat de bail non enregistré.
- Attendu que ce bail est arrivé à expiration le 31 décembre 2001 et qu'à ce jour la défenderesse cumule neuf mois d'arriérés de loyer qui s'élèvent à 4 950 000 F CFA représentant les arriérés de loyers échus non payés.

Il est précisé que la minute de ce jugement comporte 5 feuilles de format 21x 29,7.

- Quel est le sort fiscal réservé à ce jugement tout en sachant que le greffier chargé de le rédiger l'a déposé à la Régie des Recettes d'enregistrement près la Cour d'Appel le 3 avril 2002 ?
- Quels sont les droits dus au titre de la location d'une année tout en rappelant que le contrat de bail n'est pas enregistré et est soumis hors délais à la formalité ?

Liquidation :

- Droits afférents au jugement :

E. = 5 % x 5 545 000	=	277 250
Pénalité encourue (1 droit en sus)	=	277 250
T.D. : 500 x 5	=	2 500
Montant à acquitter au Trésor public	=	557 000

- Droits afférents au contrat de location

$$E = \frac{4\,950\,000 \times 12 \times 10}{9 \times 100} = 660\,000$$

Pénalité encourue (1 droits en sus)	=	660 000
T.D. : 500 x 3	=	1 500
Montant total à acquitter au Trésor Public :		1 321 500

Récapitulation :

Total droits simples : 277 250 + 660 000	=	937 250
Total T.D. : 2 500 + 1 500	=	4 000
Total pénalités : 277 250 + 660 000	=	937 250
Montant total à acquitter au Trésor Public :		1 878 500

2- Actes judiciaires à enregistrer « Gratis » :

Les actes judiciaires à enregistrer « gratis » sont ceux dont la présentation à la formalité est obligatoire mais n'occasionnent la perception d'aucun droit tant d'enregistrement que du timbre.

Ils sont visés à l'article 337 alinéa 4 du C.G.I. qui dispose que :

« Sont enregistrés gratis, les actes et décisions judiciaires et extrajudiciaires rendus en vertu ou pour l'application de la réglementation du travail, ou en matière d'allocations familiales, et les actes de procédure de reconnaissance des enfants naturels ».

Aux dispositions des alinéas 5, 6 et 8 de l'article 337 du C.G.I. de renchérir que :

« Sont enregistrés gratis, les jugements rendus sur les procédures engagées à la requête du Ministère public en matière d'état civil, les prestations de serment des Magistrats, Fonctionnaires et Agents de l'État ou des collectivités territoriales décentralisées, les ordonnances et jugements d'immatriculation en matière de propriété foncière ».

Dans l'optique de permettre aux pouvoirs publics de mieux appréhender la restructuration du secteur bancaire, le Chef de l'État camerounais a pris en 1990 une série d'ordonnances modifiant la législation sur l'exercice de l'activité des établissements de crédit. Nous allons mentionner les textes qui en constituent le noyau :

a) Ordonnance N° 90/003 du 27 avril 1990

ARTICLE 13.- Les jugements, arrêts et plus généralement toutes décisions de justice rendus contre les banques en liquidation sont enregistrés gratis.

Les décisions de justice rendues en faveur des banques en liquidation sont enregistrées en débet.

b) Ordonnance N° 90/005 du 19 septembre 1990

ARTICLE 13 (nouveau).- Les banques en liquidation sont dispensées du versement de toutes consignations auprès des greffes des tribunaux, Cours d'Appel et Cour Suprême.

Les décisions de justice rendues contre les banques en liquidation sont enregistrées gratis.

Les décisions de justice rendues en faveur des banques en liquidation sont enregistrées en débet.

c) Ordonnance n° 90-006 du 26 octobre 1990 :

ARTICLE 2.- Les établissements bancaires sont exonérés des droits d'enregistrement et des droits de timbre sur tous les actes ou jugements portant mutation à leur profit en vue de la revente d'immeuble ou de droit immobilier à la suite de vente de gré à gré, judiciaire, ou par adjudication.

ARTICLE 3.-Les établissements bancaires sont dispensés de toute consignation auprès des greffes des tribunaux, Cours d'Appel et Cour Suprême.

N.B. : Les exonérations relatives aux actes judiciaires ne doivent pas être interprétées comme étant des dispenses de formalités.

Exemple d'application :

Soit un Arrêt N° 173/SOC du 25 mars 2002 entre d'une part l'Hôtel ARTHUR, ayant élu domicile en l'Étude Me Elise MBANANG, Avocate à Douala, appelante comparant, et d'autre part Emmanuel MBONGUEANT, ayant élu domicile en l'Étude Me Laure SOSSING, Avocate à Douala.

Statuant en matière sociale, publiquement, contradictoirement à l'égard de toutes les parties en premier ressort et après en avoir délibéré conformément à la loi,

- Reçoit Emmanuel MBONGUEANT en sa demande et l'y dit fondé ;
- En conséquence, condamne le défendeur à lui payer notamment :
- 270 000 F CFA pour les salaires des mois d'octobre, novembre et décembre 2001 ;
- 200 000 F CFA représentant les indemnités de congés préavis ;
- 360 000 F CFA représentant les dommages et intérêts relatifs au licenciement abusif, soit un total de 830 000 F CFA.
- Ordonne qu'il lui soit délivré un certificat de travail sous astreinte de 100 000 F CFA par jour de retard à compter de la signification du présent jugement.
- Considérant que l'Hôtel ARTHUR allègue que Emmanuel MBONGUEANT était l'auteur de nombreux vols dans l'Hôtel, conduite qui a occasionné un discrédit total sur l'image de marque de l'entreprise dans la mesure où la plupart des victimes étaient des clients prisés ;

Par ces motifs ;

Statuant publiquement, contradictoirement en matière sociale, en appel et en dernier ressort après avoir délibéré conformément à la loi ;

Dit en définitive que l'Hôtel ARTHUR payera la somme de 830 000 F CFA à Emmanuel MBONGUEANT.

Ainsi prononcé en audience publique de la Cour d'Appel de Douala les mêmes jours, mois et ans ci-dessus.

Il est précisé que la minute de ce jugement comporte 3 feuilles.

- Quel est le sort fiscal réservé à ce jugement tout en sachant que le Greffier chargé de le rédiger l'a déposé à la Régie des Recettes d'enregistrement Près la Cour d'Appel le 22 avril 2002 ?

Liquidation :

E = Gratis.

3- Actes judiciaires à enregistrer en débet :

L'enregistrement en débet concerne certains actes de procédure, l'assistance judiciaire en est le meilleur exemple. Les actes à enregistrer en débet sont ceux qui doivent être présentés à la formalité sans perception préalable des droits. À la fin du procès, de deux choses l'une : ou l'assisté gagne son procès et les frais seront payés par son adversaire, ou il succombe et alors, les droits ne seront pas perçus. Ils ne le seront pas également, quelle que soit l'issue de l'instance, si les deux parties bénéficient de l'assistance judiciaire.

« Sont enregistrés en débet :

Tous les actes de procédure et pièces produites dans les instances engagées à la requête de toute Administration publique contre les particuliers. Les droits sont recouvrés contre la partie condamnée aux dépens.

Tous les actes de procédure devant la juridiction de simple police correctionnelle et criminelle, toutes pièces produites devant ces juridictions, lorsqu'il n'y a pas de partie civile en cause. Les droits sont recouvrés contre la partie condamnée aux dépens.

Tous les actes de procédure dans les instances introduites par les assistés judiciaires. Les droits sont recouvrés contre la partie non assistée au cas où elle est condamnée aux dépens.

Les actes conservatoires concernant les successions vacantes dont l'actif, déjà réalisé, est encore insuffisant.

Tous les actes de mémoires et jugements en matière de contentieux administratif. Les droits sont recouvrés contre la partie condamnée aux dépens ».

Il mérite d'être mentionné que cette catégorie d'enregistrement n'est pas un enregistrement gratis, si le délai de la présentation sera dû et perçu, elle, préalablement. En effet, dans la circonstance, le montant des droits, encore que non exigé à la formalité est connu ; c'est seulement son versement qui est différé. Le calcul se fera donc sur cette base et la pénalité ne bénéficiera nullement du débet qui reste attaché à l'impôt seulement./-

Exemple d'application :

Soit un Arrêt N° 251/P du 11 février 2006 entre le Ministère public et Jean TCHEPO d'une part, contre Albert KOUTAME d'autre part dont la nature du délit est une escroquerie.

La Cour d'Appel du Littoral statuant en matière correctionnelle en son audience publique ordinaire tenue au Palais de Justice de Douala le 11 février 2002, en la salle ordinaire de ses audiences,

- Entre d'une part Monsieur le Procureur Général exerçant l'action publique et Jean TCHEPO partie civile comparante, et d'autre part Albert KOUTAME né le 17 février 1990, délinquant primaire en répression,
- Le Tribunal de Première Instance de Douala statuant en matière correctionnelle, le condamne à 2 mois d'emprisonnement avec sursis pendant 3 ans et à 40 000 F CFA d'amende. Le condamne en outre à payer la somme de 1 200 000 F CFA au titre des dommages et intérêts à la partie civile et aux dépens,
- Considérant que Jean TCHEPO conteste cette décision au motif que le premier juge a sous-estimé les dommages, qu'il sollicite la somme de 4 280 000 F CFA représentant la totalité des dépenses par lui exposées en vue de l'acquisition du terrain en cause.

- Considérant que statuant à nouveau sur ce point, il y a lieu de lui accorder réparation intégrale du préjudice subi et de lui accorder la somme de 4 280 000 F CFA au titre des dommages et intérêts ;
- Par ces motifs ;
- Statuant publiquement par arrêt contradictoire à l'égard de Jean TCHEPO et par défaut contre Albert KOUTAME en matière correctionnelle, en appel et en dernier ressort ;
- Condamne Albert KOUTAME à payer à Jean TCHEPO la somme de 4 280 000 F CFA au titre des dommages et intérêts.
- Avertit la partie civile qu'elle dispose d'un délai de 10 jours pour se pourvoir en cassation si elle le désire ;
- Ainsi fait, jugé et prononcé en audience publique par la Cour d'Appel des céans.
- Il est précisé que la minute de cet Arrêt comporte 7 feuilles de format 21 x 29,7.

-Quel est le sort fiscal réservé à cet Arrêt tout en sachant que le Greffier chargé de le rédiger l'a déposé à la Régie des Recettes d'enregistrement près la Cour d'Appel le 26 avril 2006 ?

Liquidation :

D.S. : 5 % x 4 280 000	= 214 000
Pénalité encourue	= 214 000
T. D. : 1000 x 7	= 7 000
Montant à acquitter au Trésor Public :	435 000

N. LE RÉGIME DES ACTES EXTRAJUDICIAIRES

Les actes extrajudiciaires sont essentiellement les exploits rédigés par les huissiers. Il peut également s'agir des procès-verbaux élaborés par les commissaires de police, les commissaires-priseurs et les gendarmes.

L'ordonnance N° 79/448 du 5 novembre 1979 en son Article 1er dispose que :

« Les huissiers sont des officiers ministériels qui ont qualité pour :
- Accomplir, à la demande des parties ou sur réquisition du Ministère public, certains actes nécessaires à l'ouverture et à l'instruction des procédures ;
- Exécuter les décisions de justice et tous actes susceptibles d'exécution forcée ;
- Faire des constats, sommations, offres, mises en demeure et interpellations extrajudiciaires ;
- Accomplir tous actes prescrits par la loi.

Ils peuvent être chargés d'exécuter les mandats de justice, d'assurer le service des audiences des juridictions et d'extraire les détenus pour les conduire devant un magistrat instructeur ou à l'audience.
Ils exercent en outre les fonctions de commissaire-priseur ».

Quant aux dispositions visées à l'article 276 alinéa 1 du C.G.I., elles énoncent que : « Les actes extrajudiciaires sont à soumettre à la formalité dans un délai d'un mois. Ce délai peut être porté à trois mois lorsqu'il n'existe pas un Centre des Impôts à la résidence de l'officier ministériel rédacteur ».

Les actes extrajudiciaires sont en général soumis au droit fixe de 4 000 F CFA conformément à l'article 545 B-d du C.G.I., sauf quelques exceptions qui relèvent du droit proportionnel.

1- Actes extrajudiciaires soumis au droit fixe :

Sont soumis au droit fixe de 4 000 F CFA :

- Les citations directes ;
- Les assignations en paiement et en indemnisation ;
- Les assignations en requête civile ;
- Les assignations en expulsion et en paiement ;
- Les procès-verbaux de constat ;
- Les oppositions à ordonnance d'injonction de payer ;
- Les oppositions à saisie vente ;

- Les sommations à livrer.

En revanche, certains actes d'huissier sont soumis au droit proportionnel. C'est le cas des procès-verbaux de ventes aux enchères. Il en est de même des protêts.

2- Protêts

D'après le LAROUSSE, « Le protêt est un acte généralement dressé par un Huissier, à la requête du porteur d'un effet de commerce, faute de paiement à l'échéance, ou en cas de refus d'acceptation d'une traite par le tiré ».

En même temps que le protêt, le titre qu'il concerne, en l'occurrence la traite, la lettre de change ou le chèque, doit être présenté à la formalité d'enregistrement et soumis au taux de 2 % (Cf. art.343 du C.G.I.).

3- Autres actes

Les citations et significations en matière de réglementation du travail sont à enregistrer « gratis ».

Les citations et significations à la requête du Ministère public sont à enregistrer en débet (Cf. art.336 et 471 du C.G.I.).

Notons que la citation est une sommation de comparaître en justice en qualité de défendeur ou de témoin. La signification est la notification d'un acte, d'un jugement, d'un fait par voie judiciaire.

Les notifications par voie d'huissier des ordonnances non revêtues de la formule exécutoire, pour le recouvrement des créances commerciales ne dépassant pas 250 000 F CFA sont à enregistrer « gratis ». /-

Quatrième partie :

LES AUTRES RÉGIMES

O. LE RÉGIME DE LA TAXE À L'ESSIEU

P. LE RÉGIME DES MUTATIONS DE CARTES GRISES

Q. LE RÉGIME DES ACTIONS DE L'ADMINISTRATION ET DU CONTRIBUABLE

R. LE RÉGIME DES RECOURS AU TRIBUNAL

S. LE RÉGIME DES REDRESSEMENTS ET DES RESTITUTIONS

T. LE RÉGIME DES CONTRATS DE MARIAGE

U. LE RÉGIME DES PARTAGES

O. LE RÉGIME DE LA TAXE À L'ESSIEU

D'après le Larousse, « l'essieu est une pièce de métal recevant une roue à chacune de ses extrémités et supportant le poids du véhicule ».

La taxe à l'essieu a été instituée au Cameroun en 1991. Elle a été matérialisée par la circulaire N° 003/C/MINFI/,ETC/SDEL du 9 juillet 1991.

L'article 611 du Code Général des Impôts a fixé graduellement le tarif de la taxe à l'essieu par véhicule et par trimestre de manière suivante :

- 9 000 F CFA, pour les véhicules de charge utile égale ou supérieure à 3 tonnes et inférieure à 5 tonnes ;
- 18 750 F CFA, pour les véhicules de charge utile égale ou supérieure à 5 tonnes et inférieure à 16 tonnes ;
- 33 750 F CFA, pour les véhicules de charge utile supérieure ou égale à 16 tonnes et inférieure à 20 tonnes ;
- 56 250 F CFA, pour les véhicules de charge utile supérieure ou égale à 20 tonnes et inférieure à 30 tonnes ;
- 75 000 F CFA, pour les véhicules de charge utile égale ou supérieure à 30 tonnes ;
- 112 500 F CFA, pour les véhicules destinés au transport des grumes et des bois débités.

Les véhicules immatriculés à l'étranger sont soumis à un droit forfaitaire de 15 000 F CFA couvrant la période d'un mois.

Malgré les précisions qui ressortent des articles 609 et suivants du Code Général des Impôts, les Agents chargés de la liquidation se heurtent souvent à deux écueils :

- la taxation des remorques et tracteurs ;
- la taxation des véhicules effectuant des « livraisons à soi-même ».

1- Taxation des remorques et des tracteurs :

Le critère à prendre en considération est celui de la charge utile au moins égale à trois (3) tonnes d'un véhicule circulant sur le territoire camerounais. Telles sont les dispositions de l'article 609 du C.G.I.

En ce qui concerne les véhicules attelés, il y a deux (2) éléments : le tracteur et la remorque. La carte grise du tracteur ne mentionne pas la charge utile, elle fait tout simplement ressortir la mention P.S.R. (pour semi-remorque). A contrario, la carte grise de la remorque comporte la mention charge utile représentant le poids total autorisé au transport des marchandises ou des personnes.

En somme, seule la remorque doit être taxée dès lors que la carte grise fait ressortir une charge utile égale ou supérieure à trois (3) tonnes. En cas d'attelage de plusieurs remorques, chacune d'elle sera imposée séparément.

2- Taxation des véhicules effectuant des livraisons à soi-même :

Il s'agit des véhicules utilisés par les entreprises pour le transport des marchandises ou des personnes pour leur propre compte. Il va sans dire que la taxe à l'essieu ne vise pas l'activité professionnelle du transport, mais plutôt tout véhicule affecté au transport des marchandises ou des personnes dont la charge utile est au moins égale à trois (3) tonnes.

En conséquence, et sauf les exonérations visées à l'article 610 du Code Général des Impôts concernant les véhicules appartenant à l'État ou aux Communes, tout véhicule dont la charge utile est égale ou supérieure à trois (3) tonnes est soumis à la taxation. Peu importe si le transport s'effectue pour le compte de l'entreprise ou pour le compte des tiers. / -

P. LE RÉGIME DES MUTATIONS DE CARTES GRISES

On entend par carte grise, une feuille cartonnée qui atteste la déclaration d'un véhicule à moteur auprès d'un service relevant du ministère des Transports. Cette feuille cartonnée de couleur grise fait ressortir le nom et l'adresse du propriétaire ainsi que les références de l'engin.

Les opérations de mutation de cartes grises de véhicules automobiles sont visées à l'article 295 du C.G.I. qui dispose que : « pour les ventes ou toutes transmissions à titre onéreux de propriété ou d'usufruit de biens meubles ou immeubles, la valeur servant d'assiette à l'impôt est déterminée par le prix exprimé dans l'acte augmenté des charges et indemnités au profit du cédant ou par l'estimation des parties si la valeur réelle est supérieure en cas de besoin, ou par voie d'expertise dans les cas autorisés par le présent acte ».

Le taux applicable est de 5 %. Il est visé aux articles 342 alinéas 2 et 543 paragraphe C du C.G.I.

Nous clarifierons notre propos en abordant trois cas :

- Le statut des véhicules en immatriculation temporaire « IT » ;
- L'enregistrement des véhicules nouvellement importés ;
- L'enregistrement des véhicules déjà immatriculés au Cameroun.

1- Statut des véhicules en « IT »

Les certificats de vente des véhicules en IT sont exonérés des droits de timbre et d'enregistrement sous les conditions suivantes :

- Le vendeur et l'acheteur doivent bénéficier de l'immatriculation en IT ;
- Le véhicule doit être immatriculé en IT ;
- L'immatriculation en IT doit avoir été accordée pour des raisons de courtoisie diplomatique.

Il résulte que ne peuvent bénéficier de cette exonération :

- La vente de ces véhicules à des personnes ou organismes ne pouvant bénéficier de l'IT ou pouvant en bénéficier pour des raisons autres que la courtoisie diplomatique ;
- La vente des véhicules non immatriculés en IT entre personnes ou organismes même pouvant bénéficier de l'IT ;
- La vente des véhicules dont l'IT a été accordée pour des raisons autres que celles de courtoisie diplomatique.

2- Enregistrement des véhicules nouvellement importés

Conséquemment aux dispositions de l'article 295 du C.G.I., les droits de mutation sont assis sur les prix toutes taxes comprises, à savoir : l'évaluation douanière ou argus, plus les droits de douane, plus les taxes de manutention et de stationnement, plus le transport.

- L'évaluation douanière figure sur le feuillet E-102 ;
- Les droits de douane figurent sur le listing DIT- DOUANES ;
- Le forfait à adopter pour les taxes de manutention et de stationnement est de 100 000 F CFA ;
- Le forfait à adopter pour les frais de transport réclamés par l'armateur est de 250 000 F CFA.

Exemple :

Le montant qui ressort du feuillet E-102 est de 700 000 F CFA. Celui qui ressort du listing DIT-DOUANES est de 398 000 F CFA. Le forfait des taxes de manutention et de stationnement est de 100 000 F CFA. Le forfait des frais de transport est de 250 000 F CFA.

La base d'imposition sera de :

700 000 + 398 000 + 100 000 + 250 000 = 1 448 000 F CFA.

Les droits de mutation seront de : 1. 448. 000 x 5 % = 72 400 F CFA.

3- Enregistrement des véhicules déjà immatriculés au Cameroun

Pour l'heure, les bases minimales d'imposition qui ne revêtent pas une nature officielle sont les suivantes :

Puissance administrative / ÂGE	Moins de 7 Chevaux	De 8 à 10 Chevaux	De 11 à 13 Chevaux	Plus de 13 Chevaux
≤ à 3 ans	1750 000	2 250 000	2 750 000	3 250 000
4 à 9 ans	1 250 000	1 750 000	2 250 000	2 750 000
10 à 13 ans	1 000 000	1 500 000	2 000 000	2 500 000
Plus de 13 ans	500 000	1 000 000	1 500 000	2 000 000

Remarque : Si le prix mentionné sur le certificat de vente est supérieur au montant visé ci-dessus, la base d'imposition à prendre en compte sera celle qui est déclarée par les parties. /-

Q. LE RÉGIME DES ACTIONS DE L'ADMINISTRATION ET DU CONTRIBUABLE

1- Actions de l'Administration :

Avant le recours contentieux, il y a toujours une phase officieuse dans laquelle l'Administration recherche une phase à l'amiable. Les instructions de la hiérarchie font un devoir au Chef de Centre divisionnaire des Impôts de commencer par adresser au redevable, avant le titre exécutoire, un avertissement officieux.

A- Avis de mise en recouvrement (A.M.R.) :

À défaut de paiement des droits et taxes, la créance du Trésor est notifiée au redevable au moyen d'un avis de recouvrement visé par l'Inspecteur compétent. Cet avis ne présente pour le contribuable ni la forme ni les effets d'un acte de poursuite.

- **Conditions d'utilisation de l'avis de mise en recouvrement :**

L'avis de mise en recouvrement peut être délivré à toute personne physique ou morale tenue, de plein droit, au paiement des sommes y énoncées. Il comporte tant les impositions principales ou droits simples, que les pénalités et sanctions assimilées qui sont constatées par les agents de la Direction Générale des Impôts.

Dans le cas où plusieurs personnes sont solidairement obligées au paiement, il suffit de mettre en cause une seule d'entre elles. L'avis interrompt la prescription à l'encontre de tous les autres débiteurs solidaires.

- Conditions de forme :

L'avis est délivré d'une manière systématique au redevable qui ne se libère pas spontanément, à l'effet de le mettre à même de contester éventuellement le bien-fondé de l'imposition mise à sa charge. L'émission de l'avis se situe :

- dès la prise en charge de l'article lorsque celui-ci donne lieu à consignation ;
- dès que le règlement de la créance fait l'objet de difficultés.

- Agent compétent :

La compétence générale est donnée aux agents chargés du recouvrement pour établir et notifier les avis de paiement.

- **Modalités d'établissement de l'avis de mise en recouvrement :**

L'avis de mise en recouvrement doit comporter les éléments relatifs à l'affirmation de la créance à savoir :

- l'identification du redevable (nom, prénom et adresse pour les personnes physiques ; forme, raison sociale, objet et siège pour les sociétés) ;
- la justification de la créance : nature et fait générateur de l'impôt ;
- la description de la créance : nature des droits et pénalités exigibles, éléments et résultats de la liquidation ou référence au document établi et signé par le redevable qui renferme ces éléments.

L'avis de mise en recouvrement doit être notifié au redevable à son adresse ou à son domicile ; l'ampliation est déposée à la recette chargée du recouvrement. Cet envoi est effectué en franchise par voie postale sous pli recommandé avec accusé de réception.

Faute d'acquittement dans les délais, le règlement sera poursuivi par tous les moyens de droit après expiration des délais de paiement.

B- Voies ouvertes à l'Administration

L'Administration dispose de deux procédés :

- elle peut selon une filière qui évoque le procès-verbal ordinaire, assigner le redevable devant le Tribunal civil ;
- elle peut aussi et c'est la voie qu'elle adopte généralement, délivrer un titre exécutoire, susceptible d'opposition. C'est la procédure purement fiscale.

- **Assignation** :

Dans certains cas, l'Administration préfère recourir à la procédure ordinaire de l'assignation devant le tribunal civil, parce que cela lui permettra d'obtenir un jugement emportant hypothèque judiciaire. Il arrive aussi que l'Administration puisse recourir au procédé d'assignation parce qu'elle a déjà émis un titre de perception dont elle s'aperçoit après coup, qu'il est entaché de nullité. La procédure du titre de perception bascule alors vers la procédure ordinaire d'assignation.

Enfin, l'Administration peut recourir à l'assignation quand elle veut faire trancher par le Tribunal une question de principe. Sans doute, la voie du titre exécutoire aboutit généralement au Tribunal. Mais à condition que le redevable fasse opposition. Ce qui ne dépend que de lui. Il arrive que pour être sûre d'avoir une décision de principe, l'Administration fasse recours au procédé d'assignation, qui, inévitablement, provoquera un jugement.

- **Titre de perception :**

Le procédé du droit fiscal, la contrainte ou le titre de perception est une formule qui met en lumière les caractères juridiques de la créance de l'impôt. L'État, créancier de l'impôt, a cette prérogative exorbitante du droit privé, de pouvoir se créer unilatéralement un titre exécutoire, à savoir, le titre de perception visé à l'article 411 du Code Général des Impôts.

- Émission du titre :

Le titre de perception se présente comme un commandement de payer, délivré par l'Inspecteur des Impôts et adressé au redevable. C'est par conséquent le fonctionnaire représentant l'organisme créancier de l'impôt qui le délivre. Il doit le faire viser et le déclarer exécutoire par le Président du Tribunal d'Instance dans le ressort duquel se situe le Centre des Impôts du poursuivant. Conformément à l'article 411, le Président du Tribunal ne peut refuser de viser le titre de perception sous peine de répondre des valeurs pour lesquelles celui-ci a été décerné. On pourrait toutefois admettre que le Président du Tribunal puisse contester une irrégularité flagrante du titre de perception. Il serait en droit de ne pas le déclarer exécutoire, mais c'est à lui de prendre la responsabilité du refus. Il n'a pas, en tout cas, une véritable juridiction sur le titre de perception qu'on lui demande de déclarer exécutoire.

Une copie du titre de perception est notifiée au redevable par lettre recommandée avec accusé de réception.

- Effets du titre :

Le titre de perception ainsi émis interrompt la prescription courant contre l'Administration et y substitue la prescription de droit commun.

Aux termes de l'article 414 du C.G.I., le titre de perception fait courir des intérêts moratoires calculés au taux de 6 % par mois sur la somme reconnue exigible. Tout mois commencé est compté pour un mois entier.

Au surplus, le titre de perception produit d'importants effets. Il tient lieu en effet de sommation de payer, non seulement pour les sommes mêmes qu'il mentionne, mais encore pour toutes celles qui sont liées au même fait générateur. Son effet de commandement ne se restreint pas aux sommes qu'il vise expressément, il produit cet effet pour toute dette de l'impôt issue du fait générateur sur lequel il se fonde. D'où cette conséquence pratique que l'Administration ne sera pas obligée de décerner une nouvelle contrainte si elle augmente le chiffre de ses prétentions. Elle pourra l'augmenter en cours d'instance par voie de conclusions additionnelles.

2- Actions du contribuable

Le contribuable qui conteste une imposition doit au préalable adresser une requête au ministre chargé des finances. Si le titre de perception a été délivré contre lui, le redevable peut alors faire opposition en assignant l'Administration devant le Tribunal civil.

A- Réclamation

- **Présentation de la réclamation**

- Introduction des réclamations :

Les réclamations émanant des contribuables doivent être adressées au service des Impôts dont dépend le lieu d'imposition, c'est-à-dire au Chef de Centre divisionnaire ou spécialisé des Impôts sous l'autorité duquel se trouve placé le bureau chargé de liquider les droits contestés.

- Forme et contenu des réclamations :

La réclamation quel que soit son objet, est rédigée sous la forme d'une simple lettre écrite sur papier timbré. Elle est en principe individuelle. Cependant, un codébiteur solidaire peut présenter une réclamation pour l'ensemble des droits dont il est tenu avec les autres intéressés auxquels la demande profite.

Indépendamment des indications indispensables à l'identification du réclamant, la réclamation doit mentionner les droits qu'elle concerne, exposer les moyens justifiant la demande, indiquer les conclusions du réclamant et porter la signature manuscrite de son auteur.

- Qualité du réclamant :

La réclamation doit être présentée par le redevable lui-même ou par un mandataire régulier. Cependant, elle peut valablement émaner des personnes qui tiennent de leur fonction ou de leur qualité le droit d'agir au nom du contribuable (avocats, syndics de faillite, etc.).

Par ailleurs, en matière d'enregistrement et du timbre, les Notaires, Huissiers et Greffiers peuvent réclamer contre les impôts dus à raison des actes et jugements de leur ministère qu'ils sont tenus d'acquitter en soumettant ces actes et jugements à la formalité.

- Pièces à joindre :

La réclamation doit être accompagnée suivant le cas :

- Soit de l'original ou d'une copie de l'ampliation de l'avis de mise en recouvrement ;
- Si aucun avis de mise en recouvrement n'a été notifié, d'une pièce justificative du versement effectué (quittance, déclaration de recette…) ;
- Ainsi que de l'expédition de l'acte, du jugement ou de la déclaration, objet du litige.

La réclamation demeure en principe sans effet sur le paiement du principal des impositions contestées, mais le contribuable peut surseoir au paiement de la fraction contestée sous la triple condition :

- de solliciter formellement le sursis dans sa déclaration ;
- d'indiquer le montant du dégrèvement sollicité ;
- d'offrir de constituer à la demande du comptable public, des garanties suffisantes.

- **Instruction de la réclamation :**

- Agents chargés de l'instruction :

L'instruction est assurée par l'Inspecteur qui a établi les bases ou assuré la liquidation de l'imposition contestée. Exceptionnellement, c'est l'Inspecteur du lieu de situation des biens qui a compétence lorsque la réclamation vise les droits d'enregistrement assis sur la valeur vénale des biens susceptibles d'expertise.

- Modalités de l'instruction :

L'Inspecteur chargé d'instruire la réclamation doit procéder à un examen de la forme et du fond.

L'examen en la forme doit rechercher si la réclamation est régulière ;

L'examen au fond porte sur quatre points :

- Examen des motifs de fait ; l'Inspecteur doit vérifier et rétablir, s'il y a lieu au moyen d'informations complémentaires, l'exactitude des faits exposés dans la demande puis, déterminer dans chaque cas, à qui incombe la charge de la preuve ;
- Examen des motifs de droit : cet examen consiste d'une part à discuter la valeur des moyens de droit invoqués par le redevable et d'autre part à rechercher les dispositions législatives ou réglementaires et les principes qui paraissent de nature à justifier le bien-fondé de tout ou partie de l'imposition contestée.

À cet égard, il convient toujours de se référer aux textes eux-mêmes en retenant l'interprétation qui est donnée par la doctrine administrative et la jurisprudence publiée par l'Administration.

- Charge et administration de la preuve :

Suivant le cas, la charge de la preuve incombe au contribuable ou à l'Administration :

- lorsque l'imposition contestée a été établie sur les bases indiquées dans les déclarations ou les actes soumis à la formalité,

- lorsque l'intéressé invoque certaines situations de fait entraînant par elles-mêmes, in allègement de l'impôt.

Elle incombe à l'Administration :

- lorsque l'impôt contesté devant normalement être établi d'après une déclaration à souscrire ou un acte à présenter à la formalité, l'intéressé soutient qu'il n'a aucune obligation à cet égard.
- Lorsque le véritable caractère d'une convention a été simulé.

L'examen de chaque réclamation doit conduire à relever, le cas échéant, les omissions ou insuffisances d'impositions susceptibles de compenser les surtaxes contestées.

Les résultats de l'instruction sont consignés dans un rapport circonstancié, contenant les observations et l'avis de l'Inspecteur qui détermine s'il y a lieu, le montant des dégrèvements proposés et les frais susceptibles d'être remboursés.

Après avis, l'Inspecteur informe la nature de ses propositions au comptable chargé du recouvrement et transmet le dossier à la Direction Générale pour décision.

- **Décision du ministre :**

Le Directeur Général des Impôts reprend l'instruction des réclamations présentées qu'il soumet pour avis à la commission de dégrèvement dans un rapport auquel il joint tous les dossiers de différentes affaires. La commission examine tous les dossiers qui lui sont présentés et émet sur chacun d'eux un avis qui sera soumis à l'approbation du ministre des Finances. La décision du ministre n'est cependant pas liée par cet avis qu'il peut entériner ou non. Après la décision du ministre, le Directeur Général procède à l'exécution.

B- Opposition

La notification du titre de perception ouvre au redevable un délai de trois mois pour faire opposition. S'il estime utile, c'est en faisant opposition que le redevable va véritablement nouer l'instance.

L'opposition contient l'assignation de l'Administration fiscale devant le Tribunal civil. Elle doit être motivée, sous peine de nullité pour vice de forme. L'opposition serait nulle si l'on se contentait d'y déclarer que la somme réclamée dans le titre de perception n'est pas due, sans dire pourquoi elle n'est pas due. Toutefois, cette exigence de la motivation de l'opposition est limitée en ce sens qu'il suffit d'évoquer les motifs qui pourront être développés plus tard dans la procédure. La nullité pour non-motivation peut d'ailleurs être couverte par la signification du mémoire subséquent qui va constituer l'essentiel de la procédure devant le Tribunal.

Les moyens que peut faire valoir le redevable dans l'opposition sont de deux sortes :

- Il peut évoquer un moyen de forme, se borner à soutenir que le titre exécutoire est nul en la forme, sans entrer dans l'examen du bien-fondé de la prétendue créance de l'impôt ;
- Il peut aussi aborder le fond, en contestant soit le principe de la dette, soit la quotité des droits qui lui sont réclamés.

La seule opposition ne suffit pas à suspendre les voies d'exécution. Ceci est visé à l'article 412 du C.G.I. qui énonce que : « Le redevable qui conteste le bien-fondé de la réclamation ou la quotité des sommes réclamées peut former opposition dans les trois mois de la réception de la notification du titre de perception ou de la contrainte après paiement préalable du principal des droits. Les amendes, pénalités et tous accessoires sont réservés jusqu'à la décision de justice ».

Le texte distingue donc le principal de la dette, c'est-à-dire les droits simples, qui sont exigibles immédiatement, et peuvent donner lieu immédiatement à saisie ; et les pénalités qui sont suspendues tant que l'affaire n'est pas tranchée au Tribunal.

Le redevable a du reste la faculté, même pour les droits simples de demander un sursis en offrant des garanties à l'Administration fiscale et, dans la pratique, l'Administration fiscale peut surseoir de son propre chef aux voies d'exécution en présence d'une opposition faite par un redevable qui lui paraît être de bonne foi et solvable.

Il n'empêche qu'en droit, l'Administration fiscale peut, malgré l'opposition, poursuivre le recouvrement forcé des droits simples. Il y a là quelque chose de tout à fait remarquable du point de vue des principes du droit des obligations : le créancier a ici le bénéfice du préalable. Il peut, nonobstant l'opposition du débiteur, poursuivre l'exécution forcée de sa créance./-

R. LE RÉGIME DU RECOURS AU TRIBUNAL

L'instance est en quelque sorte liée par la rencontre de l'opposition avec le titre de perception. Dans l'instance, le redevable, obligé de prendre l'initiative de l'opposition pour arrêter la procédure d'exécution forcée déclenchée par la seule volonté de l'État, assure la position du demandeur en la forme, mais il n'est point pour autant demandeur quant au fond. Pour le fond, il reste défendeur, comme il est normal pour un débiteur. En conséquence, ce n'est pas à lui qu'incombe le fardeau de la preuve, ce n'est pas à lui de faire la procédure de l'inexistence de la dette de l'impôt. C'est à l'Administration fiscale de démontrer l'existence.

1- Marche de l'instance :

Nous allons observer les règles particulières relatives aux compétences et à l'instruction du procès.

A- Compétence

- **Compétence d'attribution :**

À la différence du contentieux des contributions directes qui est de la compétence des juridictions administratives, seuls les tribunaux judiciaires sont compétents en matière d'enregistrement conformément à l'article 419 du C.G.I. qui énonce que : « L'introduction et l'instruction des instances ont lieu devant les tribunaux civils de la situation du Centre des Impôts chargé de la perception des droits ; la connaissance et la décision en sont interdites par toutes autres autorités constituées ou administratives ».

La compétence du Tribunal civil présente les caractéristiques suivantes :

- le Tribunal ne peut se prononcer que sur le fond des droits et sur les amendes fiscales ;
- les amendes correctionnelles ne sont pas de la compétence du Tribunal civil ;
- l'appel et la cassation sont possibles ;
- la procédure ne peut être considérée comme sommaire ; elle est essentiellement écrite.

- **Compétence territoriale :**

Les pratiques et les usages ont établi le principe selon lequel la compétence territoriale relève du Tribunal dans le ressort duquel se trouve le bureau qui a émis le titre de perception. Il va sans dire que par l'opposition, c'est le titre de perception qui est attaqué. Étant donné que les règles déterminant les bureaux compétents pour recevoir la formalité conditionnent également les bureaux compétents pour émettre les titres de perception, ainsi, elles occasionnent indirectement, les Tribunaux compétents pour connaître les oppositions.

B- Instruction du procès :

- **Les mémoires :**

La caractéristique de la procédure en matière d'enregistrement, c'est d'être une procédure écrite. Le procès est, en principe, constitué par un échange de mémoires, comme devant les tribunaux administratifs.

Les mémoires se présentent comme des plaidoiries écrites où se trouve développée l'argumentation des parties en cause. Les mémoires échangés entre le redevable et l'Administration fiscale peuvent d'ailleurs présenter des différences au niveau des prétentions soutenues par rapport aux écrits initiaux. Ils peuvent augmenter ou diminuer la demande de l'Administration fiscale et les prétentions contraires du redevable, à la condition tout de même qu'il y ait un certain rapport avec ce qui était d'abord soutenu dans le titre de perception et dans l'opposition.

La contexture des mémoires est la suivante : un exposé des faits, puis la discussion juridique au travers de laquelle doivent être citées les bases légales de la prétention de l'Administration fiscale, à savoir les lois, les règlements qui peuvent justifier la perception alléguée, également les arrêts de la jurisprudence.

Il faut toutefois éviter de citer les instructions, les circulaires de l'Administration fiscale ou les solutions qui ont pu être données par l'Administration. On peut tout simplement en faire état à titre illustratif. À la suite de cette discussion étayée découlent les conclusions de l'Administration fiscale. Enfin, la liste des documents qui ont été produits doit figurer en annexe.

Il est d'une importance capitale que les mémoires soient signifiées. La formalité de la signification des mémoires est substantielle et en son absence, il y aurait nullité des décisions intervenues.

- **Les explications orales :**

On admet les explications orales développant les arguments et les conclusions des mémoires écrits, explications orales qui peuvent être présentées directement par les parties elles-mêmes. C'est surtout l'Administration fiscale qui utilise cette possibilité de parler en déléguant un employé supérieur pour présenter ses explications. Mais les parties peuvent également recourir à un avocat.

Somme toute, les explications orales ne peuvent être que le développement des conclusions contenues dans les mémoires. Dans cette circonstance, on ne saurait relever des moyens nouveaux qui ne figurent pas dans les mémoires.

2- Administration des preuves

La charge de la preuve incombe à l'Administration fiscale, créancière de l'impôt, quand bien même le contentieux est lié par voie d'opposition. Mais, il est courant que la charge soit inversée par le mécanisme de présomptions légales qui conduit à l'imputer au redevable. D'où un avantage considérable pour l'Administration fiscale.

S'agissant des moyens de preuves à proprement parler, la procédure étant écrite, les modes de preuve qui supposent une instruction orale ne vont pas pouvoir être admis dans le procès d'Enregistrement. Ils sont incompatibles avec la procédure. D'où une limitation considérable des modes de preuves recevables.

A- Preuves à exclure

Le principe est d'exclure de la preuve testimoniale, l'audition des témoins. Ce ne serait pas compatible avec le système de l'instruction écrite par échange de mémoires.

De même sont exclus, certains modes d'instruction qui tendent à l'aveu oral telle que la déclaration de serment.

B- Preuves à admettre

- **La preuve littérale :**

Les écrits forment titre, spécialement ceux dont l'Administration est détentrice par le biais du droit de communication qu'elle peut exercer. Une contre-lettre détenue par l'Administration pourra être utilisée par elle pour justifier une dissimulation de prix. Parfois, en ignorant les retombées, les redevables soumettent une contre-lettre à la formalité. Devant le Tribunal, ils prétextent que l'ayant soumise par erreur, cela est sans importance. Pourtant, la contre-lettre constitue une preuve littérale irréfutable en matière d'Enregistrement.

Soulignons qu'un commencement de preuve par écrit est également retenu quitte à être complété par d'autres moyens de preuve tels que les présomptions.

- **L'aveu écrit :**

C'est également un mode de preuve telle que la soumission écrite ou la demande de remise gracieuse de pénalité.

Dans cette circonstance, l'Administration doit se réjouir étant donné que l'aveu est fait en sa faveur. A contrario, l'aveu fait par le redevable à une tierce personne n'a pas force de preuve, mais pourrait constituer une présomption.

- **Les présomptions :**

Bien qu'en droit civil, les présomptions et les témoignages soient situés au même niveau, le droit d'Enregistrement, tout en rejetant la preuve testimoniale, accorde une place centrale aux présomptions qui sont des faits connus qui servent à dispenser une personne à apporter la preuve des autres faits inconnus.

- *Présomptions de fait :*

Ce sont des indices matériels qui permettent d'établir l'existence d'actes juridiques ou des faits. Ces présomptions sont compatibles avec la procédure écrite en matière d'Enregistrement. Certes, le C.G.I. n'ayant pas interdit les présomptions de fait, on peut donc les admettre comme mode de preuve.

Cependant, on ne pourrait utiliser sans cesse ces présomptions, on pourrait s'en contenter faute de moyen de preuve légale. Mais dans ces hypothèses, la présomption pourra se tirer de toute pièce étrangère aux parties et examinée par le Tribunal. Car, en définitive, les présomptions de l'homme étant des présomptions judiciaires, il faudra nécessairement que « la prudence et les lumières du Magistrat » s'exercent à l'occasion d'un procès sur un élément dont ultérieurement on tirera la présomption simple.

- *Présomption légale :*

Étant donné qu'elle est établie par la loi, elle constitue une dispense de preuve. Elle est donc un mode de preuve admissible à tous les égards. Nous allons examiner partiellement ces présomptions en traitant les règles afférentes à la propriété apparente.

Nous savons qu'en matière de succession, l'Administration se contente souvent des présomptions qui sont parfaitement susceptibles de preuves contraires. Mais ces présomptions sont inscrites dans la loi. Il en est ainsi au regard de la propriété apparente d'un de cujus pour les biens qui lui appartenaient en usufruit, alors qu'ils appartenaient à ses héritiers en nue-propriété. Il en est également ainsi pour les titres et valeurs qui sont considérés comme appartenant au de cujus si ce dernier a touché des revenus dans l'année précédant le décès.

En ce qui concerne les mutations verbales entre vifs, leur existence découle pour les immeubles de tout acte de propriété fait par le nouvel acquéreur. Pour les baux, les mutations verbales découlent de la prise en charge des impôts.

Pour les fonds de commerce, elles découlent de l'inscription au rôle de la patente ou de l'immatriculation au registre de commerce, ou à d'autres documents similaires. /-

S. LE RÉGIME DES REDRESSEMENTS ET DES RESTITUTIONS

1- Procédure de redressement

Hormis la procédure de redressement simplifié, on peut avoir recours à l'expertise.

A- Procédure simplifiée :

Cette procédure est consécutive à une vérification de comptabilité lorsque l'Administration constate une insuffisance, une inexactitude, une omission ou une dissimulation dans les éléments servant de base au calcul des impôts, droits, taxes ou sommes quelconques dus en vertu de la législation résultant du Code Général des Impôts. Les redressements sont effectués suivant la procédure unifiée ci-après :

L'Inspecteur fait connaître au redevable la nature et les motifs du redressement envisagé et il invite en même temps l'intéressé à faire parvenir son acceptation ou ses observations dans un délai déterminé à compter de la réception de cette notification. Deux hypothèses sont alors envisageables :

- Si le redevable donne son accord ou si les observations présentées sont reconnues fondées, l'Administration procède à l'émission d'un avis de mise en recouvrement sur la base acceptée par l'intéressé.

- À défaut de réponse ou d'accord, l'Administration fixe la base de l'imposition, calcule le montant de l'impôt exigible et procède à l'émission d'un avis de mise en recouvrement. Dans ce dernier cas, le redevable conserve bien évidemment son droit de réclamation.

B- Expertise

Ce sont les insuffisances d'évaluation qui constituent le noyau de cette procédure particulière souvent considérée comme un simple moyen de preuve.

Les dispositions des articles 324, 325, et 326 du C.G.I. énoncent dans quels cas cette procédure d'expertise peut intervenir et quelles sont les insuffisances d'évaluation qu'elle doit rectifier. Nous en avons parlé dans notre chapitre A intitulé « Théorie générale de l'enregistrement ». Il n'est toutefois pas inutile de rappeler les clauses des dits articles. Il ressort des dispositions de l'article 324 que :

« Si le prix ou l'estimation ayant servi de base à la perception du droit proportionnel, progressif ou dégressif paraît inférieur à la valeur vénale des biens immeubles, fonds de commerce ou de navires, ou des aéronefs transmis en propriété, en usufruit ou en jouissance l'Administration peut requérir l'expertise en vue de fixer la valeur taxable ».

À l'article 325 dans ses alinéas 1, 2, 3 et 4 de rajouter que :

« Lorsque l'accord sur l'estimation ne s'est pas fait à l'amiable, la demande en expertise est faite par simple requête du Tribunal Civil dans le ressort duquel les biens sont situés ou immatriculés s'il s'agit de navires, de bateaux ou d'aéronefs.

Cette requête est présentée dans les trois (3) ans à compter du jour de l'enregistrement de l'acte ou de la déclaration. Le délai est réduit à un (1) an en matière de vente de fonds de commerce. L'expertise est donnée dans les dix (10) jours de la demande. En cas de refus par la partie de nommer son expert et après sommation de le faire, il lui en est donné un d'office par le Tribunal. Les experts en cas de partage appellent un tiers expert ; à défaut le Tribunal y pourvoit.

Le procès-verbal d'expertise doit être rapporté au plus tard dans les trois mois (3) qui suivent la remise faite aux experts de l'ordonnance du Tribunal ou dans les trois (3) mois après la désignation du tiers expert.

Les frais d'expertise sont à la charge des parties, mais seulement lorsque l'évaluation excède le 1/8 au moins du prix ou de l'estimation portée au contrat ».

À l'article 326 de clore en disposant que :

« Si l'insuffisance reconnue amiablement ou révélée par l'expertise est égale ou supérieure au huitième du prix de la valeur déclarée, les parties acquittent solidairement, à savoir :

- Le droit simple sur le complément d'estimation ;
- Un demi-droit en sus si l'insuffisance est reconnue amiablement avant la signification de la requête en expertise ;
- Un droit en sus si l'insuffisance est reconnue après signification de la requête en expertise, mais avant le dépôt au greffe du Tribunal du rapport de l'expert ;
- Un double droit en sus dans le cas contraire ;
- Les frais d'expertise.

Aucune pénalité n'est encourue et les frais de l'expertise restent à la charge de l'Administration, lorsque l'insuffisance est inférieure au huitième du prix exprimé ou de la valeur nominale ».

Notons que l'Administration fait toujours précéder l'expertise par une tentative confiée à ses agents d'arrangement à l'amiable. C'est à ce moment que le redevable peut souscrire une soumission qui, acceptée et approuvée par le Directeur Général des Impôts liera définitivement les parties.

2- Restitutions autorisées :

La restitution des droits d'enregistrement est placée sous le signe du principe général de la répétition de l'indu, d'après lequel « ce qui a été payé sans être dû est sujet à répétition ».

Les restitutions des droits et taxes peuvent être opérées soit à la demande des contribuables agissant par voie de réclamation, soit d'office par l'Administration.

Elles peuvent avoir leur source dans les erreurs d'imposition imputables à l'Administration ou au contribuable, ou dans les événements postérieurs à la perception.

A- Restitutions motivées par les erreurs :

- **Droits irrégulièrement perçus :**

Lorsqu'il y a eu une explication inexacte de la loi ou des tarifs, une erreur de calcul ou une perception non justifiée par les dispositions de l'acte présenté ou de la déclaration souscrite, les droits irrégulièrement perçus par suite de l'erreur imputable à l'agent sont naturellement restituables.

- **Droits régulièrement mais indûment perçus par suite d'une erreur des parties :**

Il y a lieu également à restitution des droits indûment perçus par suite d'une erreur de fait imputable aux parties et viciant leurs rapports avec l'Administration, quelle que soit la nature de cette erreur. Dans ce cas, la charge de la preuve incombe au contribuable.

Il en est ainsi notamment :

- Des droits de succession correspondant à un passif dont les héritiers ont omis de demander la déduction ;
- Des droits de succession payés sur des biens qui ne dépendaient pas de l'hérédité ou qui avaient leur assiette matérielle à l'étranger ;
- Des droits payés par une personne qui n'y était pas tenue.

B- Restitutions motivées des évènements postérieurs à la perception :

- **Les principes :**

La restitution des droits est possible lorsque la cause d'exigibilité des droits et taxes perçus est anéantie rétroactivement par un évènement postérieur à la perception.

Par évènement postérieur s'entend tout fait ou circonstance se rapportant directement à la situation propre du contribuable auteur de la réclamation ou aux éléments de base ou de calcul de l'imposition contestée ayant pour objet ou conséquence :

-Soit de mettre en cause le principe même de l'imposition contestée ;
-Soit de modifier rétroactivement l'assiette ou le calcul de l'imposition ;
-Soit d'ouvrir un droit, par sa nature même à la restitution de tout ou partie d'une imposition qui, fondée dans son principe, était régulièrement établie et calculée.

Constituent ainsi des événements susceptibles de donner lieu à restitution :

-La publication d'un texte législatif ou réglementaire modifiant rétroactivement les règles d'imposition ;
-Une décision de justice fixant avec effet rétroactif, la véritable situation du contribuable ou la nature réelle d'un élément d'imposition ;
-Tout fait ouvrant par sa nature même, droit à restitution, notamment dans les cas spécialement visés par la loi.

- **Application :**

De ce chef et indépendamment des évènements propres à la situation personnelle du contribuable, les restitutions sont fréquemment effectuées en vertu du bénéfice d'un droit reconnu par une disposition législative ou réglementaire.

Il en est ainsi dans les cas suivants :

- *Restitution des droits perçus sur un acte produit en justice :*

Toutes les fois qu'une condamnation est rendue sur un acte enregistré, le jugement doit énoncer le montant des droits payés, la date et le lieu de paiement.

À défaut de ces indications et s'il s'agit d'un acte soumis à la formalité dans un délai déterminé, l'agent appelé à enregistrer le jugement doit percevoir les droits exigibles sur cet acte s'il n'a pas été enregistré dans son bureau, sauf restitution dans le délai prescrit, s'il est ensuite justifié de l'enregistrement antérieur dudit acte.

- *Restitution pour une cause d'annulation : résolution ou rescision d'un acte ou d'un contrat.*

Les droits perçus sont en principe restituables quand l'opération juridique taxée est anéantie rétroactivement par suite de sa résolution ou de son annulation. Cependant, en vue d'éviter essentiellement les fraudes, d'imposants tempéraments sont apportés dans ces deux hypothèses au principe de la restitution.

- *résolution :*

C'est un anéantissement de l'acte qui trouve sa cause dans un fait postérieur au contrat.

Ne sont pas restituables, les droits perçus sur des contrats résolus, même lorsque la résolution est prononcée par un jugement, par application des articles ci-après du Code Civil :

- Cf. article 1183 : accomplissement d'une condition résolutoire ;
- Cf. article 1184 : accomplissement de la condition résolutoire tacite, en vertu de laquelle un contrat synallagmatique est résolu quand l'une des parties ne satisfait point à son engagement ;
- Cf. article 954 à 958 : révocation des donations pour cause d'inexécution des conditions ou pour cause d'ingratitude ;
- Cf. article 1654 : résolution de la vente pour défaut du paiement du prix ;
- Cf. article 1659 : exercice de la faculté de rachat ou de réméré réservé au vendeur.

En définitive, la restitution n'est donc possible qu'en cas de résolution légale ou fortuite, ou en cas de force majeure qui ne dépendent pas de toute initiative des parties, à l'exclusion des cas de résolution conventionnelle ou susceptible de l'être.

À titre d'exemple : la résolution d'une donation pour cause de survenance d'un enfant ou la réduction d'une libéralité pour atteinte à la réserve.

- *Annulation :*

C'est un anéantissement de l'acte qui trouve sa cause dans un vice inhérent ou concomitant à cet acte.

En cas d'annulation d'un contrat, la restitution n'est permise que si cette annulation résulte d'un jugement ou arrêt passé en force de chose jugée.

Les annulations à l'amiable par lesquelles les parties reconnaissent elles-mêmes l'existence d'un vice qui entraîne la nullité de leur convention n'autorisent donc pas la restitution des droits perçus sur cette convention.

- *Restitution des droits perçus sur des cessions amiables en matière d'expropriation :*

Sont restituables des droits perçus sur des cessions à l'amiable faites antérieurement à la déclaration d'utilité publique s'il est justifié que les immeubles acquis sont visés par cette déclaration. La restitution ne peut s'appliquer qu'à la portion des immeubles reconnue nécessaire à l'exécution des travaux.

- *Restitution des droits de mutation par décès en cas de retour de l'absent (absence en droit civil) :*

Les droits de mutation par décès doivent être acquittés mais en cas de retour à l'absent, les droits payés sont restitués sous la seule déduction de celui auquel a donné lieu la jouissance des héritiers.

- *Autres hypothèses :*

Sont en outre restituables en tout ou partie, les droits perçus :

- Sur une déclaration de succession dont la dévolution a été modifiée par un partage postérieur pur et simple et devenu définitif ;

-Sur une licitation dans la mesure où le prix en est attribué au cohéritier adjudicataire par un partage postérieur ;

-Sur une vente d'immeuble ou de fonds de commerce ayant donné droit de préemption au Trésor.

- *Restitution d'office :*

Le Directeur Général des Impôts peut demander d'office le dégrèvement des impositions ou fractions d'impositions qui sont reconnues former surtaxe. /-

T. LE RÉGIME DES CONTRATS DE MARIAGE

Le contrat de mariage est un contrat que peuvent faire, avant leur mariage, les futurs époux pour fixer leur régime matrimonial et les principales clauses qu'il convient d'adopter.

Il contient essentiellement les conventions matrimoniales, mais il peut énumérer les rapports respectifs des époux et constater soit les libéralités que se font les époux entre eux, soit les constitutions de dot qui leur sont faites par les parents ou les étrangers.

1- Règles de forme, de publicité et de fond

A- Règles de forme et de publicité

- **Règles de forme :**

Le contrat de mariage est un acte solennel qui doit être passé devant Notaire. Celui-ci est à la fois le conseiller des futurs époux et de leur famille, et le gardien de leurs conventions. Le contrat est rédigé en minute et l'original demeure à l'étude du Notaire.

La présence des futurs époux et des personnes dont le consentement est requis est obligatoire. Jusqu'à la célébration du mariage, les parties peuvent apporter des modifications de ''contre-lettres''.

- **Règles de publicité :**

Le Notaire délivre aux futurs époux un certificat attestant qu'il a reçu leur contrat. Il en fait mention dans l'acte de mariage.

B- Règles de fond

- **La liberté des conventions matrimoniales :**

- Le principe :

L'article 1387 du Code Civil dispose que la loi ne régit l'association conjugale quant aux biens qu'à défaut de conventions spéciales que les époux peuvent faire comme ils le jugent à propos.

- Les restrictions :

Conformément au droit commun, il est interdit de stipuler des clauses contraires aux bonnes mœurs. Ainsi l'article 1388 du Code Civil interdit :

- Toutes les clauses dérogeant au devoir et au droit résultant du mariage pour les époux ;
- Les dérogations aux règles de l'autorité parentale, de l'administration légale ou de la tutelle ;

- Les clauses dérogeant à l'ordre légal des successions. Cf.art .1389 du Code Civil.

- **La capacité :**

La capacité nécessaire pour faire un contrat de mariage n'est pas la même que celle de droit commun. Ainsi, un mineur peut agir lui-même sans être représenté par son curateur. Il doit être assisté de personnes dont le consentement est requis pour le mariage.

2- Droits exigibles

Passé par-devant le Notaire, le contrat de mariage est obligatoirement soumis à l'Enregistrement, et quoique ces effets soient subordonnés à la célébration du mariage, il est immédiatement assujetti aux droits, sauf restitution ultérieure si le mariage n'est pas célébré.

A- Apports personnels des futurs époux

Les contrats de mariage constatant les apports personnels des futurs époux sont soumis à un droit proportionnel de 1 % assis sur le montant net des apports. Cf. articles 282 et 344 alinéa 6 du C.G.I.

Les contrats de mariage qui ne donnent pas ouverture au droit proportionnel sont soumis au droit fixe de 20 000 F CFA. Cf. articles 352 alinéas 2 et 545-b du C.G.I.

B- Donation par contrat de mariage

- **Donation par des tiers :**

- Donations actuelles :

Les donations faites aux futurs époux dans leur contrat de mariage sont suivant les règles applicables aux donations, soumises au droit de mutation à titre gratuit.

- Donation à cause de mort :

Les donations éventuelles consenties dans le contrat de mariage donnent ouverture au droit proportionnel.

Les mêmes règles s'appliquent à l'institution contractuelle, telle la « promesse d'égalité », clause par laquelle les pères et mères de l'un des époux s'engagent à donner à celui-ci dans leur succession une part égale à celle du plus prenant de leurs enfants.

- **Donation entre époux :**

Les donations actuelles que se font les conjoints au cours du mariage sont soumises au droit proportionnel bien qu'elles soient révocables.

Les donations à cause de mort sont assimilées au testament et assujetties à l'enregistrement dans les six mois du décès du donateur. /-

U. LE RÉGIME DES PARTAGES

Le partage est le contrat qui a pour objet de mettre fin à une indivision par la répartition des biens indivis entre les co-indivisaires.

Tous les actes répondant à cette définition sont soumis à des règles communes de taxation, comportant la perception d'un droit particulier, appelé droit de partage et, en outre, dans certains cas, le droit de mutation à titre onéreux appelé droit de soulte.

Cependant, certains d'entre eux, en raison de leur importance ou des particularités qu'ils présentent méritent une étude spéciale.

1- Règles communes à tous les partages

Le partage est pur et simple lorsque les biens indivis attribués à chaque copartageant sont d'une valeur égale au montant des droits de l'attributaire. L'acte qui le constate est soumis à un droit particulier appelé droit de partage.

Si le partage attribue à certains copartageants une portion de biens supérieure à leurs droits, le partage n'est plus pur et simple puisqu'il donne naissance à une mutation nouvelle se produisant des copartageants qui reçoivent moins que leurs droits à ceux qui perçoivent plus que leurs droits. Ceci donne droit à la perception du droit de mutation à titre onéreux appelé, comme on l'a dit plus haut, soulte.

A- Partages purs et simples

Les partages purs et simples rédigés par écrit de biens meubles et immeubles entre copropriétaires, cohéritiers et associés qui attribuent à chaque copartageant sa part dans les biens communs sont soumis sur le montant de l'actif net partagé à un droit de 1 %. Le faible taux de ce droit est justifié par le caractère déclaratif du partage.

- **Conditions d'exigibilité :**

L'exigibilité du droit de partage est subordonnée à trois conditions :

- *Existence d'un acte :*

Un partage verbal pur et simple n'est pas du fait de son caractère déclaratif soumis à la formalité. Celle-ci est au contraire obligatoire pour les actes constatant un partage de biens meubles ou immeubles, à quelque titre que ce soit.

- *Existence et justification d'une indivision :*

Lorsqu'il n'existe pas d'indivision, le prétendu partage opère un déplacement de propriété apparente et donne ouverture au droit de mutation. Il doit être justifié de l'indivision par tous les moyens compatibles avec la procédure écrite.

- *Existence d'un véritable partage :*

Il est nécessaire enfin que l'acte constitue un véritable partage, c'est-à-dire, transforme le droit abstrait et général de chaque copartageant sur la masse commune en droit exclusif sur les biens mis dans son lot.

Le droit de partage n'est donc perçu que sur l'acte qui contient une attribution nominative des biens indivis.

- **Assiette et liquidation du droit de partage :**

Le droit de partage est liquidé sur le montant de l'actif net partagé, c'est-à-dire sur le montant brut des valeurs indivises comprises dans le partage sous déduction des charges de l'indivision et le cas échéant des soultes.

La valeur taxable des biens partagés est leur valeur vénale réelle, cette règle s'applique notamment au droit d'usufruit et de nue-propriété. Si la valeur des biens n'est pas indiquée dans l'acte, les parties doivent fournir une déclaration estimative et détaillée.

La valeur à retenir est celle de la date du partage.

Il y a lieu de déduire toutes les dettes et charges qui grèvent l'actif brut : Passif chirographaire et hypothécaire, frais de partage, droits de mutation, legs particuliers, ce passif n'a pas à être justifié.

Lorsque le partage comporte des soultes, il convient également de déduire leur montant pour le calcul du droit de partage.

Si le partage est partiel c'est-à-dire ne porte que sur une partie des biens indivis, le droit n'est dû que sur cette fraction. Le passif n'est déductible de l'actif brut partagé que pour la fraction qui excède la valeur des biens laissés dans l'indivision.

B- Partages avec soulte

On appelle soulte ou retour, la somme que l'attributaire dont le lot est supérieur à sa part virile, doit verser aux autres copartageants pour rétablir l'équilibre. La soulte peut également résulter de l'inégale répartition du passif grevant la masse à partager.

Ainsi pour les partages des biens meubles et immeubles, comportant une soulte ou plus-value, le droit sur ce qui en est l'objet est perçu au taux fixé pour les ventes, au prorata, le cas échéant de la valeur respective des différents biens compris dans le lot grevé de la soulte ou de la plus-value. Pour calculer la plus-value, il faut toujours opérer sur l'actif brut.

- **Mode d'imputation de la soulte :**

Le taux du droit de soulte résulte de la nature des biens attribués aux copartageants dont le lot comporte une soulte ou une plus-value.

Lorsque tous les biens attribués à ce copartageant sont de même nature, le droit de mutation à titre onéreux est naturellement perçu au tarif prévu pour ces biens.

Mais quand lesdits biens attribués sont de diverses natures, il est nécessaire de régler l'imputation de la soulte, c'est-à-dire de déterminer les biens dont la soulte forme le prix et qui doivent être soumis au droit de mutation. La soulte doit alors être répartie entre les différents biens compris dans le lot qui est grevé proportionnellement à leur valeur respective et le droit de mutation perçu en conséquence.

Il en est ainsi, quelle que soit l'imputation que les parties ont pu elles-mêmes prévoir dans l'acte.

- **Règles particulières :**

Sous réserve de l'application du principe de l'imputation proportionnelle, les règles de perception du droit de soulte sont celles prévues pour la vente des biens sur lesquels la soulte s'impute.

Quelques règles ou difficultés particulières doivent toutefois être signalées :

- *Soulte imputable sur du numéraire :*

Cette soulte ne donne ouverture à aucun droit.

- *Soulte imputable sur les immeubles et fonds de commerce :*

Le droit d'enregistrement est exigible dans les mêmes conditions qu'au cas de vente. Les marchandises neuves dépendant d'un fonds de commerce peuvent bénéficier du tarif réduit du droit de cession de fonds dès lors qu'elles sont détaillées et estimées article par article dans un état dont trois exemplaires sont déposés et qu'elles échoient à l'attributaire des autres éléments du fonds.

- *Soulte imputable sur des rapports :*

Lorsqu'une soulte est stipulée au profit d'un copartageant qui effectue le rapport, en moins prenant ou en nature, cette soulte peut s'imputer sur le montant du rapport sans donner lieu à aucun droit. L'opération équivaut, en effet, à l'attribution du rapport au créancier de la soulte, de sorte qu'on peut considérer qu'il y a partage pur et simple.

- *Valeurs ne se trouvant plus dans l'indivision lors du partage :*

La soulte ne saurait s'imputer sur des biens de cette nature, par exemple les valeurs partagées antérieurement à l'amiable.

- **Déduction des soultes pour les liquidations du droit de partage :**

L'attribution des biens sur lesquels s'impute la soulte ou la plus-value si elle est supérieure à la soulte ne saurait être considérée comme résultant à la fois d'une vente et d'un partage.

Le montant de la soulte ou de la plus-value doit être réduit de l'actif partagé pour la perception du droit de partage. Il en est d'ailleurs ainsi même quand la soulte ne donne ouverture à aucun droit de mutation.

Cependant quand la soulte provient d'une inégale répartition du passif, il y a lieu de retrancher seulement le passif et non déduire à la fois son montant et l'intégralité du passif.

2- Règles spéciales à certains partages

A- Partages de communauté

- **Assiette du droit de partage :**

Le droit de partage est liquidé, dans les conditions habituelles, sur l'actif net partagé.

Cet actif comprend notamment les récompenses dues à la communauté par les époux. Mais il y a lieu, pour la perception, de compenser les reprises en derniers et les récompenses de chaque époux distinctement et de n'ajouter aux biens communs que l'excédent de ces dernières.

Si les époux ont au contraire un excédent de reprises en deniers à exercer, cet excédent ne peut être déduit et le droit de partage est exigible, à l'exclusion de tout autre droit, sur les biens de communauté prélevés en paiement par les conjoints. Dans leurs rapports personnels, les époux effectuent en effet ce prélèvement en qualité de copartageants.

La reprise des biens propres en nature ne rend exigible aucun droit, pas même celui de partage car aucune indivision n'existe pour ces biens.

- **Hypothèses particulières :**

L'attribution de tout l'actif commun à la femme acceptante (ou à ses héritiers) en paiement de ses reprises constitue, en l'absence d'indivision, non un partage mais une simple liquidation soumise au droit fixe.

En toute hypothèse, si les reprises de la femme ou du mari sont payées au moyen de l'abandon de biens, autre que du numéraire, propres à l'autre époux, il y a dation en paiement soumise au droit de mutation à titre onéreux d'après la nature desdits biens : il y aurait une simple opération de partage, toutefois, si l'attributaire possédait des droits indivis (en tant que successeur, par exemple) sur les biens à lui remis.

B- Actes constatant le partage de la communauté et celui de la succession du conjoint prédécédé :

Le droit de partage ne peut naturellement être réclamé, dans ce cas, à la fois sur l'actif commun et sur l'actif successoral qui comprend la part du défunt dans les biens communs.

Il n'est perçu que sur la valeur nette des biens réels de communauté et de biens propres de succession augmentée, le cas échéant, de l'excédent de récompense dû par l'époux survivant (l'excédent de récompense qui pourrait être dû par le défunt constituant en même temps qu'en actif de communauté un passif de succession, il n'y a pas lieu d'en tenir compte).

C- Partages judiciaires :

Les partages qui sont subordonnés à l'homologation du tribunal ne sont assujettis lors de leur Enregistrement qu'au droit fixe.

Les droits de partage et de soulte ne sont exigibles que sur le jugement d'homologation ou, si celui-ci renvoie devant un notaire commis pour le tirage au sort des lots, sur le procès-verbal de tirage au sort.

D- Partages testamentaires :

Le partage testamentaire ou testament-partage est soumis aux mêmes droits que le partage ordinaire : Droit de partage sur l'actif net partagé : le cas échéant, droit de soulte liquidé suivant la règle d'imputation proportionnelle.

L'enregistrement de cet acte n'est obligatoire qu'après le décès de l'ascendant et le délai pour y procéder est celui prévu pour les testaments.

Les droits compris au partage testamentaire sont naturellement assujettis aux droits de succession dans les conditions habituelles après le décès du testateur. /-

Cinquième partie :

LA CONTRIBUTION DU TIMBRE

V. LE RÉGIME DE LA DÉTERMINATION DE LA PUISSANCE ADMINISTRATIVE, DES DROITS DE TIMBRE SUR CARTES GRISES ET DES DROITS DE TIMBRE SUR LES AUTOMOBILES

W. LE RÉGIME DU TIMBRE D'AÉROPORT

X. LE RÉGIME DU TIMBRE SUR LA PUBLICITÉ

Y. LE RÉGIME DU TIMBRE SUR LES CONNAISSEMENTS

V. LE RÉGIME DE LA DÉTERMINATION DE LA PUISSANCE ADMINISTRATIVE, DES DROITS DE TIMBRE SUR CARTES GRISES ET DES DROITS DE TIMBRE SUR LES AUTOMOBILES

1- Détermination de la puissance administrative

Il est communément admis qu'il existe deux types de véhicules automobiles :

-les véhicules de tourisme ;
-les véhicules utilitaires.

Par véhicule de tourisme s'entendent les berlines, les breaks, les limousines, les cabriolets ; en somme les véhicules dont la charge utile est inférieure à 1000 kilogrammes.

Par véhicule utilitaire s'entendent les camionnettes, les fourgons, les pick-up, les bennes, les camions, les autobus ; en somme les véhicules dont la charge utile est supérieure à 1000 kilogrammes.

La conversion de la puissance administrative diffère non seulement du type de véhicule mais également de la nature du carburant.

A- Formules de conversion des véhicules de tourisme

Les calculs sont faits sur la base de la fiche d'identification S.G.S. La rubrique N° 12 de l'identification physique fait ressortir le nombre de cylindrées. La rubrique N° 13 de l'identification physique fait ressortir le type d'énergie qu'utilise le véhicule. À savoir s'il est à essence ou à gasoil.

En ce qui concerne les véhicules de tourisme à essence, la formule de conversion est la suivante :

$$\frac{(\text{Nombre de cylindrées} \times 5{,}73)}{1000} + 0{,}5 = \text{Puissance administrative}$$

En ce qui concerne les véhicules de tourisme diesel, la formule de conversion est la suivante :

$$\frac{(\text{nombre de cylindrées} \times 4{,}01)}{1000} + 0{,}5 = \text{Puissance administrative}$$

B- Formules de conversion des véhicules utilitaires

À l'instar des véhicules de tourisme, les calculs sont effectués sur la base de la fiche d'identification S.G.S. Toutefois, les camions et les autobus ont une formule spécifique.

En ce qui concerne les véhicules utilitaires à essence autre que les camions et les autobus, la formule de conversion est la suivante :

$$\left(\frac{\text{nombre de cylindrées x 4,77}}{1000}\right) + 0{,}5 = \text{Puissance administrative}$$

En ce qui concerne les véhicules utilitaires diesel autres que les camions et les autobus, la formule de conversion est la suivante :

$$\left(\frac{\text{nombre de cylindrées x 3,34}}{1000}\right) + 0{,}5 = \text{Puissance administrative}$$

Enfin, précisons qu'il n'existe pas de version essence afférente aux camions et aux autobus. La formule de conversion conforme à la version diesel est la suivante :

$$\left(\frac{\text{nombre de cylindrées x 2,67}}{1000}\right) + 0{,}5 = \text{Puissance administrative}$$

2- Droits de timbre sur cartes grises

L'article 466 du C.G.I. dispose que : « Les cartes grises des véhicules automobiles et autres véhicules à moteur et leurs duplicata donnent lieu à la perception d'un droit de timbre ».

À l'article 551du C.G.I. de préciser les tarifs suivants :

- 3 000 F CFA par cheval-vapeur pour les véhicules de tourisme ;
- 1 000 F CFA par cheval-vapeur pour les véhicules utilitaires.

Il ressort de l'article 552 du C.G.I. que le droit de timbre prévu à l'article 551 du C.G.I. est perçu en même temps que les droits de douane pour les véhicules importés sous le régime de mise à la consommation.

3- Droits de timbre sur les automobiles (Vignette)

La tarification des droits de timbre automobile est fixée de la manière suivante conformément aux dispositions de l'article 597 du C.G.I. :

- Motocyclettes	2 000 F CFA
-Motocyclettes à trois roues	5 000 F CFA
- Véhicules de 2 à 7 CV	15 000 F CFA
- Véhicules de 8 à 13 CV	25 000 F CFA
- Véhicules de 14 à 20 CV	50 000 F CFA
Au-delà de 20 CV	100 000 F CFA

À l'article 598 du C.G.I. de préciser que : « Le droit de timbre est exigible au premier jour de la période d'imposition, de la mise en circulation au Cameroun ou de la cessation d'une exonération. Pour les véhicules importés sous le régime de la mise à la consommation, la vignette automobile est acquittée en même temps que les droits de douane ».

La Loi de Finances de l'exercice 2015 dispose que :

« -le droit de timbre automobile est collecté par les compagnies d'assurance au moment de la souscription de la police d'assurance responsabilité civile.

Les compagnies d'assurance prélèvent le droit de timbre au tarif visé à l'article 597 ci-dessus dès le premier paiement de la prime d'assurance au cours de l'année, que ce paiement soit partiel ou total.

Le droit de timbre automobile collecté est reversé auprès du Receveur du centre des impôts de rattachement de la compagnie d'assurance au plus tard le 15 du mois suivant celui du paiement par l'assuré.

- Les règles d'assiette, de contrôle, de recouvrement, de contentieux ainsi que les obligations générales et les sanctions applicables en matière de droit de timbre automobile sont celles prévues par le Livre des Procédures fiscales.
- Les nouvelles modalités de collecte du droit de timbre automobile s'appliquent à compter du 1er janvier 2017 ».

L'article 601 de la Loi de Finances de l'exercice 2016 dispose que :

« 1-La non-justification de l'acquittement du droit de timbre automobile aux agents chargés du contrôle constitue une contravention de deuxième classe et est punie par l'article 362 (b) du Code pénal.

2-Le défaut de paiement du droit de timbre automobile dûment constaté constitue une contravention de 3e classe prévue et réprimée par l'article 362 (c) du Code pénal.

En plus de l'amende pénale prévue à l'alinéa (1) ci-dessus, il est dû par le propriétaire du véhicule, outre le montant du droit simple du droit de timbre automobile exigible, un droit en sus à titre de pénalité ».

À l'article 602 de la Loi de Finances de l'exercice 2016 de renchérir que :

> « -Sont spécialement chargés de constater les infractions prévues à l'article 601 ci-dessus, outre les agents de la Direction Générale des Impôts dûment commissionnés à cet effet, les agents des compagnies d'assurance en relation avec l'Administration fiscale et tous les agents habilités à verbaliser en matière de police de roulage ».

Les exonérations des droits de timbre automobile sont visées à l'article 595 du C.G.I. Elles sont les suivantes :

- les engins sans moteur à deux ou trois roues ;
- les véhicules dont les propriétaires bénéficient du privilège diplomatique ou consulaire ou qui font l'objet d'une admission en franchise d'impôts ;
- les véhicules d'essais immatriculés « WG » ;
- les véhicules appartenant à l'État et aux Communes ;
- les véhicules mis à la disposition du gouvernement par les organismes internationaux ;
- les engins spéciaux immatriculés « CE » ;
- les engins spéciaux utilisés par les infirmes et les mutilés ;
- les véhicules immatriculés à l'étranger dont les propriétaires ont un passeport avec un visa touristique pour une durée égale ou inférieure à 3 mois ou d'une autorisation de circuler sur le territoire camerounais pour une durée égale ou inférieure à 3 mois délivrée par le service de la circulation routière./-

1er exemple d'application :

Il ressort de la rubrique N° 12 de la fiche d'identification S.G.S. la référence suivante : 2 E 1295. À la lecture de la rubrique N° 13, il est mentionné qu'il s'agit d'une version essence.

En outre, il est précisé qu'il est question d'un véhicule de tourisme.

- Quelle est la puissance administrative (P.A.) de ce véhicule ?
- Quel sera le montant à acquitter au titre des droits de timbre sur carte grise ?
- Quel sera le tarif des droits de timbre automobile ?

Liquidation :

- Puissance administrative : $\frac{(1295 \times 5,73)}{1000} + 0,5 = 7,920\ 35$

P.A.= 7 CV

- Droits de timbre sur carte grise : 3 000 F CFA x 7 = 21 000 F CFA
- Droits de timbre automobile : 15 000 F CFA

2ème exemple d'application :

Il ressort de la rubrique N° 12 de la fiche d'identification S.G.S. la référence suivante : 2 D 3800. À la lecture de la rubrique N° 13, il est mentionné qu'il s'agit d'une version diesel.

En outre, il est précisé qu'il est question d'un véhicule de tourisme.

- Quelle est la puissance administrative (P.A.) de ce véhicule ?
- Quel sera le montant à acquitter au titre des droits de timbre sur carte grise ?
- Quel sera le tarif des droits de timbre automobile ?

Liquidation :

- Puissance administrative : $\frac{(3800 \times 4,01)}{1000} + 0,5 = 15,738$

P.A. = 15 CV

- Droits de timbre sur carte grise : 3 000 F CFA x 15 = 45 000 F CFA
- Droits de timbre automobile : 50 000 F CFA

3ème exemple d'application :

Il ressort de la rubrique N° 12 de la fiche d'identification S.G.S. la référence suivante : 2 E 4395. À la lecture de la rubrique N° 13, il est mentionné qu'il s'agit d'une version essence.

En outre, il est précisé qu'il est question d'une camionnette.

- Quelle est la puissance administrative (P.A.) de ce véhicule ?
- Quel sera le montant à acquitter au titre des droits de timbre sur carte grise ?
- Quel sera le tarif des droits de timbre automobile ?

Liquidation :

- Puissance administrative : $\frac{(4395 \times 4,77)}{1000} + 0,5 = 21,464\ 15$

P.A. = 21 CV

- Droits de timbre sur carte grise : 1 000 F CFA x 21 = 21 000 F CFA
- Droits de timbre automobile : 100 000 F CFA

4ème exemple d'application :

Il ressort de la rubrique N° 12 de la fiche d'identification S.G.S. la référence suivante : 2 D 5175. À la lecture de la rubrique N° 13 il est mentionné qu'il s'agit d'une version diesel.

En outre, il est précisé qu'il est question d'un minibus.

- Quelle est la puissance administrative (P.A.) de ce véhicule ?
- Quel sera le montant à acquitter au titre des droits de timbre sur carte grise ?
- Quel sera le tarif des droits de timbre automobile ?

Liquidation :

- Puissance administrative : $\frac{(5175 \times 3,34)}{1000} + 0,5 = 17,7845$

P.A. = 17 CV

- Droits de timbre sur carte grise : 1 000 F CFA x 17 = 17 000 F CFA
- Droits de timbre automobile : 50 000 F CFA

5ème exemple d'application :

Il ressort de la rubrique N° 12 de la fiche d'identification S.G.S. la référence suivante : 2 E 13 185.

En outre, il est précisé qu'il s'agit d'un autobus.

- Quelle est la puissance administrative (P.A.) de ce véhicule ?
- Quel sera le montant à acquitter au titre des droits de timbre sur carte grise ?
- Quel sera le tarif des droits de timbre automobile ?

Liquidation :

- Puissance administrative $\frac{13185 \times 2,67}{1000} + 0,5 = 35,703\ 95$

P.A. = 35 CV
- Droits de timbre sur carte grise : 1 000 F CFA x 35 = 35 000 F CFA
- Droits de timbre automobile : 100 000 F CFA./-

W. LE RÉGIME DU TIMBRE D'AÉROPORT

Le droit de timbre d'aéroport a été institué pour la première fois au Cameroun par l'ordonnance N° 91/003 du 22 février 1991. Ladite ordonnance a été matérialisée par la circulaire N° 007/C/MINFI/,ETC/SDEL du 16 août 1991. Le timbre d'aéroport est régi par les articles qui vont de 605 à 608 du C.G.I.

1- Fait générateur et exigibilité

Le fait générateur du timbre d'aéroport est le voyage par avion à partir d'un aéroport situé sur le territoire national. En effet, l'article 605 du C.G.I dispose que : « il est institué un droit de timbre d'aéroport pour tous les vols commerciaux à partir du territoire camerounais ». La notion des vols commerciaux est déterminante parce qu'elle exclut du champ d'application les vols effectués par le truchement des avions militaires.

L'exigibilité du droit de timbre d'aéroport prend effet à partir de la consommation effective du voyage. En d'autres termes, le droit de timbre est redevable dès que le passager est enregistré à l'aéroport d'embarquement. La consommation effective du voyage n'est pas à confondre avec l'acquisition du billet d'avion.

Il mérite d'être souligné que la notion de territorialité revêt une importance capitale parce qu'elle circonscrit dans le cadre national tant le fait générateur que l'exigibilité.

2- Tarif

Le droit de timbre d'aéroport est fixé à 10 000 F CFA par personne et par voyage pour les vols internationaux ; il est de 1000 F CFA par personne et par voyage pour les vols intérieurs. Ce tarif n'est guère discriminatoire puisqu'il demeure identique tant pour les nationaux que pour les étrangers.

Le tarif du droit de timbre d'aéroport est visé à l'article 607 du C.G.I.

3- Mode de perception

- L'ancien mode de perception

Le paiement du droit de timbre d'aéroport était acquis dès l'apposition d'un timbre de 10 000 F CFA ou de 1000 F CFA selon le cas sur la carte d'embarquement. Ce timbre était oblitéré par les services d'émi-immigration avant l'embarquement. Au demeurant, seule l'apposition du timbre sur la carte d'embarquement certifiait l'acquittement du timbre d'aéroport. Avant, il était mobile, ensuite il était devenu à l'extraordinaire c'est-à-dire fait par la machine.

La circulaire du 16 août 1991 faisait ressortir que : ''pour les besoins du contrôle fiscal exercé a posteriori, le timbrage doit être effectué sur la carte d'embarquement dans la partie du coupon retenue par les compagnies aériennes au bas de la passerelle. En outre, il est prescrit aux responsables locaux des impôts de procéder à un pointage par décades, en l'occurrence tous les dix (10) jours, afin de s'assurer non seulement que le timbrage a été effectif sur les coupons mais également que l'oblitération a été effectuée par les services d'émi-immigration''.

- Le nouveau mode de perception

L'article 607 alinéas 3 et 4 de la Loi de Finances de l'exercice 2015 fait ressortir que :

« -le droit de timbre d'aéroport est collecté par les compagnies aériennes au moment de l'achat du titre de transport, et reversé auprès du Receveur des impôts de rattachement au plus tard le 15 du mois suivant.

-les compagnies aériennes n'ayant pas d'établissement stable au Cameroun sont tenues de désigner un représentant solvable accrédité auprès de l'Administration fiscale pour le reversement desdits droits. »

4- Exonérations :

Les enfants non-détenteurs de passeport individuel sont exonérés de ce droit de timbre. Il en est de même des membres de missions diplomatiques sous réserve de réciprocité, et dans les conditions définies par voie réglementaire. Ces exonérations sont retracées à l'article 608 du C.G.I.

La Loi de Finances de l'exercice 2015 dispose que :''le droit de timbre ne s'applique pas aux membres de l'équipage, au personnel de bord, ainsi qu'aux passagers en transit direct''.

Les exonérations concernent également tous les passagers en transit d'escale même s'ils sortent de l'aéroport ainsi que les passagers à la charge des compagnies aériennes.

Enfin, la circulaire du 16 août 1991 énonce que le droit de timbre d'aéroport n'est pas exigible « aux passagers venant de l'étranger et se trouvant en correspondance dans un aéroport camerounais en vue de voyager au moyen d'un vol intérieur. Dans le même ordre d'idées, l'exonération est accordée aux passagers venant de l'étranger, utilisant un vol intérieur pour se rendre à un aéroport camerounais en vue d'établir une correspondance avec un vol international.

Les exonérations concernent également tous les passagers en transit d'escale même s'ils sortent de l'aéroport ainsi que les passagers à la charge des compagnies aériennes »./-

X. LE RÉGIME DU TIMBRE SUR LA PUBLICITÉ

La publicité est définie comme un ensemble de moyens utilisés ou mis en œuvre à travers des supports pour faire connaître une entreprise ou en vue d'inciter le public à l'achat ou à la consommation d'un produit ou d'un service.

1- Convention de régie d'affichage routier du 27.10.1981

Le 27 octobre 1981, une convention a été signée entre la République du Cameroun et la Cameroon-Publi-Expansion. Les principaux articles de cette convention sont les suivants :

- L'article 1er confie à la Cameroon-Publi-Expansion, dénommé régisseur, le droit exclusif d'exploitation de l'affichage publicitaire sur les routes nationales et départementales.
- L'article 2 dispose que l'affichage publicitaire signifie implantation de tout support publicitaire : panneaux, affichages temporaires, enseignes, banderoles, etc.
- Les articles 3 et 4 disposent que Cameroon-Publi-Expansion est responsable des droits de timbre sur la publicité.

À présent, cette convention est obsolète et d'autres régisseurs tels que MEDIA-PLUS, AGENCE-PUBLIC, SPECTRUM, TENDANCES, MEDIA-COM, GLOBAL-OUTDOOR, sont solidement implantés sur le marché à telle enseigne que Cameroon-Publi-Expansion n'est plus en situation de monopole.

2- Loi régissant la publicité au Cameroun

Le 23 novembre 1988, l'Assemblée Nationale a délibéré en sa séance plénière le projet de loi N° 368/PJL/AN dont les articles qui en constituent le noyau sont les suivants :

L'article 3 dispose que les principaux supports publicitaires utilisés au Cameroun sont :

- La radiodiffusion ;
- La télévision ;
- Le cinéma ;
- La presse écrite ;
- L'affichage ;
- Les enseignes lumineuses ;
- Les voitures publicitaires ou tout autre procédé analogue ;
- Tout autre support créé du fait du progrès de la science et de la technologie moderne.

L'article 4 dispose que la profession publicitaire s'exerce dans le cadre :

- Des agences-conseils en publicité ;
- Des agences de régie de publicité ;
- Des courtiers en publicité.

Une agence-conseil en publicité est une société agréée assumant des fonctions spécifiques, notamment :

- ✓ L'utilisation des méthodes de marketing ainsi que des stratégies publicitaires globales basées sur les objectifs marketing de l'annonceur ;
- ✓ La recherche des moyens graphiques, rédactionnels et audiovisuels devant permettre à une entreprise de traduire en termes publicitaires ses objectifs commerciaux ;
- ✓ L'élaboration des plans média à transmettre aux sociétés ou aux structures de régie.

Une régie de publicité :

- ✓ Est une structure professionnelle chargée d'assurer la commercialisation des espaces publicitaires d'un support publicitaire ;
- ✓ Élabore les techniques qu'elle transmet au support ;
- ✓ Représente le support auprès de ses clients et peut utiliser à cette fin des courtiers et des démarcheurs en publicité.

Le courtier ou le démarcheur est un collaborateur d'une agence de régie de publicité rémunéré à la commission. Il doit être titulaire d'une carte professionnelle délivrée par les autorités compétentes dans les conditions fixées par voie réglementaire.

- L'article 9 dispose qu'est considéré comme affichage publicitaire tout tract ou prospectus, tout imprimé, tout caisson lumineux ou tout autocollant apposé sur des supports situés aux abords des routes.

- L'article 10 dispose que l'exercice de la profession de publicité s'effectue dans le cadre des lois et règlements régissant l'activité commerciale en République du Cameroun, et est soumise à une autorisation administrative préalable dont les modalités d'obtention et de retrait sont fixées par voie réglementaire.

3-Tarif du timbre sur la publicité

L'article 591 alinéa 1 du C.G.I. dispose que : « Le droit de timbre est perçu au taux de 3 % du coût facturé de la publicité pour chaque support, qu'il soit imprimé localement ou importé à l'exclusion de la publicité par véhicule automobile. »

L'alinéa 2 du même article dispose que : « pour la publicité par véhicule automobile, le droit de timbre est fixé à 30 000 frs par mois et par véhicule avec diffuseur. Ce droit est de 20 000 frs par mois et par véhicule sans diffuseur ».

S'agissant de la publicité sur les tabacs et les boissons alcoolisées, le droit de timbre est perçu au taux de 10 %. /-

Y. LE RÉGIME DU TIMBRE SUR LES CONNAISSEMENTS

Le connaissement est un contrat de transport fluvial ou maritime conclu entre l'acconier dénommé également chargeur et le propriétaire du navire-transporteur en d'autres termes l'armateur.

Le connaissement doit faire ressortir les noms et adresses du chargeur, du capitaine et du destinataire, le nom et le tonnage du navire, la nature, les marques et numéros des colis, le prix du fret, la durée probable du transport.

Le connaissement peut être à ordre, ou au porteur, ou à personne dénommée (Cf. article 281, Code du Commerce).

Le connaissement est établi en quatre exemplaires destinés à l'armateur, au chargeur, au capitaine et au destinataire. (Cf. article 283, code du Commerce).

1- Droits de timbre

A- Assiette-tarif-perception

Les articles 469 du C.G.I disposent que :

« Les connaissements établis à l'occasion d'un transport fluvial ou maritime sont assujettis à un droit de timbre quel que soit le nombre d'exemplaires établis ».

Ce droit est perçu sur état dans le premier mois de chaque trimestre pour les connaissements établis au cours du trimestre précédent.

L'article 555 du C.G.I. dispose : « le timbre de connaissement est de 15 000 francs par connaissement, quel que soit le nombre d'exemplaires ».

B- Pénalités et Amendes

L'article 496 du C.G.I. dispose que : « Toute infraction à la réglementation sur le timbre est passible d'une pénalité d'un droit en sus avec un minimum de deux mille (2000) F CFA ».

Les amendes sont visées aux articles 476 et 497 du C.G.I. En effet, l'article 476 du C.G.I. dispose que : « le timbre ou le papier timbré qui a été employé à un acte quelconque ne peut servir pour un autre acte, quand bien même le papier n'aurait pas été achevé ».

À l'article 497 d'ajouter que : « toute infraction à l'article 476 ci-dessus est passible d'une amende égale au centuple de la valeur des timbres ayant déjà servi avec un minimum de 10 000 F CFA ». Ce qui voudrait dire que tout contribuable qui insèrerait un acquittement de droit de timbre non conforme au dossier de déclaration à l'import dans l'optique de frauder sera passible d'une amende de 1 500 000 F CFA à savoir 15 000 F CFA multiplié par 100.

C- Mode de versement

L'article 542 du C.G.I. dispose que : « les droits de timbre sur les connaissements et les contrats de transport ainsi que sur la publicité, sont versés ou acquittés à la caisse du Receveur des Impôts territorialement compétent dans les quinze (15) jours ouvrables du mois qui suit celui au cours duquel l'opération taxable est intervenue ».

2- Obligations des redevables

Les documents de comptabilité et autres pièces nécessaires pour effectuer la vérification doivent être conservés par les redevables pendant cinq (5) ans. En effet, l'article 334 alinéa 1 du C.G.I. dispose que : « après le dernier jour du délai de cinq (5) ans réglementaires dans chaque État pour la prescription des créances de l'État à compter du jour de l'enregistrement d'un acte ou autre document ou d'une déclaration qui révèle suffisamment l'exigibilité de ces droits sans qu'il soit nécessaire de recourir à des recherches ultérieures ».

Les transitaires, les compagnies maritimes, les particuliers ont intérêt à tenir un registre des connaissements venant de l'étranger, ainsi, ils n'auront qu'à reporter les totaux mensuels de leur registre sur la déclaration.

3- Dispositions spéciales relatives aux connaissements venant de l'étranger :

Lorsqu'il n'y a pas de conventions fiscales entre le Cameroun et les États étrangers, les connaissements provenant de ces États dont il est fait usage au Cameroun, sont soumis au droit de timbre de 15 000 F CFA.

Dans les conventions fiscales établies entre le Cameroun et les États étrangers, il est précisé que : « tout acte, jugement ou effet dont il est fait usage dans un État doit être timbré au tarif en vigueur dans cet État, sauf à imputer éventuellement les droits de timbre perçus dans l'autre État ». Ceci, dans le but d'éviter les doubles impositions.

En conséquence, les connaissements provenant d'un État étranger avec lequel le Cameroun a établi une convention fiscale sont en principe assujettis au droit de timbre de 15 000 F CFA, mais en sont exonérés lorsque ce droit a été perçu dans l'État de provenance à un montant égal ou supérieur, dans le cas contraire, un droit complémentaire sera perçu.

Pour clore, notons que les marchandises qui ont fait l'objet de connaissement n'auront plus à supporter d'autres droits de timbre à l'occasion de leur livraison au client destinataire. /-

Sixième partie :

LA CONTRIBUTION DE LA CURATELLE

Z. LE RÉGIME DE LA CURATELLE

Z. LE RÉGIME DE LA CURATELLE

La curatelle est une circonstance au travers de laquelle l'État hérite des personnes n'ayant ni parents ni conjoint. À la lecture de cette définition, nous allons observer cinq points :

- Les dispositions du décret N° 2003/165 DU 30 du 30 juin 2003 ;
- La signification d'un bien sans maître et d'un curateur ;
- La gestion d'un bien sans maître, la rémunération et du comptable public ;
- Les attributions du curateur ;
- Le travail technique du curateur.

1- Dispositions du décret N° 2003/165 du 30 juin 2003

L'article 305 du décret susmentionné dispose que : « Placé sous l'autorité d'un chef de service, le service de la curatelle, des saisies et des biens vacants est chargé :

- De la recherche et du contrôle des biens vacants et des successions ;
- De la collecte et du traitement comptable des données de la curatelle, des saisies et des confiscations ;
- De la gestion des successions, des biens vacants, des biens saisis des comptables publics et biens confisqués.

Il comprend :

- Le bureau de la curatelle ;
- Le bureau des saisies et des confiscations ;
- Le bureau des successions et des biens vacants.

2- Signification d'un bien sans maître et d'un Curateur

- **Signification d'un bien sans maître :**

L'article 768 du Code Civil dispose que : « À défaut de parents au degré successible et de conjoint survivant, la succession est dévolue à l'État, sauf bien entendu, indication contraire du défunt, manifesté dans un testament ».

À cet effet, un bien est réputé sans maître à chaque fois qu'après le décès du propriétaire, aucun survivant ayant qualité ne se présente pour en prendre possession. Il y a donc succession vacante lorsque ne se présente ni héritier, ni légataire, ni exécuteur testamentaire.

Peut se prévaloir héritier, un parent du défunt par le sang et non par alliance.

Pour être légataire, il faut être bénéficiaire d'une succession par testament.

L'exécuteur testamentaire est une personne de confiance nommée par le défunt pour gérer sa succession.

- **Signification d'un Curateur :**

L'article 811 du Code Civil dispose que : « L'appropriation par l'État d'une succession est généralement précédée de la nomination d'un Curateur à succession vacante ».

À ce titre, le Curateur est une personne désignée par l'État pour gérer provisoirement un bien sans maître. Les biens déclarés sans maître sont exclusivement confiés à l'Administration des Impôts qui exerce par l'intermédiaire de ses Agents les fonctions de Curateur d'office ou d'Administrateur provisoire. À cet effet, l'article 498 du C.G.I. dispose que : « sur le territoire de chaque État membre de la Communauté, la gestion des successions non réclamées et la curatelle des successions vacantes et des biens déclarés sans maître sont exclusivement confiées à l'Administration des Impôts qui exerce par l'intermédiaire de ses agents les fonctions du curateur d'office ou d'administrateur provisoire ».

À l'article 499 d'ajouter que : « les fonctions de curateur d'office ou d'administrateur provisoire consistent à régir et à administrer les biens dépendant de toutes les successions vacantes et les biens sans maître.

À cet effet, les agents qui exercent des fonctions à titre de mandataires légaux administrent et gèrent les biens meubles et immeubles qui leur sont confiés de manière à assurer leur conservation et leur rentabilité dans les meilleures conditions possibles jusqu'à la remise de ces biens soit au domaine de l'État, soit aux héritiers qui se feraient connaître postérieurement ».

3- Gestion d'un bien sans maître, Rémunération du Curateur et celle du Comptable Public :

- **Gestion d'un bien sans maître :**

Le Curateur a tous les pouvoirs d'un mandataire légal et n'est responsable que des fautes lourdes commises dans la gestion des biens gérés.

À la lecture de l'article 501 du Code Général des Impôts :

« Le Curateur est tenu d'exercer sa fonction en bon père de famille notamment en :

- tenant la main à l'exécution entière des clauses des contrats ;
- faisant conserver les bois ;

- entretenant les terres, le cheptel, bâtiments, meubles, outils, ou tous autres objets portés dans les procès-verbaux d'inventaires ;
- encaissant toutes sommes et valeurs dépendant de la succession ;
- engageant toutes les poursuites, contraintes et diligences nécessaires contre les débiteurs des successions vacantes et détenteurs illégaux des biens sans maître ;
- tenant la comptabilité de leur gestion ;
- informant régulièrement le conseil de curatelle et en rendant compte de leur gestion devant le tribunal ».

On parle de faute lourde lorsque le Curateur agit sans autorisation du conseil de curatelle (Cf. article 504 du Code Général des Impôts). Pour mémoire, le conseil de curatelle est un organe constitué au moins de trois membres, dont le Président du tribunal ; un Magistrat et un représentant de l'Administration. Ce conseil de curatelle doit exister dans chaque circonscription judiciaire où se trouve un centre des impôts. (Cf. article 522 du Code Général des Impôts)

- **Rémunération du Curateur :**

Aux termes de l'article 507 du Code Général des Impôts, « il est alloué au Curateur une rémunération dont le taux est fixé par chaque État membre de la communauté ». À la lecture de la note N° 63/NG/DET du11 mars 1965 de la Direction de l'Enregistrement et du Timbre, le Curateur perçoit pour son activité des primes au taux de 1,50 % sur les recettes et dépenses. À la fin de la gestion d'une succession vacante, il perçoit 5 % sur le reliquat.

En outre, il doit reverser 50 % des primes perçues au Directeur de l'Enregistrement et du Timbre, à présent, Directeur Général des Impôts.

- **Rémunération du Comptable Public :**

Aux termes de l'article 507 du Code Général des Impôts, les débours et la rémunération tant du Comptable Public que du Curateur constituent des dettes privilégiées de la succession au même titre que les frais de justice. Rappelons qu'à la lumière de la note N° 63/NG/DET du 11 mars 1965, les primes du Comptable Public primitivement appelé Trésorier Central sont de 0,5 % des sommes encaissées au titre de la succession vacante. Il mérite d'être souligné que la même note fait ressortir l'ordre des créances privilégiées à payer intégralement :

- Frais de justice ;
- Frais funéraires ;
- Frais de dernière maladie ;
- Salaires.

4- Attributions du Curateur

Le Curateur, dès qu'il apprend qu'une succession est présumée vacante doit solliciter du Tribunal l'envoi « en possession provisoire de la succession. Il requiert l'apposition des scellés et appréhende la succession » (Cf. article 509 du Code Général des Impôts). Le Curateur apprend la vacance d'une succession par le biais de l'Officier d'état civil.

Les informations que reçoit l'Officier d'état civil proviennent des directeurs des hôpitaux, cliniques et établissements hospitaliers, des aubergistes, hôteliers ou toutes personnes chez lesquelles un décès est survenu.

Sous peine de sanctions et de poursuites, les structures susmentionnées ont l'obligation d'informer l'Officier d'état civil et de déclarer les sommes d'argent, les papiers et autres effets mobiliers dont le défunt était possesseur.

En recevant toute déclaration de décès, l'Officier d'état civil est tenu, si les héritiers sont absents ou inconnus, d'en informer immédiatement le Curateur qui prendra possession des biens laissés par le défunt.

Le Curateur doit à son tour aviser le Président du Tribunal du lieu du décès. (Cf. article 508 du Code Général des Impôts).

5- Travail technique du Curateur

Il émerge de la note N° 63/NG/DEG du 11 mars 1965 les clauses suivantes :

« Chaque mois, le Curateur dépose à l'attention du Comptable Public, jadis dénommé Trésorier Central, le montant des recettes effectuées dans le mois. Dans les trois premiers mois de chaque année, le Curateur présente au Tribunal un compte de gestion pour l'année écoulée accompagné des pièces justificatives et le Tribunal rend un jugement sur ce compte de gestion. Une copie de ce compte est également adressée à sa tutelle ».

L'article 519 du Code Général des Impôts oblige le Curateur à tenir les registres ci-après :

- Un registre-journal de recettes et dépenses ;
- Un sommier ou grand livre des comptes ouverts.

Ces registres sont cotés et paraphés par le Président du Tribunal dans le ressort duquel se trouve le Centre des Impôts.

À la lumière de tout ce qui précède, il est opportun de mentionner que tout ce qui a trait aux biens gérés par le Curateur est à enregistrer gratis et dispensé de timbre tel que visé à l'article 514 du Code Général des Impôts./-

ADDITIF À LA CURATELLE

MINISTERE DES FINANCES

DIRECTION DE L'ENREGISTREMENT,
DU TIMBRE ET DE LA CURATELLE

REPUBLIQUE UNIE DU CAMEROUN
Paix - Travail - Patrie

Yaoundé, le 17 Juin 1976

NOTE N° 48 /N/MINFI/ETC

à

MM. LES INSPECTEURS PROVINCIAUX DE L'EN
TREMENT, DU TIMBRE ET DE LA CURATEL

LES CHEFS D'INSPECTION DE L'ENREGIS
DU TIMBRE ET DE LA CURATELLE.

J'ai l'honneur de vous adresser ci-joint douze modèles
requêtes, avis, lettres etc ... concernant la gestion des Success
et biens vacants./-

LE DIRECTEUR DE L'E.T.C.

- C.E. TSANGA -

AMPLIATIONS :

- MINFI (CAB)
- S/DIRECTION DES ETUDES ET LEGISLATIONS ETC SERVICE DE LA CURATELLE
- S/DIRECTION DU CONTROLE ETC
- INSPECTIONS PROVINCIALES ETC
- INSPECTIONS ETC
- ARCHIVES.-

MINISTERE DES FINANCES

DIRECTION DE L'ENREGISTREMENT, DU TIMBRE ET DE LA CURATELLE

SERVICE DE LA CURATELLE

REPUBLIQUE UNIE DU CAMEROUN
Paix - Travail - Patrie

MODELE N° 1

REQUETE N° ____________

A MONSIEUR LE PRESIDENT DU TRIBUNAL DE PREMIERE INSTANCE DE

Monsieur le Président

Le soussigné,

Curateur aux Successions et biens vacants à ....
.... a l'honneur de vous exposer que le sieur

Nom...

Prénom ....

Date et lieu de naissance ....

Adresse ....

est décédé à .... le ....
.... Sans laisser d'héritiers présents ni représentés au Cameroun ;

Qu'en conséquence sa Succession a été appréhendée conformément au Code de la Curatelle, titre III du Code de l'Enregistrement, du Timbre et de la Curatelle ;

Que divers objets mobiliers sont entreposés à son domicile et qu'il est urgent d'en assurer la protection.

Par ces motifs l'exposant conclut à ce qu'il plaise au tribunal,

Vu l'article 228 du Code de l'Enregistrement, du Timbre et de la Curatelle.

Ordonner la pose des scellés au domicile du défunt.

le

Le Curateur aux Successions et Biens Vacants

MINISTERE DES FINANCES

DIRECTION DE L'ENREGISTREMENT, DU TIMBRE ET DE LA CURATELLE

SERVICE DE LA CURATELLE

INSPECTION DE

N°

REPUBLIQUE UNIE DU CAMEROUN
Paix - Travail - Patrie

MODELE N° 2

DEMANDE D'INSCRIPTION AU JOURNAL OFFICIEL DU CAMEROUN

SERVICE DE LA CURATELLE

ARRONDISSEMENT JUDICIAIRE DE

N° DU GRAND LIVRE

Conformément aux dispositions de l'article N° 231 du Code de l'Enregistrement, du Timbre et de la Curatelle,

Il est donné avis aux personnes intéressées de l'ouverture de la Succession présumée vacante de

Nom (du défunt) ....

Prénoms ....

Date et lieu de naissance ....

Profession ....

Domicile au jour du décès ....

Décédé à ....le..............................

Les personnes qui auraient des droits à la Succession sont invit[ées] à les faire connaître et à en justifier au Curateur B.P. ....

à ....

Soussigné ....

Les créanciers de la succession sont également invités à produir[e] leurs titres au Curateur.

A le

Le Curateur

CERTIFICAT D'INSERTION

Inséré au journal Officiel, dans le N° .... DE ....

Le ....

L'IMPRIMEUR.

<u>Nota</u> : Cet modèle est valable pour la publication dans les journaux (Cameroon Tribune etc...)

MINISTERE DES FINANCES

DIRECTION DE L'ENREGISTREMENT,
DU TIMBRE ET DE LA CURATELLE

SERVICE DE LA CURATELLE
INSPECTION DE

N°

REPUBLIQUE UNIE DU CAMEROUN
Paix - Travail - Patrie

MODELE N° 3

AVIS AUX BANQUES

LE CURATEUR AUX SUCCESSIONS ET BIENS VACANTS

A M...

Objet : Succession

Monsieur,

J'ai l'honneur de vous demander de bien vouloir me faire connaître s'il existe dans vos livres un compte ouvert au nom de

M...

....

Demeurant à ....

Décédé à ....le ....

dont la curatelle a appréhendé la Succession.

Dans l'affirmative je vous prie de bien vouloir m'en faire connaître le montant, et après établissement d'un B.E.D.E. (Bulletin d'émission des droits d'Enregistrement) par mes soins, de verser ce montant à la Caisse du Comptable du Trésor de ....

Veuillez agréer, Monsieur, l'expression de ma considération distinguée./-

MINISTERE DES FINANCES

DIRECTION DE L'ENREGISTREMENT,
DU TIMBRE ET DE LA CURATELLE

SERVICE DE LA CURATELLE

REPUBLIQUE UNIE DU CAMEROUN
Paix - Travail - Patrie

MODELE N° 4

REQUETE N° ________________

A MONSIEUR LE PRESIDENT DU TRIBUNAL DE
PREMIERE INSTANCE A

Monsieur le Président,

Le soussigné ....
Curateur aux Successions et Biens Vacants à ....
.... a l'honneur de vous exposer :

Que le sieur ....
en son vivant domicilié à .... est décédé à
.... le .... Sans laisser d'hé-
ritiers présents ni représentés au Cameroun.

Qu'en conséquence, sa Succession a été appréhendée par la Curatelle conformément au Code de l'Enregistrement, du Timbre et de la Curatelle ;

Que les scellés ont été apposés à son domicile en exécuti[on]
de l'ordonnance n° .... du ....
que vous avez bien voulu rendre ;

Qu'il convient de faire le recensement exact des forces actives et passives de la Succession du sieur ;

En conséquence le soussigné conclut à ce qu'il vous plais[e]
Monsieur le Président ;

Ordonner la levée des Scellés apposés au domicile de
Monsieur ....

Nommer Mr ....
pour procèder à l'inventaire des biens y déposés ;

A .... Le ....

MINISTERE DES FINANCES

DIRECTION DE L'ENREGISTREMENT,
DU TIMBRE ET DE LA CURATELLE

SERVICE DE LA CURATELLE

INSPECTION DE

N°

REPUBLIQUE UNIE DU CAMEROUN
Paix - Travail - Patrie

MODELE N° 5

LE CURATEUR AUX SUCCESSIONS ET BIENS VACANTS

A MONSIEUR ....

Monsieur,

Mr ....Domicile à..............

.... est décédé à .... le ....

Conformément au Code de l'Enregistrement, du Timbre et de la Curatelle, j'ai appréhendé les Biens dépendant de sa Succession. Il semble qu'il dépende de la Succession de Biens suivants :

1°) Immeubles ....

....

2°) Meubles ....

....

3°) ....

....

Le passif de la succession semble s'élever à ....

....

Ces évaluations ne sont, bien sûr, qu'approsimatives et peuvent varier, soit en plus, soit en moins.

D'après les premiers renseignements recueillis vous semblez être héritier de cette succession en tant ....

....

Je vous prie de bien vouloir me confirmer vos droits sur la succession et me faire connaître si vous connaissez d'autres héritiers à Mr ....

Au cas où vos droits seraient reconnus vous pouvez : Soit laiser liquider l'actif et le passif de la succession par mes services, le reliquat vous étant alors versé par le canat de la Caisse des dépôts et consignations : Soit nommer un mandataire chargé de vous représenter.

J'attire votre attention sur le fait que, dans ce dernier cas l'Administration n'aurait plus à intervenir pas plus que la Justice, attendu qu'il appartient exclusivement au Fondé de Pouvoir de reprendre la Succession des mains du Curateur et de transmettre à ses mandants, sous sa propre responsabilité, les sommes réalisées au compte de la succession.

Veuillez agréer, Monsieur, l'expression de mes sentiments distingués./-

MINISTERE DES FINANCES

DIRECTION DE L'ENREGISTREMENT, DU TIMBRE ET DE LA CURATELLE

SERVICE DE LA CURATELLE

INSPECTION DE

N°

REPUBLIQUE UNIE DU CAMEROUN
Paix - Travail - Patrie

MODELE N° 6

LE CURATEUR AUX SUCCESSIONS ET BIENS VACANTS

A MONSIEUR LE PRESIDENT DU TRIBUNAL DE PREMIERE INSTANCE

A

Monsieur le Président,

Le soussigné .... Curateur aux successions et biens vacants à .... a l'honneur de vous exposer :

Que le sieur ....

est décédé à ....le .... sans laisser d'héritiers présents ni représentés au Cameroun ;

Qu'en conséquence, sa succession a été appréhendée par la Curatelle en vertu du Code de l'Enregistrement, du Timbre et de la Curatelle ;

Qu'il dépend de cette succession entre autres valeurs les objets et effets mobiliers ci-après, savoir : ....
....
....
compris à la prisée contenue à l'inventaire dressé après le décès par
Mr .... Le Greffier A ....
.... à la date du ....
et susceptibles de dépérir et dispendieux à conserver ;

Qu'il y a, par suite, intérêt à procéder sans délai et dans les formes usitées pour les ventes des mobiliers de l'Etat, à la vente desdits objets ;

Pour ces motifs, l'exposant conclut à ce qu'il vous plaise Monsieur le Président,

Vu l'article 235 du Code de l'Enregistrement, du Timbre et de la Curatelle,

l'autoriser à procéder à la vente des objets mobiliers dont s'agit ;

Ordonner que ladite vente aura lieu, même avant la clôture de l'inventaire, à .... où dits objets seront transportés à cet effet.-

A .... le ....

MINISTERE DES FINANCES

DIRECTION DE L'ENREGISTREMENT,
DU TIMBRE ET DE LA CURATELLE

SERVICE DE LA CURATELLE

INSPECTION DE

REPUBLIQUE UNIE DU CAMEROUN
Paix - Travail - Patrie

MODELE N° 7

AVIS

DE VENTE AUX ENCHERES PUBLIQUES

Il sera procédé le ....
à .... Heures à ....
par ....
à la vente aux enchères Publiques des objets suivants ....
....
....
....
....

La vente est faite sous les conditions suivantes :

- Sans garantie
- Paiement
- Enlèvement immédiat
- 12 % de frais en sus du prix.

A ...., le ....

MINISTERE DES FINANCES

DIRECTION DE L'ENREGISTREMENT, DU TIMBRE ET DE LA CURATELLE

SERVICE DE LA CURATELLE
INSPECTION DE

N°

REPUBLIQUE UNIE DU CAMEROUN
Paix - Travail - Patrie

MODELE N° 8

PROCES-VERBAL

DE VENTE AUX ENCHERES PUBLIQUES D'OBJETS MOBILIERS

OBJET : Succession ....

L'an mil neuf cent ....
et le ....

Nous soussignés ....
Curateur aux Successions et Biens Vacants à .... dûment commissionné et ayant serment en justice, spécialement autorisé aux fins des présentes par ordonnance de Mr. le Président du Tribunal de Première Instance de .... en date du .... N° ....

Nous sommes transporté à .... à l'effet de procéder à la vente aux enchères Publiques au plus offrant et dernier enchérisseur de ....
....
provenant de la Succession du sieur ....
décédé à .... le ....

Sans laisser d'héritiers présents ni représentés au Cameroun; Etant au dit lieu ;

Attendu que la vente dont s'agit a été annoncée par les moyens ordinaires de publicité et notamment par l'apposition de placards conformes à l'exemplaire ci-annexé, et par ....
....

Attendu qu'un nombre suffisant de personnes réunies sur le lieu de la vente permet d'ouvrir les enchères ;

Nous avons annoncé que la vente allait avoir de suite et aux conditions suivantes :

1°- La vente a lieu sans aucune garantie, tant pour la quantité que pour la quotité des objets vendus ;

2°- Les objets adjugés seront enlevés par les acquéreurs de suites et au plus tard dans ....

3°- Le prix de vente devra être payé comptant et les objets acquis ne seront livrés qu'après libération ;

4°- Il sera perçu 12% en sus du prix principal pour couvrir les frais de vente ;

5°- Les enchères ne pourront être moindres de ....

Et de suite nous avons exposé aux enchères, mis en vente et adjugé.

1° .... à.........

moyennant ...., ci........

TOTAL ....

Et attendu qu'il ne se trouve plus rien à comprendre ... procès-verbal, nous l'avons arrêté à la somme de ....

Fait et clos à ...., les jours, mois et an ci-dessus.

Le Receveur des domaines, curateur aux successions et biens vacants.

Décompte

Prix principal					....	
12 % sur ....:						
A déduire :						
Frais de ....:	......	...	....			
Frais de ....:	......	...	....			
Frais de ....:	......	...	....			
Frais de ....:	......	...	....			
Frais de ....:	......	...	....			
Excédent (du 8% à ajouter au prix principal ou de frais de à porter en dépense)			....		....	
TOTAL ....:			....		....	

Le Curateur soussigné certifie avoir porté en recette la somme de ...., ci-dessus liquidée, sous le n° ....,

et avoir porté en dépense celle de ...., montant de l'excédent des frais, sous le n° .... du registre-journal de recettes et dépenses de la Curatelle.

A ...., le ....

MINISTERE DES FINANCES

DIRECTION DE L'ENREGISTREMENT
DU TIMBRE ET DE LA CURATELLE

SERVICE DE LA CURATELLE

INSPECTION DE

REPUBLIQUE UNIE DU CAMEROUN
Paix - Travail - Patrie

MODELE N° 9

REQUETE N° ______________

A MONSIEUR LE PRESIDENT DU TRIBUNAL DE PREMIERE INSTANCE à

Monsieur le Président,

Le soussigné, ... Curateur aux Successions et Biens vacants à .... a l'honneur de vous exposer,

Que le sieur ....
Demeurant et domicilié à ....
est décédé à .... le ....
sans laisser d'héritiers présents ni représentés au Cameroun ;

Qu'en conséquence sa succession a été appréhendée par la Curatelle en vertu du Code de l'Enregistrement, du Timbre et de la Curatelle.

Qu'il dépend de cette succession, outre les autres valeurs
....
....
....
....

Que le passif n'est pas entièrement soldé.

Pour ces motifs l'exposant conclut à ce qu'il nous plaise, Monsieur le Président,

L'autoriser à procéder à la vente aux enchères publiques des biens immeubles suivants :..
....
....

Ordonner que ladite vente aura lieu à ....
le ....

A...................., le ....

MINISTERE DES FINANCES

DIRECTION DE L'ENREGISTREMENT, DU TIMBRE ET DE LA CURATELLE

SERVICE DE LA CURATELLE

INSPECTION DE

N°

REPUBLIQUE UNIE DU CAMEROUN
Paix - Travail - Patrie

MODELE N° 10

LE CURATEUR AUX SUCCESSIONS ET AUX BIENS VACANTS
A MONSIEUR LE PRESIDENT DU TRIBUNAL DE PREMIERE INSTANCE à

Monsieur le Président,

Le soussigné .... Curateur aux Successions et Biens Vacants à .... a l'honneur de vous soumettre en exécution de l'article 259 du Code de l'Enregistrement, du Timbre et de la Curatelle, le compte de sa gestion en ladite qualité pour l'année fiscale 19 ...../19......

1°- Succession .... N° ....

Recettes

du .... produit de ....

Dépenses

du .... paiement de ....

Balance

Solde au 30 Juin 197 ...., ci ....

Recettes de l'Année fiscale 197......../197....... ci...............

Ensemble ....

Dépense de l'année fiscale 197...../197....... ci ....

Solde au 30 Juin 197 .... ci ....

2°- Succession ....N° ....

etc, etc, etc, etc.

Et il conclut qu'il plaise au tribunal,

Vu le compte ci-dessus et les pièces justificatives produites à l'appui,

Vu le Code de l'Enregistrement, du Timbre et de la Curatelle

1°- En ce qui concerne la succession ....N°..........

.../...

Fixer le montant de la recette à ....
celui de la dépense à,...................... et le reliquat
actif à ....

Taxer les émoluments acquis au Curateur à ....
sur la recette et à .... sur la dépense.

b/ au Trésorier - Payeur

2°- En ce qui concerne la Succession ....
N° ....

etc, etc, etc.

Dire que les dépens du jugement à intervenir seront supportés comme frais privilégiés de liquidation par les successions intéressées.

A .... le ....

LE CURATEUR AUX SUCCESSIONS ET BIENS VACANT

MINISTERE DES FINANCES

DIRECTION DE L'ENREGISTREMENT,
DU TIMBRE ET DE LA CURATELLE

SERVICE DE LA CURATELLE

INSPECTION DE

N°

OBJET :
Arrêté de compte de
la Succession.

REPUBLIQUE UNIE DU CAMEROUN
Paix - Travail - Patrie

MODELE N° 11

LE CURATEUR AUX SUCCESSIONS ET AUX BIENS VACANTS

à MONSIEUR LE PRESIDENT DU TRIBUNAL DE PREMIERE INSTANCE DE

Monsieur le Président,

Le soussigné........................ Curateur aux successions et Biens Vacants à ....a l'honneur de vous exposer :

Que le sieur ....
profession .... demeurant à ....
Y est décédé le ....
ab intestat et sans laisser d'héritiers présents ni représentés au Cameroun ;

Que sa succession a été appréhendée par la Curatelle en conformité des prescriptions du Code de l'Enregistrement, du Timbre et de la Curatelle ;

Que les scéllés ayant été régulièrement apposés, puis levés au domicile du défunt ainsi que le constatent deux procès-verbaux dressés par Mr ...., Greffier à ....
aux dates des ....n° ....
inventaire des forces actives et passives de la succession a été établi par Me ...., Greffier à ....
le ....N° ....

Que de cet inventaire il résulte que l'actif héréditaire comprenait les valeurs mobilières et immobilières ci-après :

1°- Meubles meublants ....
etc, etc, etc.

Et était grevé d'un passif de :

1°- Obligation ....
etc, etc, etc.

Que la succession du sieur ....
est échue aux héritiers ci-après nommés, savoir ;
....
....
....

.../...

Ainsi qu'il résulte d'un acte de notoriété établi par Me ....Notaire à .... le ....N°............, dont une expédition est jointe au dossier ;

Que les sus-nommés se présentent pour réclamer la remise en leurs mains de la succession à eux échus ;

Que le Curateur se trouve dès lors sans qualité pour continuer à administrer cette succession et que, aux termes du Code de l'En registrement, du Timbre et de la Curatelle, il doit rendre immédiatem compte aux ayant droits de son administration;

Que ce compte est établi de la façon suivante :

Recettes

Du ....19 .... Produit de ....
etc, etc, etc.
TOTAL .... ==========

Dépenses

Du.................19 ....Paiement de ....
etc, etc, etc.
TOTAL .... ==========

Balance

Montant total des recettes ....
Montant total des dépenses ....
Solde créditeur ....
==========

Et il conclut à ce qu'il plaise au Tribunal,

Vu le compte ci-dessus et les pièces justificatives produites à l'appui,

Vu l'acte de notoriété sus-relaté,

Vu la présence au Cameroun des héritiers du sieur ...., désignés audit acte,

Vu le Code de l'Enregistrement, du Timbre et de la Curatelle

Arrêter les comptes d'administration du Soussigné à la somme de ....pour les recettes, à la somme de .... pour les dépenses, et à la somme de .... pour le solde disponible ;

Taxer les remises à lui dues, savoir à la somme de .... pour les recettes effectuées depuis le dernier jugement d'apurement annuel ; à la somme de ....sur les dépenses acquittées pendant la même période, à la somme de .... sur le solde de la quidation.

Taxer les remises dues au Trésorier-Payeur de .... savoir à la somme de .... sur les recettes effectuées depuis le dernier jugement d'apurement annuel.

MINISTERE DES FINANCES

DIRECTION DE L'ENREGISTREMENT,
DU TIMBRE ET DE LA CURATELLE

SERVICE DE LA CURATELLE

INSPECTION DE

N°

REPUBLIQUE UNIE DU CAMEROUN
Paix - Travail - Patrie

MODELE N° 12

REQUETE N° ____________

à MONSIEUR LE PRESIDENT DU TRIBUNAL DE PREMIERE INSTANCE à

OBJET :
Arrêté de compte de la succession.

Monsieur le Président,

Le soussigné ...., Curateur aux Successions et Biens Vacants à .... agissant en cette dernière qualité,

A l'honneur de vous exposer :

Que le sieur .... en son vivant demeurant et domicilié à .... est décédé à .... le .... sans laisser d'héritiers présents ni représentés au Cameroun ;

Que, en conséquence, sa succession a été appréhendée par la curatelle, conformément au Code de l'Enregistrement, du Timbre et de la Curatelle ;

Qu'un avis invitant les créanciers à faire au Curateur les déclarations et productions prescrites par la loi ayant été inséré au journal Officiel du Cameroun, numéro .... du .... un certain nombre de déclarations et productions ont été régulièrement effectuées ;

Que de l'ensemble de ces déclarations et productions il résulte que le passif à acquitter s'élève, sauf mémoire pour les intérêts échus, à la somme de ....

Que, faute par les autres créanciers, s'il en existe de s'être rendus à l'invitation mentionnée plus haut, la somme de .... doit être considérée comme représentant le montant exact du passif ;

Qu'il y a lieu toutefois d'ajouter à cette somme, à titre de créance privilégiée, les remises du Curateur et du Trésorier-Payeur, ainsi que les frais de justice.

Que l'actif héréditaire a été intégralement réalisé et a produit, savoir :

....	....
....	....
....	....

...../...

ANNEXES :

Dix (10) épreuves : énoncés et corrigés

ÉPREUVE N° 1

Exercice N° 1 :

Il ressort du marché N° 03224/P.R/C.C/ 01/02 exonéré des droits d'enregistrement conformément aux traités internationaux ratifiés par le Cameroun, les éléments suivants :

Montant HT : 582 000 000

TVA (18,7 %) : 108 834 000

Montant TTC : 690 834 000

Sept exemplaires de format 21 x 29,7 dont chacun comporte 11 feuilles.

- Quel est le sort fiscal réservé à ce marché ?

Exercice N° 2 :

À titre individuel, Monsieur Fulbert MANGOUNE a effectué l'opération immobilière suivante auprès de Maître Samuel DJINOLON, Notaire à Douala.

Le 3 septembre 2001, il a vendu au prix de 145 000 000 F CFA un immeuble urbain bâti situé à Akwa-Douala 1er au lieu-dit Bonaminkengue. Il ressort du bordereau analytique annexé dans l'acte que cet immeuble avait été antérieurement acquis en 1996 au prix de 93 000 000 F CFA. Les frais réels dûment justifiés s'élevaient à 24 000 000 F CFA, dont 13 650 000 F CFA de droits d'enregistrement.

- Quel est le sort fiscal réservé à cette opération en matière de plus-value immobilière ?

Exercice 3 :

Monsieur Eric BOULAGONG, Directeur de société, vend à Madame Sarah CHINATOU, Employée de banque, un immeuble urbain bâti situé à Deïdo-Douala 1er au prix déclaré de 43 000 000 F CFA. Cette vente a été contractée le 3 septembre 2001 chez Maître Félix BALONKO, Notaire à Douala. Le 13 septembre 2001, Maître Félix BALONKO soumet l'acte à la formalité d'enregistrement.

Il ressort du bordereau analytique annexé dans l'acte que Monsieur Eric BOULAGONG a hérité de cet immeuble urbain bâti lors d'une succession déclarée en janvier 2000. La valeur estimative mentionnée dans la déclaration de succession a été de 18 000 000 F CFA. Les frais réels de transformation dûment justifiés se sont élevés à 4 000 000 F CFA, dont 1 350 000 F CFA de droits d'enregistrement. Maître Félix BALONKO a joint cinq (5) annexes. En outre, l'expert immobilier assermenté dans le ressort de la Cour d'Appel du Littoral atteste que la valeur vénale de cet immeuble est de 64 000 000 F CFA.

- Quelle est l'issue fiscale réservée à cette opération en matière de droits de mutation ?

- À combien se chiffrera la plus-value immobilière à acquitter au Trésor Public ?

Exercice N° 4 :

La société AZIMTO a été constituée le 7 janvier 2001, chez Maître Thomas PAKOMITE, Notaire à Douala. Au moment de la souscription, les 400 000 000 F CFA de capital ont été entièrement libérés. Le 24 juillet 2001, elle procède à une augmentation de capital par apports nouveaux d'éléments d'actifs. À cet effet, son capital passe de 400 000 000 F CFA à 1 143 000 000 F CFA. Le 13 septembre 2001, elle envisage une seconde augmentation de capital. À ce titre, son capital passe de 1 143 000 000 F CFA à 2 450 000 000 F CFA.

- Quels sont les droits simples dus au titre de la constitution de société ?

- Quels sont les droits simples dus au titre de la première augmentation de capital ?

- Quels sont les droits simples dus au titre de la seconde augmentation de capital ?

Exercice N° 5 :

Monsieur Laurent BOUCHIPONG, Magistrat retraité, domicilié à Akwa-Douala 1er, marié sous le régime de communauté de biens, décède le 11 janvier 2001 à l'âge de 74 ans.

Le défunt laisse pour lui succéder :

Une veuve : Olive SARIATOU, âgée de 62 ans

Quatre enfants :

Jules BOUCHIPONG, 32 ans
Mireille BOUCHIPONG, 24 ans
Alfred BOUCHIPONG, 22 ans
Claire BOUCHIPONG, 14 ans

Les biens du défunt sont les suivants :

-Un terrain non bâti situé à Bon'endalè Douala IV d'une superficie de 1623 m² estimé à 8 230 000 F CFA.

-Un terrain bâti situé à Bépanda Douala III d'une superficie de 710 m² estimé à 17 630 000 F CFA.

-Un compte bancaire à la SGBC N° 002000124ZL d'un solde créditeur de 1 432 000 F CFA.

Monsieur Jules BOUCHIPONG, administrateur des biens suivant jugement d'hérédité N° 618/2000/2001 du 22 février 2001 établi par le tribunal du 1er degré de Douala-Bonabéri, soumet la présente déclaration au Centre divisionnaire des impôts de Douala VIII le 2 septembre 2001 et l'atteste sincère et véritable.

- Quel est le sort fiscal réservé à cette succession ?

CORRIGÉ DE L'ÉPREUVE N° 1

Exercice N° 1 :

Droits d'enregistrement (marché)	= gratis
Droits de timbre gradué : 300 000 x 7	= 2 100 000
Droits de timbre de dimension 500 x 11 x 7	= 38 500
Montant à acquitter au T.P. :	2 138 500

Exercice N° 2 :

- Taxation sur la plus-value :

Prix de cession de l'immeuble	145 000 000
- Charges réelles déductibles (93 000 000 + 24 000 000)	117 000 000
= Plus-value imposable	28 000 000
Montant à acquitter au T.P. : 28 000 000 x 25 %	= 7 000 000

Exercice N° 3 :

- Droits de mutation :

Droits simples (acte) : 64 000 000 x 15 %	= 9 600 000
Droits simples (annexes) : 4 000 x 5	= 20 000
Amendes redevables (Art 327 du C.G.I) $\frac{(64\,000\,000 - 43\,000\,000)}{2}$	= 10 500 000
Montant à acquitter au T.P. :	20 120 000

- taxation sur la plus-value :

Prix déclaré dans l'acte	= 43 000 000
- Charges réelles déductibles : (18 000 000 + 4 000 000 – 1 350 000)	= 20 650 000
= Plus-value imposable	22 350 000
Montant à acquitter au T.P. : 22 350 000 x 25 %	= 5 587 500

Exercice N° 4 :

- Droits simples dus au titre de la constitution de société :

2 % x 400 000 000 = 8 000 000 ramenés à 750 000

Montant à acquitter au T.P. : 750 000

- Droits simples dus au titre de la première augmentation de capital :

2 % x (750 000 000 – 400 000 000) = 7 000 000 ramenés à 750 000

1,5 % x (1 143 000 000 – 750 000 000) = 5 895 000 ramenés à 1 500 000

Montant à acquitter au T.P. : 750 000 + 1 500 000 = 2 250 000

- Droits simples dus au titre de la seconde augmentation de capital :

1,5 % x (1 500 000 000 –1 143 000 000) = 5 355 000 ramenés à 1 500 000
1 % x (2 450 000 000 –1 500 000 000) = 9 500 000 ramenés à 3 000 000
Montant à acquitter au T.P. : 1 500 000 + 3 000 000 = 4 500 000

Exercice N° 5 :

Valeur de l'actif brut : 8 230 000
17 630 000
1 432 000
27 292 000
+ forfait mobilier (5 %. art. 297 du C.G.I.) 1 364 600
28 656 600

Actif net : pas de passif successoral
Actif net imposable : (boni de communauté) : $\frac{28\,656\,600}{2} = 14\,328\,300$

Impôt théorique : (art. 348 et 544 B-b du C.G.I.)

0	à	500 000	néant	0
500 001	à	2 000 000	2 %	30 000
2 000 001	à	5 000 000	5 %	150 000
5 000 001	à	10 000 000	8 %	400 000
10 000 001	à	14 328 300	10 %	432 830
				1 012 830

L'article 267 du C.G.I. dispose que : « Les droits sont assis sur les sommes et valeurs arrondies au millier de franc supérieur ».
Soit : 1 013 000

- Parts des parties :

La veuve est usufruitière du ¼ de la succession.

a)- Part de la veuve âgée de 62 ans :

$$\frac{1}{4} \times \frac{2}{10} = \frac{2}{40}$$

b)- Part des enfants :

$$1 - \frac{2}{40} = \frac{38}{40}$$

- Impôt à payer :

a)- par la veuve :

$$1\,013\,000 \times \frac{2}{40} = 50\,650$$

1ère réduction : (art. 544-B-2 du C.G.I.)

50 650 – (75 % x 50 650) = 20 650
max : 30 000

2ème réduction :

20 650 – (10 % x 20 650) = 18 590

b)- par les enfants :

$$1\,013\,000 \times \frac{38}{40} = 962\,350$$

1ère réduction :(art. 544 B-2 du C.G.I.)

962 350 – (75 % x 962 350) = 842 350

max : 30 000 x 4 = 120 000

2ème réduction : (néant) ; le défunt n'a pas laissé des petits-enfants mineurs ou infirmes.

Récapitulation :

Droits simples : 18 590 + 842 350	=	860 940
Timbre de dimension : 500 x 3	=	1 500
Montant à acquitter au Trésor Public :		862 440

ÉPREUVE N° 2

Exercice N° 1 :

À titre individuel, Madame Aline HILDOKO a effectué l'opération immobilière suivante auprès de Maître Albert MOUSSA, Notaire à Douala, Rue des Palmiers.

Le 21 octobre 2005, elle a vendu au prix de 175 000 000 F CFA un immeuble urbain bâti situé à Bonanjo-Douala. Il émerge du bordereau analytique annexé dans l'acte que cet immeuble avait été précédemment acquis lors d'une succession déclarée en septembre 1999 au prix de 142 000 000 F CFA. Les frais réels dûment justifiés se sont élevés à 37 500 000 F CFA, dont 8 550 000 F CFA de droits d'enregistrement.

- Quel est le sort fiscal réservé à cette opération au regard de la plus-value immobilière ?

Exercice N° 2 :

Monsieur Émile SADJO, Ingénieur agronome, vend à madame Marguerite WOWE, Institutrice, un immeuble urbain non bâti d'une superficie d'1,5 ha situé à Bépanda-Douala III au prix déclaré de 59 000 000 F CFA. Cette vente a été contractée le 8 octobre 2001 chez Maître Joseph SOLOPAT, Notaire à Douala, Rue des Manguiers. Le 24 octobre 2001, Maître Joseph SOLOPAT soumet l'acte à la formalité d'enregistrement.

Il émerge du bordereau analytique annexé dans l'acte que Monsieur Émile SADJO a hérité de cet immeuble urbain non bâti lors d'une succession déclarée en février 2001. La valeur estimative mentionnée dans la déclaration de succession a été de 27 000 000 F CFA. Les frais réels dûment justifiés se sont élevés à 7 000 000 F CFA, dont 2 050 000 F CFA de droits d'enregistrement. Maître Joseph SOLOPAT a joint sept (7) annexes. Au surplus, l'expert immobilier assermenté dans le ressort de la Cour d'Appel du Littoral atteste que la valeur vénale de cet immeuble est de 83 000 000 F CFA.

- Quelle est l'issue fiscale réservée à cette opération en matière de droits de mutation ?
- À combien se chiffrera la plus-value à acquitter au Trésor Public ?

Exercice N° 3 :

Monsieur Hubert BAING, Sous-préfet retraité domicilié à New-Bell-Douala, marié sous le régime de communauté de biens décède le 17 juillet 1999 à l'âge de 82 ans. Le défunt laisse pour lui succéder :

Deux veuves :

Yvette BALATE, 62 ans
Sylvie OLOUMANE, 53 ans

Sept enfants :

Léopold BAING, 39 ans
Benoît BAING, 37 ans
Valère BAING, 37 ans
Thomas BAING, 35 ans
Rosette BAING, 34 ans
Maximilienne BAING, 34 ans
Félix BAING, 31 ans

Les biens du de cujus sont les suivants :

- Un terrain bâti situé à Bonabéri-Douala IV d'une superficie de 650 m² estimé à 15 000 000 F CFA.
- Une plantation de 3 hectares située à Maképé-Douala V estimée à 13 000 000 F CFA.
- Un terrain non bâti situé à Bonadoumbè-Douala 1er d'une superficie de 710 m² estimé à 13 000 000 F CFA.
- Un compte bancaire à la SCB-Crédit Lyonnais N° 00/4070216 ZL d'un solde créditeur de 1 250 000 F CFA.

Par ailleurs, sur la base d'une facture justificative, les frais funéraires se sont élevés à 484 000 F CFA.

Monsieur Léopold BAING, administrateur des biens suivant jugement d'hérédité N° 247/99/00 du 14 novembre 1999 établi par le tribunal de 1er degré de Douala, soumet la présente déclaration au Centre divisionnaire des Impôts de Douala II le 17 septembre 2001 et l'atteste sincère et véritable.

- Quelle est l'issue fiscale réservée à la présente déclaration de succession ?

CORRIGÉ DE L'ÉPREUVE N° 2

Exercice N° 1 :

- Taxation sur la plus-value :

Prix de cession de l'immeuble	175 000 000
-	
Charges réelles déductibles : (142 000 000 + 37 500 000 – 8 500 000)	170 950 000
= Plus-value imposable	4 050 000

Montant à acquitter au T.P. 4 050 000 x 25 % = 1 012 500

Exercice N° 2 :

- Droits de mutation :

Droits simples (acte) : 83 000 000 x 10 %	= 8 300 000
Droits simples (annexes) : 4 000 x 7	= 28 000
Amendes redevables (Art 327 du C.G.I.) $\frac{(83\ 000\ 000 - 59\ 000\ 000)}{2}$	= 12 000 000
Montant à acquitter au T.P. :	= 20 328 000

- Taxation sur la plus-value :

Prix déclaré de l'immeuble	59 000 000
Charges réelles déductibles : (27 000 000 + 7 000 000 – 2 050 000)	= 31 950 000
= Plus-value imposable	27 050 000

Montant à acquitter au T.P. : 27 050 000 x 25 % = 6 762 500

Exercice N° 3 :

- Valeur de l'actif brut :

	15 000 000
	16 000 000
	13 000 000
	1 250 000
	45 250 000
+ forfait mobilier (5 %. art. 297 du C.G.I.)	2 262 500
	47 512 500

- Actif net :
  Actif brut – passif successoral
  47 512 500 – 484 000 = 47 028 500

- Actif net imposable : (boni de communauté) :
  $\frac{47\ 028\ 500}{2}$ = 23 514 250

- Impôt théorique : (art. 348 et 544 B-b du C.G.I.)

0	à 500 000	néant	0
500 001	à 2 000 000	2 %	30 000
2 000 001	à 5 000 000	5 %	150 000
5 000 001	à 10 000 000	8 %	400 000
10 000 001	à 23 514 250	10 %	1 351 425
			1 931 425
		arrondi à	1 932 000

- Parts des parties :

La veuve ou l'ensemble des veuves est usufruitière du ¼ de la succession. Nous sommes en présence de deux (2) veuves, donc chacune d'elle est usufruitière de :

$$\frac{1/4}{2} = \frac{1}{8}$$

a)- Part des veuves :

- Part de la veuve âgée de 62 ans :

$$\frac{1}{8} \times \frac{2}{10} = \frac{2}{80}$$

- Part de la veuve âgée de 53 ans :

$$\frac{1}{8} \times \frac{3}{10} = \frac{3}{80}$$

Part de l'ensemble des veuves : $\frac{2+3}{80} = \frac{5}{80}$

b)- Part des enfants :

$$1 - \frac{5}{80} = \frac{75}{80}$$

- Impôt à payer :

a)- par les veuves :

$$1\,932\,000 \times \frac{5}{80} = 120\,750$$

1ère réduction : (art. 544 B-2 du C.G.I.)

120 750 – (75 % x 120 750) = 90 750

max : 30 000

2ème réduction : (néant) ; le défunt n'a pas laissé des enfants mineurs ou infirmes.

b)- par les enfants :

$$1\,932\,000 \times \frac{75}{80} = 1\,811\,250$$

1ère réduction :(art. 544 B-2 du C.G.I.)

1 811 250 – (75 % x 1 811 250) = 1 601 250

max : 7 x 30 000 = 210 000

2ème réduction : (néant) ; le défunt n'a pas laissé des petits-enfants mineurs ou infirmes.

Récapitulation :

Droits simples : 90 750 + 1 601 250	= 1 692 000
Pénalité encourue (1 droit en sus : Art 279 et 322 du C.G.I)	= 1 692 000
Timbre de dimension : 500 x 3	= 1 500
Montant à acquitter au Trésor Public. :	3 385 500

ÉPREUVE N° 3

Exercice N° 1 :

Il ressort des clauses du marché N° 238/MINEDUC/DAG//01/02 les éléments suivants :

Montant HT :	124 000 000
TVA (18,7 %) :	23 188 000
Montant TTC :	147 188 000
Retenue de garantie :	20 %
Cautionnement :	10 %

Sept exemplaires de format 21 x 29,7 dont chacun comporte douze (12) feuilles.

Une annexe de sept (7) feuilles.

- Quel est le sort fiscal réservé à ce marché ?

Exercice N°2 :

La société FLORACHICAM a été constituée le 16 février 2001 chez Maître Eric ISSOPETA, Notaire à Douala, Boulevard des Nations. Au moment de la souscription, les 850 000 000 F CFA de capital ont été entièrement libérés.

Le 8 avril 2001, elle procède à une première augmentation de capital par apports nouveaux d'éléments d'actif. À ce titre, son capital passe de 850 000 000 F CFA à 1 750 000 000 F CFA. Le 27 juillet 2001 elle envisage une seconde augmentation de capital. À cet effet son capital passe de 1 750 000 000 F CFA à 3 250 000 000 F CFA. Le 12 décembre 2001, elle programme une troisième augmentation de capital. Cette fois-ci son capital passe de 3 250 000 000 F CFA à 5 500 000 000 F CFA.

- Quels sont les droits simples dus au titre de la constitution de société ?
- Quels sont les droits simples dus au titre de la première augmentation de capital ?
- Quels sont les droits simples dus au titre de la seconde augmentation de capital ?
- Quels sont les droits simples dus au titre de la troisième augmentation de capital ?

Exercice N°3 :

Le 11 juillet 2001, Monsieur Émile NIBANG, propriétaire, signe un contrat de location à usage commercial qui le lie à Madame Eugénie

MOUDING. Le local faisant l'objet du présent contrat est situé au quartier Bépanda-Douala III.

Le loyer mensuel convenu est de 175 000 F CFA payable tous les mois.

Le contrat précité est renouvelable tous les trois ans par tacite reconduction. La première période va du 6 août 2001 au 5 août 2004.

Le 9 novembre 2001, Madame Eugénie MOUDING, pour besoins de formalité, soumet le contrat à l'appréciation du Chef de Centre divisionnaire des Impôts de Douala VIII.

Il est précisé qu'il a été établi en cinq (5) exemplaires, dont six (6) feuilles par exemplaire.

- Quel est le sort fiscal réservé à ce contrat de location ?

Exercice N° 4 :

Monsieur Eitel SOPPONG, Fiscaliste retraité, domicilié à Logpom-Douala V, marié sous le régime de communauté de biens décède à Douala, le 22 mai 1997 à l'âge de 56 ans.

Le défunt laisse pour lui succéder :

Deux veuves :

Emma YONGOING, 52 ans
Yvette SIRANG, 48 ans

Neuf enfants :

Grâce SOPPONG, 28 ans, mère de 3 enfants mineurs
Charles SOPPONG, 27 ans, père de 2 enfants mineurs
Emmanuel SOPPONG, 27 ans, père de 3 enfants mineurs
Jean-Paul SOPPONG, 26 ans, sans enfant.
Christiane SOPPONG, 26 ans, sans enfant.
Berthe SOPPONG, 25 ans, sans enfant.
Blandine SOPPONG, 24 ans, sans enfant.
André SOPPONG, 17 ans, sans enfant.
Joël SOPPONG, 16 ans, sans enfant.

Les biens du défunt sont les suivants :

- Un terrain bâti de 400 m² situé à Bonapriso-Douala 1er estimé à 33 500 000 F CFA.
- Un terrain non bâti de 800 m² situé à Bonabéri-Douala IV estimé à 6 200 000 F CFA.
- Un terrain bâti de 300 m² situé à Akwa-Douala 1er estimé à 26 200 000 F CFA.

- Un compte bancaire SGBC N° 0200010594AH d'un solde créditeur de 2 602 000 F CFA.
- Un compte bancaire STANDARD-CHARTERED N° 019786/7 d'un solde créditeur de 1 210 000 F CFA.

Monsieur Charles SOPPONG, administrateur des biens suivant jugement d'hérédité N° 522/98/99 du 24 novembre 1998 établi par le Tribunal du 1er degré de Douala, soumet la présente déclaration au Centre divisionnaire des Impôts de Douala XIV le 17 décembre 2001 et l'atteste sincère et véritable.

- Quelle est l'issue fiscale réservée à la présente déclaration de succession ?

CORRIGÉ DE L'ÉPREUVE N° 3

Exercice N° 1 :

Droits simples (marché) : 124 000 000 x 2 % = 2 480 000
Droits simples (annexe) : DF = 4 000
Retenue de garantie : 124 000 000 x 20 % x 1 % = 248 000
Cautionnement : 124 000 000 x 10 % x 1 % = 124 000
Droits de timbre de dimension (marché) : 500 x 12 x 7 = 42 000
Droits de timbre de dimension (annexe) : 500 x 7 x 7 = 24 500
Montant à acquitter au T.P. : 2 922 500

Exercice N° 2 :

- Droits simples dus au titre de la constitution de la société :

2 % x 750 000 000 = 15 000 000 ramenés à 750 000
1,5 % x (850 000 000 – 750 000 000) = 1 500 000
Montant à acquitter au T.P. : 2 250 000

- Droits simples dus au titre de la première augmentation de capital :

1,5 % x (1 500 000 000 – 850 000 000) = 9 750 000 ramenés à 1 500 000
1 % x (1 750 000 000 –1 500 000 000) = 2 500 000
Montant à acquitter au T.P. : 1 500 000 + 2 500 000 = 4 000 000

- Droits simples dus au titre de la seconde augmentation de capital :

1 % x (3 000 000 000 –1 750 000 000) = 12 500 000 ramenés à 3 000 000
0,5 % x (3 250 000 000 – 3 000 000 000) = 1 250 000
Montant à acquitter au T.P. : 3 000 000 + 1 250 000 = 4 250 000

- droits simples dus au titre de la troisième augmentation de capital :

0,5 % x (5 000 000 000 – 3 250 000 000) = 8 750 000 ramené à 5 000 000
0,25 % x (5 500 000 000 – 5 000 000 000) = 1 250 000
Montant à acquitter au T.P. : 5 000 000 + 1 250 000 = 6 250 000

Exercice N° 3 :

E = 10 % x 175 000 x 36 = 630 000
Pénalité encourue : 630 000
T.D. : 500 x 6 x 3 = 9 000
Montant à acquitter au T.P. : 1 269 000

Exercice N° 4 :

- Valeur de l'actif brut :

	33 500 000
	6 200 000
	26 200 000
	2 602 000
	1 210 000
	69 712 000
+ forfait mobilier (5 %. art. 297 du C.G.I.)	3 485 600
	73 197 600

- Actif net : pas de passif successoral.
- Actif net imposable : (boni de communauté) :

$$\frac{73\ 197\ 600}{2} = 36\ 598\ 800$$

- Impôt théorique : (art. 348 et 544 B-b du C.G.I.)

0	à	500 000	néant	0
500 001	à	2 000 000	2 %	30 000
2 000 001	à	5 000 000	5 %	150 000
5 000 001	à	10 000 000	8 %	400 000
10 000 001	à	36 598 800	10 %	2 659 880
				3 239 880

L'article 267 du C.G.I. dispose que : « les droits sont assis sur les sommes et valeurs arrondies au millier de francs supérieur ».

Soit : 3 240 000

- Parts des parties :

La veuve ou l'ensemble des veuves est usufruitière du ¼ de la succession. Nous sommes en présence de 2 veuves. Donc, chacune d'elle est usufruitière de : $\frac{1/4}{2} = \frac{1}{8}$

a)- Part des veuves :

- Part de la veuve âgée de 52 ans : $\frac{1}{8} \times \frac{3}{10} = \frac{3}{80}$
- Part de la veuve âgée de 48 ans : $\frac{1}{8} \times \frac{4}{10} = \frac{4}{80}$

Part de l'ensemble des veuves : $\frac{3 + 4}{80} = \frac{7}{80}$

b)- Part des enfants :

$$1 - \frac{7}{80} = \frac{73}{80}$$

- Impôt à payer :

a)- par les veuves :

$$3\ 240\ 000 \times \frac{7}{80} = 283\ 500$$

1ère réduction : (art 544 B-2 du C.G.I.)

283 500 – (75 % x 283 500) = 253 500

max : 30 000

2ème réduction :

253 500 – (20 % x 253 500) = 202 800

b)- par les enfants :

$$3\ 240\ 000 \times \frac{73}{80} = 2\ 956\ 500$$

1ère réduction :(art 544 B-2 du C.G.I.)

2 956 500 – (75 % x 2 956 500) = 2 686 500

max : 9 x 30 000 = 270 000

Moyenne par enfant avant la 2ème réduction : $\frac{2\ 686\ 500}{9} = 298\ 500$

2ème réduction :

- Impôt à payer par Grâce SOPPONG, mère de 3 enfants mineurs : 298 500 – (30 % x 298 500) = 208 950
- Impôt à payer par Charles SOPPONG, père de 2 enfants mineurs : 298 500 – (20 % x 298 500) = 238 800
- Impôt à payer par Emmanuel SOPPONG, père de 3 enfants mineurs : 298 500 – (30 % x 298 500) = 208 950
- Impôt à payer par Jean-Paul SOPPONG 298 500
- Impôt à payer par Christiane SOPPONG 298 500
- Impôt à payer par Berthe SOPPONG 298 500
- Impôt à payer par Blandine SOPPONG 298 500
- Impôt à payer par André SOPPONG 298 500
- Impôt à payer par Joël SOPPONG 298 500

Impôt à payer par les enfants :
208 950 + 238 800 + 208 950 + 298 500 + 298 500 + 298 500 + 298 500 + 298 500 + 298 500 = 2 447 700

Récapitulation :

Droits simples : 202 800 + 2 447 700	= 2 650 500
Pénalité encourue (1 droit en sus : art 279 et 322 du C.G.I.)	= 2 650 500
Timbre de dimension : 500 x 3	= 1 500
Montant à acquitter au T. P. :	5 302 500

ÉPREUVE N° 4

Exercice N° 1 :

À titre individuel, Monsieur Alfred ELONSA a effectué l'opération immobilière suivante auprès de Maître Blaise KONABOU, Notaire à Douala.

Le 18 novembre 2001, il a vendu au prix de 165 000 000 F CFA un immeuble urbain bâti situé à Bonanjo-Douala 1er au lieu-dit NKONDO. Il ressort du bordereau analytique annexé dans l'acte que cet immeuble avait été antérieurement acquis en 1995 au prix de 97 000 000 F CFA. Les frais réels dûment justifiés s'élevaient à 27 000 000 F CFA, dont 14 650 000 F CFA de droits d'enregistrement.

- Quelle est l'issue fiscale réservée à cette opération en matière de plus-value immobilière ?

Exercice N° 2 :

Monsieur Louis LOUKATO, Ingénieur des ponts et chaussées, vend à Madame Alice DIARIMOU, Employée de banque, un immeuble urbain bâti situé à Akwa-Douala 1er au prix déclaré de 45 000 000 F CFA. Cette vente a été contractée le 6 novembre 2001 chez maître Jacques BADINCHI, Notaire à Douala.

Le 15 novembre 2001, Maître Jacques BADINCHI soumet l'acte à la formalité d'enregistrement. Il émerge du bordereau analytique annexé dans l'acte que Monsieur Louis LOUKATO a hérité de cet immeuble urbain bâti lors d'une succession déclarée en janvier 1999.

La valeur estimative mentionnée dans la déclaration de succession a été de 20 000 000 F CFA. Les frais réels de transformation dûment justifiés se sont élevés à 5 000 000 F CFA, dont 1 450 000 F CFA de droits d'enregistrement.

Maître Jacques BADINCHI a joint six (6) annexes. En outre, l'expert immobilier assermenté dans le ressort de la Cour d'Appel du Littoral atteste que la valeur vénale de cet immeuble est de 67 000 000 F CFA.

- Quel est le sort fiscal réservé à cette opération en matière de droits de mutation ?
- À combien se chiffrera la plus-value immobilière à acquitter au Trésor Public ?

Exercice N° 3 :

La société ESSOGO a été constituée le 7 janvier 2000 chez Maître René KOUTANE, Notaire à Douala. Au moment de la souscription, les 500 000 000 F CFA de capital ont été entièrement libérés. Le 14 juillet 2001, elle procède à une première augmentation de capital par incorporation de réserves. À ce titre, son capital passe de 500 000 000 F CFA à 1 250 000 000 F CFA. Le 12 septembre 2001, elle envisage une seconde augmentation de capital. À cet effet son capital passe de 1 250 000 000 F CFA à 2 750 000 000 F CFA.

- Quels sont les droits simples dus au titre de la constitution de société ?
- Quels sont les droits simples dus au titre de la première augmentation de capital ?
- Quels sont les droits simples dus au titre de la seconde augmentation de capital ?

Exercice N° 4 :

Le 11 novembre 2001, Madame Laurentine POLANG, propriétaire d'un terrain non bâti situé à Bonabéri-Douala IV, signe un bail à construction avec Monsieur Georges DIBOTING. Le présent bail à construction est conclu pour une durée de 20 ans. La période concernée s'échelonne du 10 décembre 2001 au 9 décembre 2021. L'immeuble donné à bail est destiné à un usage commercial. Le loyer mensuel est de 180 000 F CFA. Le coût des travaux du bâtiment à ériger est évalué à 42 000 000 F CFA.

Le 10 janvier 2002, Monsieur Georges DIBOTING soumet le contrat pour besoins de formalité à l'appréciation du Chef de Centre divisionnaire des impôts territorialement compétent.

Il est précisé que ce contrat est établi en cinq (5) exemplaires, dont six (6) feuilles par exemplaire.

- Quelle est l'issue fiscale réservée à ce contrat de location tant sous l'angle légal que sous l'angle toléré ?

Exercice N° 5 :

Monsieur Maurice SARIMOU, Inspecteur du Trésor retraité, marié sous le régime de communauté de biens décède le 4 décembre 2000 à l'âge de 84 ans.

Le défunt laisse pour lui succéder :

Trois veuves :

Florence MALITA, 76 ans
Colette SARIETOU, 68 ans
Hélène SONIATA, 57 ans

Dix enfants :

Christopher SARIMOU, 58 ans, père de 5 enfants dont 2 mineurs.
Adolphe SARIMOU, 53 ans, père de 6 enfants dont 3 mineurs.
Laurent SARIMOU, 51 ans, père de 4 enfants dont 2 mineurs.
Georgette SARIMOU, 51 ans, mère de 6 enfants dont 1 mineur.
Élise SARIMOU, 50 ans, mère de 7 enfants dont 2 mineurs.
Laure SARIMOU, 50 ans, mère de 3 enfants dont 1 mineur.

Joseph SARIMOU, 49 ans, père de 5 enfants dont 2 mineurs.
Félix SARIMOU, 46 ans, père de 2 enfants, dont 1 mineur.
Agathe SARIMOU, 45 ans, mère de 2 enfants majeurs.
Claire SARIMOU, 43 ans, mère d'1 enfant majeur.
Les biens du défunt sont les suivants :

- Un terrain bâti situé à Mokolo d'une superficie de 850 m² estimée à 17 000 000 F CFA.
- Une plantation de 13 hectares située à Rhumsiki estimée à 62 000 000 F CFA.
- Un immeuble bâti situé à Kapsiki d'une superficie de 940 m² estimée à 25 000 000 F CFA.
- Un compte bancaire SGBC N° 02000124WZ d'un solde créditeur de 3 124 000 F CFA.
- Un compte bancaire BICEC N° 010007892SL d'un solde créditeur de 2 116 000 F CFA.
- Les meubles meublants dûment expertisés se chiffrent à 19 500 000 F CFA.
- Les frais funéraires dûment justifiés s'élèvent à 1 724 000 F CFA.

Monsieur Christopher SARIMOU, administrateur des biens suivant jugement d'hérédité N° 227/2001/2002 du 17 octobre 2001 établi par le tribunal du 1er degré de Ngaoundéré, soumet la présente déclaration au Centre Provincial des impôts de l'Adamaoua le 7 janvier 2002 et l'atteste sincère et véritable.

- Quel est le sort fiscal réservé à la présente succession ?

Exercice N° 6 :

Il ressort des clauses du marché N° 742/MINDEF/DAG/07 du 14 novembre 2006 notifié le 17 janvier 2007 les éléments suivants :

Montant T.T.C. : 119 250 000
Retenue de garantie : 5 %
Cautionnement : 2,5 %

Sept exemplaires de format 21 x 29,7 dont chacun comporte quatorze (14) feuilles.
Une annexe de quinze (15) feuilles.

L'entreprise BOLANG SA, titulaire du marché l'a soumis à la formalité le 23 février 2007.

- Quel est le sort fiscal réservé à ce marché ?

CORRIGÉ DE L'ÉPREUVE N° 4

Exercice N° 1 :

Taxation sur la plus-value :

Prix de cession de l'immeuble	165 000 000
– Charges réelles déductibles : (97 000 000 + 27 000 000)	124 000 000
= plus-value imposable	41 000 000
Montant à acquitter au T.P. : 41 000 000 x 25 %	= 10 250 000

Exercice N° 2 :

- Droits de mutation :

Droits simples (acte) : 67 000 000 x 15 %	= 10 050 000
Droits simples (annexes) : 4 000 x 6	= 24 000
Amendes redevables (art 327 du C.G.I.) $\frac{(67\,000\,000 - 45\,000\,000)}{2}$	= 11 000 000
Montant à acquitter au T.P. :	= 21 074 000

- taxation sur la plus-value :

Prix déclaré dans l'acte	45 000 000
– Charges réelles déductibles : (20 000 000 + 5 000 000 – 1 450 000)	= 23 550 000
= plus-value imposable	21 450 000
Montant à acquitter au T.P. : 21 450 000 x 25 %	= 5 362 500

Exercice N° 3 :

- Droits simples dus au titre de la constitution de société :

2 % x 500 000 000 = 10 000 000 ramenés à	750 000
Montant à acquitter au T.P. :	750 000

- Droits simples dus au titre de la première augmentation de capital :

2 % x (750 000 000 – 500 000 000) = 5 000 000 ramenés à	750 000
1,5 % x (1 250 000 000 – 750 000 000) =7 500 000 ramenés à	1 500 000
Montant à acquitter au T.P. : 750 000 + 1 500 000	= 2 250 000

- Droits simples dus au titre de la seconde augmentation de capital :

1,5 % x (1 500 000 000 –1 250 000 000) = 3 750 000 ramenés à	1 500 000
1 % x (2 750 000 000 – 1 500 000 000) = 12 500 000 ramenés à	3 000 000
Montant à acquitter au T.P. : 1 500 000 + 3 000 000	= 4 500 000

Exercice N° 4 :

a)- Solution légale :

E = 10 % x 180 000 x 240 (mois)	= 4 320 000
Charges = 10 % x 42 000 000	= 4 200 000
T.D. : 500 x 6 x 3	= 9 000
Montant à acquitter au T.P. :	8 529 000

b)- solution tolérée :

E = 10 % x 180 000 x 36 mois	= 648 000
Charges = 10 % x 42 000 000 x 3/20	= 630 000
T.D. : 500 x 6 x 3	= 9 000
Montant à acquitter au T.P. :	1 287 000

Exercice N° 5 :

- Valeur de l'actif brut :

	17 000 000
	62 000 000
	25 000 000
	3 124 000
	2 116 000
	109 240 000
+ meubles meublants	19 500 000
	128 740 000

- Actif net : 128 740 000 – 500 000 = 128 240 000
- Actif net imposable : (boni de communauté) :

$$\frac{128\,240\,000}{2} = 64\,120\,000$$

- Impôt théorique : (art. 348 et 544-B-b du C.G.I.)

0	à	500 000	néant	0
500 001	à	2 000 000	2 %	30 000
2 000 001	à	5 000 000	5 %	150 000
5 000 001	à	10 000 000	8 %	400 000
10 000 001	à	64 120 000	10 %	5 412 000
				5 992 000

- Parts des parties :

La veuve ou l'ensemble des veuves est usufruitière du ¼ de la succession. Dans la circonstance, nous sommes en présence de 3 veuves, donc chacune d'elle est usufruitière de : $\frac{1/4}{3} = \frac{1}{12}$

a)- Part des veuves :

- Part de la veuve âgée de 76 ans : $\frac{1}{12} \times \frac{1}{10} = \frac{1}{120}$
- Part de la veuve âgée de 68 ans : $\frac{1}{12} \times \frac{2}{10} = \frac{2}{120}$

- Part de la veuve âgée de 57 ans : $\frac{1}{12} \times \frac{3}{10} = \frac{3}{120}$

Part de l'ensemble des veuves : $\frac{1 + 2 + 3}{120} = \frac{6}{120}$

b)- Part des enfants :

$$1 - \frac{6}{120} = \frac{114}{120}$$

- Impôt à payer :

a)- par les veuves :

$$5\,992\,000 \times \frac{6}{120} = 299\,600$$

1ère réduction : (art. 544 B-2 du C.G.I.)

299 600 – (75 % x 299 600) = 269 600

max : 30 000

2ème réduction : (néant) ; le défunt n'a pas laissé des enfants mineurs ou infirmes

b)- par les enfants :

$$5\,992\,000 \times \frac{114}{120} = 5\,692\,400$$

1ère réduction :(Art 544 B-2 du C.G.I)

5 692 400 – (75 % x 5 692 400) = 5 392 400

max : 10 x 30 000 = 300 000

Moyenne par enfant avant la 2ème réduction : $\frac{5\,392\,400}{10} = 539\,240$

2ème réduction :

- Impôt à payer par Christopher SARIMOU, père de 2 enfants mineurs : 539 240 – (20 % x 539 240) = 431 400
- Impôt à payer par Adolphe SARIMOU, père de 3 enfants mineurs : 539 240 – (30 % x 539 240) = 377 470
- Impôt à payer par Laurent SARIMOU, père de 2 enfants mineurs : 539 240 – (20 % x 539 240) = 431 400
- Impôt à payer par Georgette SARIMOU, mère d'1 enfant mineur : 539 240 – (10 % x 539 240) = 485 320
- Impôt à payer par Élise SARIMOU, mère de 2 enfants mineurs : 539 240 – (20 % x 539 240) = 431 400
- Impôt à payer par Laure SARIMOU, mère d'1 enfant mineur : 539 240 – (10 % x 539 240) = 485 320
- Impôt à payer par Joseph SARIMOU, père de 2 enfants mineurs : 539 240 – (20 % x 539 240) = 431 400
- Impôt à payer par Félix SARIMOU, père d'1 enfant mineur : 539 240 – (10 % x 539 240) = 485 320

- Impôt à payer par Agathe SARIMOU, mère de 2 enfants majeurs : 539 240
- Impôt à payer par Claire SARIMOU, mère d'1 enfant majeur : 539 240

Impôt à payer par les enfants :

431 400 + 377 470 + 431 400 + 485 320 + 431 400 + 485 320 + 431 400 + 485 320 + 539 240 + 539 240 = 4 637 490

Récapitulation :

Droits simples : 269 600 + 4 637 490	=	4 907 090
Pénalité encourue (1/2 droit en sus : art 279 et322 du C.G.I.)	=	2 453 550
Timbre de dimension : 500 x 3	=	1 500
Montant à acquitter au T.P. :		7 362 140

Exercice N° 6 :

Montant H.T. = $\frac{119\,250\,000}{1{,}192\,5}$ = 100 000 000

Droits d'enregistrement (marché) : 2 % x 100 000 000	=	2 000 000
Droits d'enregistrement (annexe) : DF	=	4 000
Retenue de garantie : 100 000 000 x 1 % x5%	=	50 000
Cautionnement : 100 000 000 x 1 % x 2,5 %	=	25 000
Pénalité encourue	=	2 079 000
Droits de timbre de dimension (marché) : 1 000 x 7 x 14	=	98 000
Droits de timbre de dimension (annexe) : 1 000 x 15 x 7	=	105 000
Montant à acquitter au T.P. :		4 361 000

ÉPREUVE N° 5

Exercice N° 1 :

Il émerge de l'examen des données du marché N° 0326/MINEFI/SG/01/02 financé à 62 % par la Caisse Française de Développement (C.F.D.), les éléments suivants :

Montant H.T. : 164 000 000
TVA (18,7 %) : 30 668 000
Montant TTC : 194 668 000
Sept (7) exemplaires de format 27 x 42 dont chacun comporte onze (11) feuilles.
Trois (3) annexes dont chacune comporte treize (13) feuilles.

- Quel est le sort fiscal réservé à ce marché ?

Exercice N° 2 :

Monsieur Raphaël ABACHETIMA, Cambiste, vend à monsieur Aliou BENMENI, Huissier de justice, un immeuble urbain bâti situé à Ndogpassi-Douala V au prix déclaré de 54 000 000 F CFA. Cette vente a été contractée le 9 octobre 2001 chez Maître Yérima LAMEDENE, Notaire à Douala. Le 19 novembre 2001, Maître Yérima LAMEDENE soumet l'acte à la formalité d'enregistrement.

Il émerge du bordereau analytique annexé dans l'acte que Monsieur Raphaël ABACHETIMA a bénéficié de cet immeuble urbain des suites d'une dévolution héréditaire déclarée en février 2001. La valeur estimative mentionnée dans la déclaration de succession se chiffrait à 27 000 000 F CFA. Les frais réels de transformation dûment justifiés se sont élevés à 6 500 000 F CFA, dont 2 150 000 F CFA de droits d'enregistrement. Maître Yérima LAMEDENE a joint 6 annexes. En outre, l'expert immobilier près la Cour d'Appel du Littoral atteste que la valeur vénale de cet immeuble est de 73 000 000 F CFA.

- Quelle est l'issue fiscale réservée à cette opération en matière de droits de mutation ?
- À combien se chiffrera la plus-value immobilière à acquitter au Trésor Public ?

Exercice N° 3 :

Il émerge de l'acte N° 4723 du répertoire du 14 septembre 2001 de Me Bernard LOUGONGUE, Notaire à Douala, portant vente de fonds de commerce de la société SOLOFAM au profit de Monsieur Laurent KASADI né le 25 mai 1959 à Mbanga, les éléments suivants :

Un fonds de commerce exploité à Bonapriso-Douala 1er sous la dénomination SOLOFAM, immatriculé au registre de commerce sous le N° 7642. Ce fonds comprend d'une part les éléments incorporels, le matériel et objets mobiliers, d'autre part des marchandises neuves et un stock de produits cosmétiques dont le détail est joint à l'annexe de l'acte.

Le vendeur déclare que le fonds cédé à monsieur Laurent KASADI appartient à la société venderesse pour l'avoir hérité suivant jugement N° 326/86/87 du tribunal de première instance de Douala-Bonabéri.

Comme conséquence de la présente vente, Monsieur Laurent KASADI bénéficiera de tous les éléments corporels et incorporels du présent fonds dont toute contestation actuelle ou éventuelle d'un tiers serait nulle et non avenue. Il pourra à son tour le céder s'il le désire à un tiers dans les conditions et limites prévues par les lois et règlements.

La présente vente est consentie et acceptée moyennant le prix de 27 824 000 F CFA dont le détail ci suit :

- Éléments incorporels 14 000 000
- Matériel et objets mobiliers 8 200 000
- Marchandises (shampooing) 3 125 000
- Stock (produits cosmétiques) 2 499 000

Me Bernard LOUGONGUE a donné lecture des articles 324 à 330 du C.G.I. sur les insuffisances et dissimulations ainsi que sur le droit de préemption en matière d'immeubles, de meubles, de fonds de commerce ou de navires.

- Quelle est l'issue fiscale réservée à cette mutation de fonds de commerce tout en sachant que cet acte a été déposé au Centre des impôts territorialement compétent le 3 novembre 2001 ?

<u>Exercice N° 4</u> :

Monsieur Rodolphe MOELLONGUE, Libraire retraité, domicilié à Douala 1er, marié sous le régime de séparation de biens décède à Douala le 3 décembre 2000 à l'âge de 82 ans.

Le défunt laisse pour lui succéder :

Cinq veuves :

Sipora MBAKONG, 73 ans
Nicole RODANGUE, 67 ans
Pauline TCHAGOING, 65 ans
Esther NGABONG, 58 ans
Désirée BELLOING, 39 ans

Dix-huit enfants :

Césaire MOELLONGUE, 54 ans, sans enfant mineur.

Nelson MOELLONGUE, 52 ans, sans enfant mineur.
Charlotte MOELLONGUE, 51 ans, mère d'1 enfant mineur.
Caroline MOELLONGUE, 49 ans, sans enfant mineur.
Evelyne MOELLONGUE, 49 ans, mère de 2 enfants mineurs.
Maximilienne MOELLONGUE, 47 ans, mère de 3 enfants mineurs.
Nadia MOELLONGUE, 46 ans, mère d'1 enfant mineur.
Patricia MOELLONGUE, 44 ans, mère d'1 enfant mineur.
Laura MOELLONGUE, 42 ans, mère de 2 enfants mineurs.
Élise MOELLONGUE, 42 ans, mère d'1 enfant mineur.
Paul MOELLONGUE, 41 ans, père de 4 enfants mineurs.
Aristide MOELLONGUE, 40 ans, père de 2 enfants mineurs.
Simon MOELLONGUE, 39 ans, père de 2 enfants mineurs.
Mathilde MOELLONGUE, 34 ans, mère d'1 enfant mineur.
Narcisse MOELLONGUE, 26 ans, père de 3 enfants mineurs.
Bénédicte MOELLONGUE, 17 ans, sans enfant.
Aimée MOELLONGUE, 16 ans, sans enfant.
Georgette MOELLONGUE, 15 ans, sans enfant.

Les biens du défunt sont les suivants :

- Un terrain bâti de 350 m² situé à Akwa-Douala 1er estimé à 37 000 000 F CFA.
- Une plantation de 14 hectares située à Souza estimée à 54 000 000 F CFA.
- Un terrain bâti de 870 m² situé à Bonapriso-Douala 1er estimé à 48 000 000 F CFA.
- Un compte bancaire CBC N° 004000713/7 d'un solde créditeur de 1 730 000 F CFA.
- Un compte bancaire SCB-Crédit Lyonnais N° 0320720XG d'un solde créditeur de 3 150 000 F CFA.

En outre, sur la base d'une facture justificative, les frais funéraires se sont élevés à 713 000 F CFA.

Les meubles meublants dûment expertisés se sont chiffrés à 16 500 000 F CFA.

Monsieur Césaire MOELLONGUE, administrateur des biens suivant jugement d'hérédité N° 423/01/02 du 7 janvier 2002 établi par le tribunal du 1er degré de Douala, soumet la présente déclaration au Centre divisionnaire des impôts de Douala II le 9 janvier 2002 et l'atteste sincère et véritable.

- Quelle est l'issue fiscale réservée à la présente déclaration de succession ?

CORRIGÉ DE L'ÉPREUVE N° 5

Exercice N° 1 :

Droits d'enregistrement (marché) : DF	=	50 000
Droits d'enregistrement (annexes) : 4 000 x 3	=	12 000
Droits de timbre gradué : 2 00 000 x 7	=	1 400 000
Droits de timbre de dimension (marché) : 1 000 x 11 x 7	=	77 000
Droits de timbre de dimension (annexe) : 1 000 x 13 x 3 x 7	=	73 000
Montant à acquitter au T.P. :		1 812 000

Exercice N° 2 :

- Droits de mutation :

Droits simples (acte) : 73 000 000 x 15 %	=	10 950 000
Droits simples (annexes) : 4 000 x 6	=	24 000
Pénalité encourue	=	10 974 000
Amendes redevables (art. 327 du C.G.I.) $\frac{(73\,000\,000 - 54\,000\,000)}{2}$	=	9 500 000
Montant à acquitter au T. P. :		31 448 000

- Taxation sur la plus-value :

Prix déclaré dans l'acte	54 000 000
-	
Charges réelles déductibles : (27 000 000 + 6 500 000 – 2 150 000)	= 31 350 000
= Plus-value imposable	22 650 000
Montant à acquitter au T.P. : 25 % x 22 650 000	= 5 662 500

Exercice N° 3 :

D.S. : (Éléments incorporels, matériel et objets mobiliers) : 15 % x 22 200 000	=	3 330 000
D.S. : (marchandises et stock) : 2 % x 5 624 000	=	112 480
Annexe	=	4 000
Pénalités encourues (1 droit en sus)		3 446 480
Montant à acquitter au T.P. :		6 892 960

Exercice N° 4 :

- Valeur de l'actif brut :

	37 000 000
	54 000 000
	48 000 000
	1 730 000
	3 150 000
	143 880 000
+ meubles meublants	16 500 000
	160 380 000

- Actif net : 160 380 000 – 500 000 = 159 880 000
- Actif net imposable : 159 880 000
- Impôt théorique : (art. 348 et 544 B-b du C.G.I.)

0	à 500 000	néant	0
500 001	à 2 000 000	2 %	30 000
2 000 001	à 5 000 000	5 %	150 000
5 000 001	à 10 000 000	8 %	400 000
10 000 001	à 159 880 000	10 %	14 988 000
			15 568 000

- Parts des parties :

La veuve ou l'ensemble des veuves est usufruitière du ¼ de la succession. Étant donné que nous sommes en présence de cinq (5) veuves, chacune d'elle est usufruitière de : $\frac{1/4}{5} = \frac{1}{20}$

a)- Parts des veuves :

- Part de la veuve âgée de 73 ans : $\frac{1}{20} \times \frac{1}{10} = \frac{1}{200}$
- Part de la veuve âgée de 67 ans : $\frac{1}{20} \times \frac{2}{10} = \frac{2}{200}$
- Part de la veuve âgée de 65 ans : $\frac{1}{20} \times \frac{2}{10} = \frac{2}{200}$
- Part de la veuve âgée de 58 ans : $\frac{1}{20} \times \frac{3}{10} = \frac{3}{200}$
- Part de la veuve âgée de 39 ans : $\frac{1}{20} \times \frac{5}{10} = \frac{5}{200}$

Part de l'ensemble des veuves : $\frac{1 + 2 + 2 + 3 + 5}{200} = \frac{13}{200}$

b)- Part des enfants :

$$1 - \frac{13}{200} = \frac{187}{200}$$

- Impôt à payer :

a)- par les veuves :

$$15\,568\,000 \times \frac{13}{200} = 1\,011\,920$$

1ère réduction : (art. 544 B-2 du C.G.I)

1 011 920 – (75 % x 1 011 920) = 981 920

max : 30 000

2ème réduction :

981 920 – (30 % x 981 920) = 687 350

b)- par les enfants :

$$15\,568\,000 \times \frac{187}{200} = 14\,556\,080$$

1ère Réduction :(art. 544 B-2 du C.G.I.)

14 556 080 – (75 % x 14 556 080) = 14 016 080

max : 18 x 30 000 = 540 000

Moyenne par enfant avant la 2ème réduction : $\frac{14\,016\,080}{18} = 778\,680$

2ème réduction :

- Impôt à payer par Césaire MOELLONGUE : 778 680
- Impôt à payer par Nelson MOELLONGUE : 778 680
- Impôt à payer par Charlotte MOELLONGUE :
  778 680 – (10 % x 778 680) = 700 820
- Impôt à payer par Caroline MOELLONGUE : 778 680
- Impôt à payer par Évelyne MOELLONGUE :
  778 680 – (20 % x 778 680) = 622 950
- Impôt à payer par Maximilienne MOELLONGUE :
  778 680 – (30 % x 778 680) = 545 080
- Impôt à payer par Nadia MOELLONGUE :
  778 680 – (10 % x 778 680) = 700 820
- Impôt à payer par Patricia MOELLONGUE :
  778 680 – (10 % x 778 680) = 700 820
- Impôt à payer par Laura MOELLONGUE :
  778 680 – (20 % x 778 680) = 622 950
- Impôt à payer par Elise MOELLONGUE :
  778 680 – (10 % x 778 680) = 700 820
- Impôt à payer par Paul MOELLONGUE :
  778 680 – (40 % x 778 680) = 467 210
- Impôt à payer par Aristide MOELLONGUE :

778 680 – (20 % x 778 680) = 622 950

- Impôt à payer par Simon MOELLONGUE :

778 680 – (20 % x 778 680) = 622 950

- Impôt à payer par Mathilde MOELLONGUE :

778 680 – (10 % x 778 680) = 700 820

- Impôt à payer par Narcisse MOELLONGUE :

778 680 – (30 % x 778 680) = 545 080

- Impôt à payer par Bénédicte MOELLONGUE : 778 680
- Impôt à payer par Aimée MOELLONGUE : 778 680
- Impôt à payer par Georgette MOELLONGUE : 778 680

Impôt à payer par les enfants :

778 680 + 778 680 + 700 820 + 778 680 + 622 950 + 545 080 + 700 820 + 700 820 + 622 950 + 700 820 + 467 210 + 622 950 + 622 950 + 700 820 + 545 080 + 778 680 + 778 680+ 778 680 = 12 225 350

Récapitulation :

Droits simples : 687 350 + 12 225 350	=12 912 700
Pénalité encourue (1/2 droit en sus : art.279 et 322 du C.G.I.)	= 6 456 350
Timbre de dimension : 500 x 3	= 1 500
Montant à acquitter au T. P. :	19 370 550

ÉPREUVE N° 6

Exercice 1 :

Il ressort des clauses du marché N° 0826/MINDIC/DAG/02 les éléments suivants :

Montant H.T. : 125 000 000
TVA (18,7 %) : 23 375 000
Montant T.T.C. : 148 375 000
Retenue de garantie : 5 %
Cautionnement : 2,5 %
Sept exemplaires de format 21 x 29,7 dont chacun comporte (11) feuilles.

Une annexe de (10) feuilles.

- Quel est le sort fiscal réservé à ce marché ?

Exercice 2 :

La société Auredure a été constituée le 16 janvier 2002 chez Maître Paul Hussion, Notaire à Douala. Au moment de la souscription, les 1 750 000 000 F CFA de capital ont été entièrement libérés. Le 17 septembre 2002, elle procède à une augmentation de capital par fusion avec la société Rhésydu. À ce titre son capital passe de 1 750 000 000 F CFA à 9 000 000 000 F CFA.

- Quels sont les droits simples dus au titre de la constitution de société ?
- Quels sont les droits simples dus au titre de l'augmentation de capital ?

Exercice N° 3 :

Monsieur Joseph POKOU, Inspecteur des Douanes retraité, domicilié à Bonabéri-Douala, marié sous le régime de communauté de biens décède le 20 juillet 2002 à l'âge de 73 ans.

Le défunt laisse pour lui succéder :
Une veuve : Laure MASSAMBA, âgée de 63 ans
Cinq enfants :

Anatole POKOU, 37 ans
Pauline POKOU, 28 ans
Michel POKOU, 24 ans
Denis POKOU, 20 ans
Martine POKOU, 17 ans

Les biens du de cujus sont les suivants :

Un terrain non bâti situé à Akwa-Douala 1er d'une superficie de 280 m² estimé à 7 500 000 F CFA.

Un terrain bâti situé à Bali-Douala 1er d'une superficie de 340 m² estimé à 25 250 000 F CFA.

Un compte bancaire à la BICEC N° 0070008326IG d'un solde créditeur de 1 250 000 F CFA.

Les frais funéraires dûment justifiés s'élèvent à 2 150 000 F CFA.

Monsieur Anatole POKOU, administrateur des biens suivant jugement d'hérédité N° 615/2002 du 16 octobre 2002 établi par le tribunal de 1er degré de Douala, soumet la présente déclaration au Centre Divisionnaire des Impôts de Douala I le 14 novembre 2002 et l'atteste sincère et véritable.

- Quelle est l'issue fiscale réservée à cette succession ?

Exercice 4 :

À titre personnel, Madame Hélène MARONA a effectué l'opération immobilière suivante auprès de maître Jean BOUBA, notaire à Douala, Boulevard de l'indépendance.

Le 3 août 2002, elle a vendu au prix de 260 000 000 F CFA un immeuble urbain bâti situé à Bonapriso-Douala. Il émerge du bordereau analytique annexé dans l'acte que cet immeuble avait été antérieurement acquis au prix de 107 000 000 F CFA. Les frais réels dûment justifiés s'élevaient à 34 000 000 F CFA, dont 13 750 000 F CFA de droits d'enregistrement.

- Quelle est l'issue fiscale réservée à cette opération au titre de la plus-value immobilière ?

CORRIGÉ DE L'ÉPREUVE N° 6

Exercice N° 1 :

Droits d'enregistrement (marché)	125 000 000 x 2 %	=	2 500 000
Droits d'enregistrement (annexe)	DF	=	4 000
Retenue de garantie	125 000 000 x 5 % x 1 %	=	62 500
Cautionnement	125 000 000 x 2,5 % x 1 %	=	31 250
Droits de timbre de dimension (marché)	500 x 11 x 7	=	38 500
Droits de timbre de dimension (annexe)	500 x 10 x 7	=	35 000
Montant à acquitter au T.P. :			2 671 250

Exercice N° 2 :

Droits simples dus au titre de la constitution de société :

2 % x 750 000 000 = 15 000 000 ramenés à	750 000
1,5 % x (1 500 000 000 – 750 000 000) = 11 250 000 ramenés à	1 500 000
1 % x (1 750 000 000 – 1 500 000 000) =	2 500 000
Montant à acquitter au T.P. :	4 750 000

Droits simples dus au titre de l'augmentation de capital :

1 % x (3 000 000 000 – 1 750 000 000) = 12 500 000 ramenés à	3 000 000
0,5 % x (5 000 000 000 – 3 000 000 000) =10 000 000 ramenés à	5 000 000
0,25 % x (9 000 000 000–5 000 000 000) =10 000 000 ramenés à	2 500 000
Montant à acquitter au T.P. :	10 500 000

Exercice N° 3 :

- Valeur de l'actif brut :

	7 500 000
	25 250 000
	1 250 000
	34 000 000
+ forfait mobilier (5 %. art. 297 du C.G.I.)	1 700 000
	35 700 000

- Actif net :
  Actif brut – passif successoral
  35 700 000 – 500 000 = 35 200 000

- Actif net imposable (boni de communauté) :
  $\frac{35\,200\,000}{2} = 17\,600\,000$

- Impôt théorique : (art. 348 et 544 B-b)

0	à	500 000	néant	0
500 001	à	2 000 000	2 %	30 000
2 000 001	à	5 000 000	5 %	150 000
5 000 001	à	10 000 000	8 %	400 000
10 000 001	à	17 880 000	10 %	760 000
				1 340 000

- Parts des parties :

La veuve est usufruitière du ¼ de la succession

a)- Part de la veuve âgée de 63 ans : $\frac{1}{4} \times \frac{2}{10} = \frac{2}{40}$

b)- Part des enfants : $1 - \frac{2}{40} = \frac{38}{40}$

- Impôt à payer :

a)- par la veuve : $1\,340\,000 \times \frac{2}{40} = 67\,000$

1ère réduction : (Art 544 B-b2 du C.G.I)

67 000 - (75 % x 67 000) = 37 000

max 30 000

2ème réduction :

37 000 - (20 % x 37 000) = 29 600

b)- par les enfants :

$1\,340\,000 \times \frac{38}{40} = 1\,273\,000$

1ère réduction :(art. 544 B- b2 du C.G.I.)

1 273 000 – (75 % x 1 273 000) = 1 123 000

max : 5 x 30 000 = 150 000

2ème réduction : (néant) ; pas de petits-enfants mineurs ou infirmes.

Récapitulation :

Droits simples : 29 600 + 1 123 000	= 1 152 600
Timbre de dimension : 500 x 3	= 1 500
Montant à acquitter au T. P. :	1 154 100

Exercice N° 4 :

Prix de cession de l'immeuble	260 000 000
-	
Charges réelles déductibles (107 000 000 + 34 000 000)	141 000 000
= Plus-value imposable	119 000 000
Montant à acquitter au T.P. :	119 000 000 x 25 % = 29 750 000

ÉPREUVE N° 7

Exercice N° 1 :

Il émerge de l'examen des données du marché N° 0726/MINAT/DAG/2002 financé à 53 % par la coopération japonaise les éléments suivants :

Montant HT	:	270 000 000
TVA (18,7 %)	:	50 490 000
Montant T.T.C.	:	320 490 000
Retenue de garantie	:	5 %
Cautionnement	:	5 %

Sept exemplaires de format 27 x 42 dont chacun comporte (7) feuilles.
Trois annexes dont chacune comporte neuf (9) feuilles.

- Quel est le sort fiscal réservé à ce marché ?

Exercice N° 2 :

À titre individuel, Monsieur Prosper SOPOMI a effectué l'opération suivante auprès de maître Éric MOCKTAR, notaire à Douala, Rue King Akwa.

Le 20 juillet 2002, il a vendu au prix de 360 000 000 F CFA un immeuble urbain bâti situé à Bali-Douala. Il ressort du bordereau analytique annexé dans l'acte que cet immeuble avait été précédemment acquis lors d'une succession déclarée en avril 1999 pour une valeur estimative de 270 000 000 F CFA.

Les frais réels dûment justifiés s'élevaient à 62 000 000 F CFA, dont 36 250 000 F CFA de droits d'enregistrement.

- Quel est le sort fiscal réservé à cette opération au regard de la plus-value immobilière ?

Exercice N° 3 :

Monsieur Paul POUSSATE, Inspecteur des Finances retraité, domicilié à New-Bell-Douala 1er, marié sous le régime de communauté des biens décède à Douala, le 16 mai 2000 à l'âge de 71 ans.

Le défunt laisse pour lui succéder :
Deux veuves :
Solange BINETA, âgée de 67 ans
Sylvie FOULATE, âgée de 58 ans
Sept enfants :
Alfred POUSSATE, 41 ans
Auguste POUSSATE, 39 ans
Albert POUSSATE, 37 ans

Félix POUSSATE, 37 ans
Sarah POUSSATE, 34 ans
Naomi POUSSATE, 32 ans
Georges POUSSATE, 30 ans

Les biens du de cujus sont les suivants :

Un terrain bâti de 450 m² situé à Bonapriso-Douala 1er estimé à 17 500 000 F CFA.

Un terrain bâti de 510 m² situé à Bonadoumbè-Douala 1er estimé à 14 500 000 F CFA.

Un terrain non bâti de 800 m² situé à Bonamoussadi-Douala 5ème estimé à 4 750 000 F CFA.

Un compte bancaire à la Standard-Bank N° 00400004132ZY d'un solde créditeur de 2 650 000 F CFA.

Les meubles meublants expertisés se chiffrent à 7 500 000 F CFA.

Les frais funéraires dûment justifiés s'élèvent à 1 750 000 F CFA.

Monsieur Alfred POUSSATE, administrateur des biens suivant jugement d'hérédité N° 57/2001 du 27 décembre 2001 établi par le Tribunal de 1er degré de Douala, soumet la présente déclaration au Centre Divisionnaire des Impôts de Douala III le 9 octobre 2002 et l'atteste sincère et véritable.

- Quelle est l'issue fiscale réservée à la présente déclaration de succession ?

<u>Exercice N° 4</u> :

La société Pooh Bell a été constituée le 17 décembre 2001 chez Maître Elie Daytritus, Notaire à Douala. Au moment de la souscription, les 450 000 000 F CFA de capital ont été entièrement libérés. Le 8 janvier 2002, elle procède à une augmentation de capital par des apports en numéraire. À cet effet son capital passe de 450 000 000 F CFA à 1 850 000 000 F CFA. Le 14 août 2002, elle envisage une seconde augmentation de capital par des apports en nature. Cette fois-ci son capital passe de 1 850 000 000 F CFA à 6 250 000 000 F CFA.

- Quels sont les droits simples dus au titre de la constitution de société ?
- Quels sont les droits simples dus au titre de la première augmentation de capital ?
- Quels sont les droits simples dus au titre de la seconde augmentation de capital ?

CORRIGÉ DE L'ÉPREUVE N° 7

Exercice N° 1 :

Droits simples (marché) DF	=	50 000
Droits simples (annexes) DF : (4000 X 3)	=	12 000
Droits de timbre gradué 200 000 x 7	=	1 400 000
Droits de timbre de dimension (marché) 1000 x 7 x 7	=	49 000
Droits de timbre de dimension (annexes) 1000 x 9 x 7 x 3	=	189 000
Montant à acquitter au T.P. :		1 700 000

Exercice N° 2 :

Prix de cession de l'immeuble		360 000 000
-		
Charges réelles déductibles :		
(270 000 000 + 62 000 000) – 36 250 000)		295 750 000
Plus-value imposable		64 250 000
Montant à acquitter au T.P. :	64 250 000 x 25 %	= 16 062 500

Exercice N° 3 :

- Valeur de l'actif brut :

	17 500 000
	14 500 000
	4 750 000
	2 650 000
	39 400 000
+ forfait mobilier (5 % art. 297 du C.G.I.)	7 500 000
	46 900 000

- Actif net :

46 900 000 – 500 000 = 46 400 000

- Actif net imposable : (boni de communauté) :

$$\frac{46\,400\,000}{2} = 23\,200\,000$$

- Impôt théorique : (art 348 et 544 B-b du C.G.I)

0	à	500 000	néant	0
500 001	à	2 000 000	2 %	30 000
2 000 001	à	5 000 000	5 %	150 000
5 000 001	à	10 000 000	8 %	400 000
10 000 001	à	23 200 000	10 %	1 320 000
				1 900 000

- Parts des parties :

La veuve ou l'ensemble des veuves est usufruitière du ¼ de la succession. Nous sommes en présence de deux veuves, donc chacune d'elle est usufruitière de $\frac{1/4}{2} = \frac{1}{8}$

a)- Parts des veuves :

- Part de la veuve âgée de 67 ans : $\frac{1}{8} \times \frac{2}{10} = \frac{2}{80}$
- Part de la veuve âgée de 58 ans : $\frac{1}{8} \times \frac{3}{10} = \frac{3}{80}$

Part de l'ensemble des veuves : $\frac{2 + 3}{80} = \frac{5}{80}$

b)- Part des enfants : $1 - \frac{5}{80} = \frac{75}{80}$

- Impôt à payer :

a)- par les veuves :

$$1\ 900\ 000 \times \frac{5}{80} = 118\ 750$$

1ère réduction : (art.544 B-2 du C.G.I.)

118 750 – (75 % x 118 750) = 88 750

max : 30 000

2ème réduction : (néant) ; pas d'enfants mineurs ou infirmes.

b)- par les enfants :

$$1\ 900\ 000 \times \frac{75}{80} = 1\ 781\ 250$$

1ère réduction :(art. 544 B-2 du C.G.I.)

1 781 250 – (75 % x 1 781 250) = 1 571 250

max : 7 x 30 000 = 210 000

2ème réduction : (néant) ; pas d'enfants mineurs ou infirmes.

Récapitulation :

Droits simples : 88 750 + 1 571 250	= 1 660 000
Pénalité encourue (1 droit en sus : art. 279 et 322 du C.G.I.)	= 1 660 000
Timbre de dimension : 500 x 3	= 1 500
Montant à acquitter au T. P. :	3 321 500

Exercice N° 4 :

- Droits simples dus au titre de la constitution de société :

2 % x 450 000 000 = 9 000 000 ramenés à	750 000
Montant à acquitter au T.P. :	750 000

- Droits simples dus au titre de la première augmentation de capital :

2 % x (750 000 000 – 450 000 000) = 6 000 000 ramenés à	750 000
1,5 % x (1 500 000 000 – 750 000 000) =11 250 000 ramenés à	1 500 000

1 % x (1 850 000 000 – 1 500 000 000) = 3 500 000 ramenés à 3 000 000
Montant à acquitter au T.P. : = 5 250 000

- Droits simples dus au titre de la seconde augmentation de capital :

1 % x (3 000 000 000 –1 850 000 000) = 11 500 000 ramenés à 3 000 000
0,5 % x (5 000 000 000 – 3 000 000 000) = 10 000 000 ramenés à 5 000 000
0,25 % x (6 250 000 000 – 5 000 000 000) = 3 125 000 ramenés à 2 500 000
Montant à acquitter au T.P. : 10 500 000

ÉPREUVE N° 8

Exercice N° 1 :

Il émerge de l'examen des données du marché N° 0324/MINDEF/01/02 financé à 53 % par la coopération japonaise les éléments suivants :

Montant T.T.C.	:	22 000 000
Retenue de garantie	:	10 %
Cautionnement	:	10 %

Sept exemplaires de format 21 x 29,7 dont chacun comporte huit (8) feuilles.

Trois annexes dont chacune comporte treize (13) feuilles.

- Quel est le sort fiscal réservé à ce marché ?

Exercice N° 2 :

Monsieur Louis EYENGUE, Imprimeur, vend à Madame Laurette SOGATONG, employée d'assurance, un immeuble urbain bâti situé à New-Deïdo-Douala 1er au prix déclaré de 41 000 000 F CFA. Cette vente a été contractée le 4 avril 2002 chez Maître Elise ANGWAFOR, notaire à Douala. Le 6 mai 2002, Maître Elise ANGWAFOR soumet l'acte à la formalité d'enregistrement.

Il ressort du bordereau analytique annexé dans l'acte que Monsieur Louis EYENGUE a hérité de cet immeuble urbain bâti lors d'une succession déclarée en mars 2001. La valeur estimative mentionnée dans la déclaration de succession a été de 16 500 000 F CFA.

Les frais réels de transformation dûment justifiés se sont élevés à 3 500 000 F CFA, dont 1 275 000 F CFA de droits d'enregistrement. Maître Elise ANGWAFOR a joint quatre (4) annexes. En outre l'expert immobilier assermenté dans le ressort de la Cour d'Appel du Littoral atteste que la valeur vénale de cet immeuble est de 62 000 000 F CFA.

- Quelle est l'issue fiscale réservée a cette opération en matière de droits de mutation ?

- À combien se chiffrera la plus-value immobilière à acquitter au Trésor Public ?

Exercice N° 3 :

La société EKOUMING a été constituée le 7 juillet 2001 chez Maître Laurent WAZONGUE, Notaire à Douala. Au moment de la souscription, les 650 000 000 F CFA de capital ont été entièrement libérés. Le 24 septembre 2001, elle procède à une augmentation de capital par apports nouveaux d'éléments d'actif. À cet effet, son capital passe de 650 000 000 F CFA à 1 255 000 000 F CFA. Le 14 janvier 2002, elle envisage une seconde augmentation de capital. À ce titre, son capital passe de 1 255 000 000 F CFA à 3 610 000 000 F CFA.

- Quels sont les droits simples dus au titre de la constitution de société ?

- Quels sont les droits simples dus au titre de la première augmentation de capital ?

- Quels sont les droits simples dus au titre de la seconde augmentation de capital ?

<u>Exercice N° 4</u> :

Monsieur Laurent CHOUAEBOU, Ingénieur des P.T.T. retraité, marié sous le régime de communauté de biens décède le 3 décembre 2001 à l'âge de 81 ans.

Le défunt laisse pour lui succéder :

Trois veuves :

Violette KALIKA, 73 ans
Lucie SALIFOU, 67 ans
Henriette DJINATA, 52 ans

Neuf enfants :

Kévin CHOUAEBOU, 54 ans, père de 6 enfants dont 2 mineurs
Aline CHOUAEBOU, 51 ans, mère de 7 enfants dont 3 mineurs
Albert CHOUAEBOU, 49 ans, père de 5 enfants, dont 1 mineur.
Georges CHOUAEBOU, 49 ans, père de 6 enfants dont 2 mineurs
Daniel CHOUAEBOU, 47 ans, père de 4 enfants, dont 1 mineur
Alice CHOUAEBOU, 47 ans, mère de 3 enfants dont 2 mineurs
Clarisse CHOUAEBOU, 46 ans, mère de 2 enfants majeurs
William CHOUAEBOU, 45 ans, père de 2 enfants, dont 1 mineur
Abel CHOUAEBOU, 43 ans, père d'1 enfant mineur.

Les biens du de cujus sont les suivants :

- Un terrain bâti situé à Maroua-Salak d'une superficie de 970 m² estimé à 21 000 000 F CFA.
- Une plantation de 11 hectares située à Kapsiki estimée à 58 000 000 F CFA.
- Un immeuble bâti situé à Ngaoundéré d'une superficie de 1024 m² estimé à 34 000 000 F CFA.
- Un compte bancaire BICEC N° 01000824JK d'un solde créditeur de 3 217 000 F CFA.

- Les meubles meublants dûment expertisés se chiffrant à 22 000 000 F CFA.
- Les frais funéraires dûment justifiés s'élèvent à 2 317 000 F CFA.

Monsieur Kévin CHOUAEBOU, administrateur des biens suivant jugement d'hérédité N° 213/2001/2002 du 13 février 2002 établi par le tribunal du 1er degré de Ngaoundéré, soumet la présente déclaration au Centre Provincial des impôts de l'Adamaoua le 17 avril 2002 et l'atteste sincère et véritable.

- Quel est le sort fiscal réservé à la présente succession ?

CORRIGÉ DE L'ÉPREUVE N° 8

Exercice N° 1 :

Montant hors taxes :	22 000 000 / 1,187	=	18 535 000
Droit fixe		=	50 000
Timbre gradué	25 000 x 7	=	175 000
Annexes :	4000 x 3	=	12 000
Timbre de dimension (acte)	500 x 8 x 7	=	28 000
Timbre de dimension (annexes)	500 x 13 x 7 x 3	=	136 500
Montant à acquitter au Trésor Public :			401 500

Exercice N° 2 :

- Droits de mutation :

Droits simples (acte) :	15 % X 62 000 000	=	9 300 000
Droits simples (annexes) :	4 000 X 4	=	16 000
Pénalité encourue (1 droit en sus art. 316 du C.G.I.)		=	9 316 000
Amendes redevables (art. 327 du C.G.I.) :			
(62 000 000 – 41 000 000) / 2		=	10 500 000
Montant à acquitter au Trésor Public :			29 132 000

- Taxation sur la plus-value immobilière :

Montant déclaré dans l'acte :	41 000 000
Charges réelles déductibles :	
(16 500 000 + 3 500 000 – 1 275 000) :	18 725 000
Plus-value imposable :	22 275 000
Montant à acquitter au Trésor Public : 22 275 000 x 25 %	= 5 568 750

Exercice N° 3 :

- Droits simples dus au titre de la constitution de société :

2 % x 650 000 000 = 13 000 000 ramenés à 750 000

Montant à acquitter au T.P. : 750 000

- Droits simples dus au titre de la première augmentation de capital :

2 % x (750 000 000 – 650 000 000) = 2 000 000 ramenés à 750 000

1,5 % x (1 255 000 000 – 750 000 000) = 7 575 000 ramenés à 1 500 000

Montant à acquitter au T.P. : 750 000 + 1 500 000 = 2 250 000

- Droits simples dus au titre de la seconde augmentation de capital :

1,5 % x (1 500 000 000 –1 255 000 000) = 3 675 000 ramenés à 1 500 000

1 % x (3 000 000 000 – 1 500 000 000) = 15 000 000 ramenés à 3 000 000

0,5 % x (3 610 000 000 – 3 000 000 000) = 3 050 000

Montant à acquitter au T.P. : 1 500 000 + 3 000 000 + 3 050 000= 7 550 000

Exercice N° 4 :

- Valeur de l'actif brut :

	21 000 000
	58 000 000
	34 000 000
	3 217 000
	116 217 000
Meubles meublants	22 000 000
	138 217 000

- Actif net :
  138 217 000 – 500 000 = 137 717 000

- Actif net imposable : (boni de communauté)
  $\frac{137\,717\,000}{2}$ = 68 858 500

- Impôt théorique : (art. 348 et 544 B-b du C.G.I.)

0	à	500 000	néant	0
500 001	à	2 000 000	2 %	30 000
2 000 001	à	5 000 000	5 %	150 000
5 000 001	à	10 000 000	8 %	400 000
10 000 001	à	68 858 500	10 %	5 885 850
				6 465 850

arrondi à 6 466 000

- Parts des parties :

La veuve ou l'ensemble des veuves est usufruitière du ¼ de la succession. Nous sommes en présence de trois (3) veuves, donc chacune d'elle est usufruitière de : $\frac{1/4}{3} = \frac{1}{12}$

a)- Parts des veuves :

- Part de la veuve âgée de 73 ans : $\frac{1}{12} \times \frac{1}{10} = \frac{1}{120}$
- Part de la veuve âgée de 67 ans : $\frac{1}{12} \times \frac{2}{10} = \frac{2}{120}$
- Part de la veuve âgée de 52 ans : $\frac{1}{12} \times \frac{3}{10} = \frac{3}{120}$
- Part de l'ensemble des veuves : $\frac{1+2+3}{120} = \frac{6}{120}$

b)- Part des enfants : $1 - \frac{6}{120} = \frac{114}{120}$

- Impôt à payer :

a)- par les veuves :

$6\,466\,000 \times \frac{6}{120} = 323\,300$

1ère réduction :(art. 544 B-2 du C.G.I.)

323 300 – (75 % x 323 300) = 293 300

max : 30 000

2ème réduction : (néant) ; le défunt n'a pas laissé d'enfants mineurs ou infirmes.

b)- par les enfants :

$$6\,466\,000 \times \frac{114}{120} = 6\,142\,700$$

1ère réduction :(art. 544 B-2 du C.G.I.)

6 142 700 – (75 % x 6 142 700) = 5 872 700

max : 9 x 30 000 = 270 000

Moyenne par enfant avant la 2ème réduction : $\frac{5\,872\,700}{9} = 652\,530$

2ème réduction :

- Impôt à payer par Kévin CHOUAEBOU, père de 2 enfants mineurs : 652 530 – (20 % x 652 530) = 522 020
- Impôt à payer par Aline CHOUAEBOU, mère de 3 enfants mineurs : 652 530 – (30 % x 652 530) = 456 770
- Impôt à payer par Albert CHOUAEBOU, père d'1 enfant mineur : 652 530 – (10 % x 652 530) = 587 270
- Impôt à payer par Georges CHOUAEBOU, père de 2 enfants mineurs : 652 530 – (20 % x 652 530) = 522 020
- Impôt à payer par Daniel CHOUAEBOU, père d'1 enfant mineur : 652 530 – (10 % x 652 530) = 587 270
- Impôt à payer par Alice CHOUAEBOU, mère de 2 enfants mineurs : 652 530 – (20 % x 652 530) = 522 020
- Impôt à payer par Clarisse CHOUAEBOU, mère de 2 enfants majeurs : 652 530
- Impôt à payer par William CHOUAEBOU, père d'1 enfant mineur : 652 530 – (10 % x 652 530) = 587 270
- Impôt à payer par Abel CHOUAEBOU, père d'1 enfant mineur : 652 530 – (10 % x 652 530) = 587 270

Total à payer par les enfants :

522 020 + 456 770 + 587 270 + 522 020 + 587 270 + 522 020 + 652 530 + 587 270 + 587 270 = 5 024 440

Récapitulation :

Droits simples : 293 300 + 5 024 440	= 5 317 740
Timbre de dimension : 500 x 3	= 1 500
Montant à acquitter au T.P. :	5 319 240

ÉPREUVE N° 9

Exercice N° 1 :

Le 14 avril 2002, Madame Monique SOULABANG, propriétaire, signe un contrat à usage professionnel avec Monsieur Hubert DIONGO.

Le local faisant l'objet du présent contrat est situé au quartier BONANJO-DOUALA. Le loyer mensuel convenu est de 750 000 F CFA payable par trimestre. Il est précisé que ce contrat est renouvelable tous les trois ans par tacite reconduction. La première période va du 3 mai 2002 au 2 mai 2005. Le 7 octobre 2002, Monsieur Hubert DIONGO, pour besoins de formalité, soumet le contrat à l'appréciation du Chef de Centre Divisionnaire de Douala III. Le présent contrat a été établi en 5 exemplaires, dont 7 feuilles par exemplaire.

- Quel est le sort fiscal réservé à ce contrat de location ?

Exercice N° 2 :

Il ressort des clauses du marché N° 723/MINEDUC/DAG/02 du 17 juin 2002 notifié le 3 août 2002 les éléments suivants :

Montant T.T.C. : 374 000 000
Retenue de garantie : 10 %
Cautionnement : 5 %
Sept exemplaires de format 21 x 29,7 dont chacun comporte treize (13) feuilles.
Une annexe de onze (11) feuilles.

L'entreprise SAPACAM titulaire du marché le soumet à la formalité le 24 août 2002.

- Quel est le sort fiscal réservé à ce marché ?

Exercice N° 3 :

Soit un contrat de gérance Filling souscrit le 7 avril 2002 entre la compagnie ELGAR, Société Anonyme au capital de 2,5 milliards de F CFA et Monsieur Robert MESSING de nationalité camerounaise.

Les parties conviennent que le présent contrat est fait pour une durée d'un an renouvelable. Il prend effet à compter de la date de signature. Le dépôt de garantie pour la gestion de ce point de vente se chiffre à 17 000 000 F CFA. Le taux de redevance est fixé à 0,75 F CFA par litre de carburant acheté à la compagnie ELGAR.

Il est joint trois annexes dont le premier comporte le modèle d'imprimé de déclaration d'accident, le second les horaires d'ouverture, le troisième qui est relatif aux objectifs de vente fait ressortir les éléments suivants :

- SUPER : 4 126 m^3
- GASOIL : 8727 m^3
- PÉTROLE : 422 m^3.

Chaque exemplaire du contrat comporte seize (16) feuilles de format 21 x 29,7.

- Quel est le sort fiscal réservé à ce Filling ?

Exercice N° 4 :

Monsieur André HILDOKO vend à Mme Aline KODA un immeuble urbain bâti situé à AKWA-Douala d'une superficie développée de 474 m2 au prix déclaré de 18 500 000 F CFA. Cette vente a été contractée le 17 juin 2002 chez Maître Christopher TCHIALI. À la lecture du bordereau analytique annexé, il ressort que cette vente avait déjà fait l'objet d'une première mutation en janvier 1996 au prix de 13 500 000 F CFA. Maître Christopher TCHIALI a joint cinq (5) annexes.

Au mépris des dispositions de l'article 583 alinéa 1 du C.G.I., Maître Christopher TCHIALI n'a fourni aucune quittance de taxe foncière au Centre des Impôts territorialement compétent. Par ailleurs, au travers d'éléments de comparaison, l'Administration apporte la preuve que la valeur réelle de cet immeuble est de 31 500 000 F CFA.

- Quel est le montant des droits de mutation à acquitter ?
- Quel est le volume à régler au regard de la taxe foncière et des centimes additionnels ?
- Comment s'opérera la taxation sur la plus-value immobilière ?

Exercice N° 5 :

Monsieur Paul POUSSATE, Inspecteur des Finances retraité marié sous le régime de communauté de biens, domicilié à New-Bell Douala décède le 16 mai 2000 à l'âge de 71 ans.

Le défunt laisse pour lui succéder :

Deux veuves :

- Solange BINETA, âgée de 67 ans
- Sylvie FOULATE, âgée de 58 ans.

Sept enfants :

- Alfred POUSSATE, 41 ans
- Auguste POUSSATE, 39 ans

- Albert POUSSATE, 37 ans
- Félix POUSSATE, 37 ans
- Sarah POUSSATE, 34 ans
- Naomi POUSSATE, 32 ans
- Georges POUSSATE, 30 ans

Les biens du de cujus sont les suivants :

- Un terrain bâti de 450 m2 situé à Bonapriso-Douala 1er estimé à 14 500 000 F CFA.
- Un terrain bâti de 510 m2 situé à Bonadoumbè-Douala 1er estimé à 14 500 000 F CFA.
- Un terrain non bâti de 800 m2 situé à Bonamoussadi-Douala Vème estimé à 4 750 000 F CFA.
- Un compte bancaire STANDARD-BANK N° 00400004132-ZY d'un solde créditeur de 2 650 000 F CFA.
- Les meubles meublants dûment expertisés se chiffrent à 7 500 000 F CFA.
- Les frais funéraires dûment justifiés s'élèvent à 1 750 000 F CFA.

Monsieur Alfred POUSSATE, Administrateur des biens suivant jugement d'hérédité N° 57/2002 du 27 décembre 2001 établi par le tribunal du 1er degré de Douala, soumet la présente déclaration au Centre Divisionnaire des Impôts de Douala III le 9 octobre 2002 et l'atteste sincère et véritable.

- Quelle est l'issue fiscale réservée à la présente déclaration de succession ?

CORRIGÉ DE L'ÉPREUVE N° 9 :

Exercice N° 1 :

E = 10 % x 750 000 x 36	=	2 700 000
Pénalité encourue	=	2 700 000
TD = 500x 7 x 3	=	10 500
Montant à acquitter au Trésor Public	=	5 410 500

Exercice N° 2 :

Montant H.T. : 374 000 000 / 1 187	=	315 081 000
Droits simples (Marché) : 315 081 000 x 2 %	=	6 301 620
Droits simples (annexe) : DF	=	4 000
Retenue de garantie : 315 081 000 x 10 % X 1 %	=	315 090
Cautionnement : 315 081 000 x 5 % x 1 %	=	157 540
Droits de timbre de dimension (marché) : 500 x 13 x 7		45 500
Droits de timbre de dimension (annexe) : 500 x11 x 7	=	38 500
Montant à acquitter au Trésor Public :		6 862 250

Exercice N° 3 :

Durée : 1 an : Du 07-04-2002 au 06-04-2003

1 m^3 = 1 000 litres

13 275 m^3 = 13 275 000 litres.

E = 10 % x 13 275 000 x 1 F	=	1 327 500
Retenue de garantie = 1 % x 17 000 000	=	170 000
Annexes = 4 000 x 3	=	12 000
TD = 500 x 16 x 3	=	24 000
Montant à acquitter au Trésor Public :		1 533 500

Exercice N° 4 :

- **Droits de mutation :**

Droits simples (acte) : 31 500 000 x 15 %	=	4 725 000
Droits simples (annexes) : 4 000 x 5	=	20 000
Amendes redevables (art. 327 du C.G.I : (31 500 000 – 18 500 000)/2	=	6 500 000
Montant à acquitter au Trésor Public		11 245 000

- **Taxe foncière et centimes additionnels :**

Droits simples (10 000 x 2 500) x 5 (exercices)	=	62 500
Pénalités encourues (10 000 x 2 500) x 5 (exercices)	=	62 500
Montant à acquitter au Trésor Public :		125 000

-

- **Taxation sur la plus-value** :

Montant déclaré dans l'acte	=	18 500 000
Montant relatif à la précédente mutation	=	13 500 000
Plus-value imposable	=	5 000 000
Montant à acquitter au Trésor public : 5 000 000 x 25 %		1 250 000

Récapitulation :

Total droits simples :		
4 725 500 + 1 250 000 + 20 000 + 62 000	=	6 057 500
Total pénalités et amendes : 6 500 000 + 62 500	=	6 562 500
Total global à acquitter au Trésor Public :		12 620 000

Exercice N° 5 :

Liquidation :

• Valeur de l'actif brut :	17 500 000
	14 500 000
	4 750 000
	2 650 000
	39 400 000
+ forfait mobilier (5 %. art. 297 du C.G.I.)	7 500 000
• Actif net : 46 900 000 – 500 000 =	46 400 000
• Actif net imposable : $\frac{46\,400\,000}{2}$ =	23 200 000

- Impôt théorique : (art. 348 et 544 B-b du CGI)

0	à	500 000	Néant	0
500 001	à	2 000 000	2 %	30 000
2 000 001	à	5 000 000	5 %	150 000
5 000 001	à	10 000 000	8 %	400 000
10 000 001	à	23 200 000	10 %	1 320 000
				1 900 000

- Parts des parties :

La veuve ou l'ensemble des veuves est usufruitière du ¼ de la succession. Nous sommes en présence des deux veuves, donc chacune d'elle est usufruitière de : $\frac{1/4}{2} = \frac{1}{8}$

a) Parts des veuves :

- Part de la veuve âgée de 67 ans :

$\frac{1}{8} \times \frac{2}{10} = \frac{2}{80}$

- Part de la veuve âgée de 58 ans :

$\frac{1}{8} \times \frac{3}{10} = \frac{3}{80}$

- Part de l'ensemble des veuves :

$\frac{2}{80} + \frac{3}{80} = \frac{5}{80}$

b) Part des enfants :

$1 - \frac{5}{80} = \frac{75}{80}$

- Impôt à payer :

a) par les veuves :

1 900 000 x 5/80 = 118 750

1ère réduction : (art. 544 B–2 du C.G.I.)

118 750 – (75 % x 118 750) = 88 750

max : 30 000.

2ème réduction : (néant) ; le de cujus n'a pas laissé d'enfants mineurs ou infirmes.

b) par les enfants :

1 900 000 x 75/80 = 1 781 250

1ère réduction : (art. 544 B–2 du C.G.I.)

1 781 250 – (75 % x 1 781 250) = 1 571 250

max : 7 x 30 000 = 210 000.

2ème réduction : (néant) ; le de cujus n'a pas laissé de petits-enfants mineurs ou infirmes.

Récapitulation :

Droits simples : 88 750 + 1 571 250	=	1 660 000
Pénalité encourue (1 droit en sus : art.279 et 322 du CGI)	=	1 660 000
Timbre de dimension : 500 x 3	=	1 500
Montant à acquitter au Trésor Public :		3 321 500

ÉPREUVE N° 10

Exercice N° 1 :

Le 12 mars 2002, Monsieur Frédéric SOLOUN, propriétaire d'un terrain non bâti situé à Bonamoussadi, signe un bail à construction avec Monsieur Martin FONOUA. Le présent bail est conclu pour une durée de 25 ans. La période à considérer va du 10 avril 2002 au 9 avril 2027. L'immeuble présentement donné à bail est destiné à un usage commercial.

Le loyer mensuel est de 350 000 F CFA pour les dix premières années. Il passera à 420 000 F CFA pour les quinze années suivantes. Le coût des travaux du bâtiment à ériger est évalué à 73 000 000 F CFA.

Le 6 octobre 2002, Monsieur Martin FONOUA soumet le contrat pour les besoins de formalité à l'appréciation du Chef de Centre divisionnaire de Douala XIII. Il est précisé que ce contrat a été établi en 5 exemplaires, dont 7 feuilles par exemplaire.

- Quelle est l'issue fiscale réservée à ce contrat tant sous l'angle légal que sous l'angle toléré ?

Exercice N° 2 :

Soit un contrat de gérance de station-service souscrit le 18 mars 2001 entre la Compagnie SELAIR, société anonyme au capital de 7 milliards de F CFA et Monsieur Jean-Paul ELOUNE, de nationalité camerounaise.

Les parties conviennent que le présent contrat est fait pour une durée d'un an renouvelable par tacite reconduction. La première période prend effet à compter du 4 avril 2001 pour arriver à terme à la date du 3 avril 2002.

Le dépôt de garantie pour la gestion de ce point de vente se chiffre à 22 850 000 F CFA. Le taux de redevance est fixé à 1,75 F CFA par litre de carburant acheté à la Compagnie SELAIR.

Il est joint quatre (4) annexes dont l'un comporte la déclaration d'accident, les autres les horaires d'ouverture, la nature des travaux d'entretien et réparation à la charge du gérant, et enfin, les objectifs de vente qui font ressortir les éléments suivants :

- SUPER : 6 462 m^3
- GASOIL : 731 m^3
- PÉTROLE : 243 m^3

Chaque exemplaire du contrat comporte 13 feuilles de format 21 x 29,7.

Le 8 avril 2001, Monsieur Jean-Paul ELOUNE se présente au Centre des Impôts compétent pour besoins de formalité.

Au moment du renouvellement en avril 2002, Monsieur Jean-Paul ELOUNE produit une déclaration sur laquelle il est mentionné que les réalisations au titre de la période du 4 avril 2001 au 3 avril 2002 ont été de :

- SUPER : 7 236 m^3
- GASOIL : 921 m^3
- PÉTROLE : 438 m^3

En outre, il est précisé que les prévisions au titre de la période du 4 avril 2002 au 3 avril 2003 sont les suivantes :

- SUPER : 6 702 m^3
- GASOIL : 921 m^3
- PÉTROLE : 286 m^3.

- Quel est le sort fiscal réservé à ce contrat lors du premier enregistrement ?

- Quel est le sort fiscal réservé à ce contrat au moment du renouvellement.

<u>Exercice N° 3 :</u>

Monsieur MOUSSA ISSOFA, Inspecteur du Trésor retraité, domicilié à Yagoua, marié sous le régime de séparation des biens décède le 17 octobre 2002 à l'âge de 87 ans. Le de cujus laisse pour lui succéder :

<u>Trois veuves</u> :

Jeanne FADILA, 76 ans
Colette NAOUSSA, 73 ans
Laure MOUILA, 57 ans

<u>Six enfants</u> :

Hilda ISSOFA, 57 ans, 5 enfants, dont 4 mineurs
Yvonne ISSOFA, 46 ans, 5 enfants, dont 2 mineurs
Michel ISSOFA, 42 ans, 5 enfants, dont 3 mineurs
Clément ISSOFA, 41 ans, 6 enfants, dont 4 mineurs
Marthe ISSOFA, 18 ans, sans enfant
Mireille ISSOFA, 7 ans, sans enfant.

Les biens du de cujus sont les suivants :

- Un terrain bâti à Mokolo d'une superficie de 810 m2 estimé à 16 000 000 F CFA.
- Une plantation de 17 hectares située à Maroua-Salak estimée à 36 000 000 F CFA.
- Un compte bancaire SGBC N° 0500040626 SH d'un solde créditeur de 5 700 000 F CFA.
- Un compte bancaire BICEC N° 040009835 AF d'un solde créditeur de 2 470 000 F CFA.

- Les meubles meublants dûment expertisés se chiffrent à 33 000 000 F CFA.
- Les frais funéraires dûment justifiés s'élèvent à 4 128 000 F CFA.

Monsieur Michel ISSOFA, Administrateur des biens suivant jugement d'hérédité N° 374/2002 du 11 novembre 2002 établi par le tribunal du 1er degré de Garoua, soumet la présente déclaration au Centre Départemental des Impôts de la Bénoué le 14 novembre 2002 et l'atteste sincère et véritable.

- Quelle est l'issue fiscale réservée à la présente déclaration de succession ?

CORRIGÉ DE L'ÉPREUVE N° 10 :

Exercice N° 1 :

Solution légale :

E = [10 % x 350 000 x 120 (mois)] + [10 % x 420 000 x 180 (mois)]	=	11 760 000
Charges = 10 % X 73 000 000	=	7 300 000
Pénalité encourue	=	19 060 000
TD = 500 x 7 x 3	=	10 500
Montant à acquitter au Trésor Public :		38 130 500

Solution tolérée :

E = 10 % x 350 000 x 36	=	1 260 000
Charges = 10 % x 73 000 000 x 3/25	=	876 000
Pénalité encourue	=	2 136 000
TD = 500 x 7 x 3	=	10 500
Montant à acquitter au Trésor Public :		4 282 500

Exercice N° 2 :

-Droits dus lors du 1er enregistrement :
Durée : 1 an : Du 04-04-2001 au 03-04-2002
1 m^3 = 1 000 litres
7 436 m^3 = 7 436 000 litres

E = 10 % x 7 436 000 x 2 F	=	1 487 200
Retenue de Garantie = 1 % x 22 850 000	=	228 500
Annexes = 4 000 x 4	=	16 000
TD = 500 x 13 x 3	=	19 500
Montant à acquitter au Trésor public :	=	1 751 200

-Droits dus lors du renouvellement :
Durée : 1 an : Du 04-04-2002 au 03-04-2003
Réalisations de la période précédente : 8 595 compléments de droits :
(10 % x 8 595 000 x 2 F = 1 719 000) – 1 487 200 = 231 800

E = 10 % x 7 909 000 x 2 F	=	1 581 800
Complément de droits	=	231 000
Montant à payer au Trésor Public :		1 813 600

Exercice N° 3 :

Liquidation :

- Valeur de l'actif brut :

	16 000 000
	36 000 000
	5 700 000
	2 470 000
	60 170 000
Meubles meublants	33 000 000
	93 170 000

- -<u>Actif net</u> :
  Actif brut – passif successoral
  93 170 000 – 500 000 = 92 670 000
- Actif net imposable : 92 670 000, pas de boni de communauté.
- <u>Impôt théorique</u> :
  (art. 348 et 544 B-b du C.G.I.).

0	à 500 000	néant	0
500 001	à 2 000 000	2 %	30 000
2 000 001	à 5 000 000	5 %	150 000
5 000 001	à 10 000 000	8 %	400 000
10 000 001	à 92 670 000	10 %	8 267 000
			8 847 000

- <u>Parts des parties</u> :
  La veuve ou l'ensemble des veuves est usufruitière du ¼ de la succession. Nous sommes en présence de 3 veuves, donc chacune d'elle est usufruitière de : $\frac{1/4}{3} = \frac{1}{12}$

  a)- Parts des veuves :
  - Part de la veuve âgée de 76 ans : $\frac{1}{12} \times \frac{1}{10} = \frac{1}{120}$
  - Part de la veuve âgée de 73 ans : $\frac{1}{12} \times \frac{1}{10} = \frac{1}{120}$
  - Part de la veuve âgée de 57 ans : $\frac{1}{12} \times \frac{3}{10} = \frac{3}{120}$

  Part de l'ensemble des veuves : $\frac{1 + 1 + 3}{120} = \frac{5}{120}$

  b)- Part des enfants : $1 - \frac{5}{120} = \frac{115}{120}$

- Impôt à payer :

  a)- Par les veuves : $8\,847\,000 \times \frac{5}{120} = 368\,630$

1ère réduction : (art. 544 b-2 du C.G.I.)
368 630 – (75 % x 368 630) = 338 630
max : 30 000
2ème réduction :
338 630 – (20 % x 338 630) = 270 900
b)- Par les enfants :
$8\,847\,000 \times \frac{115}{120} = 8\,478\,380$
1ère réduction : (art. 544 B-2 du C.G.I.)
8 478 380 – (75 % x 8 478 380) = 8 298 380
max : 6 x 30 000 = 180 000
Moyenne par enfant avant la 2ème réduction :
$\frac{8\,298\,380}{6} = 1\,383\,070$

2ème réduction :
-Impôt à payer par Hilda ISSOFA ayant 4 enfants mineurs :
1 383 070– (40 % x 1 383 070) = 829 840
-Impôt à payer par Yvonne ISSOFA ayant 2 enfants mineurs :
1 383 070– (20 % x 1 383 070) = 1 106 450
-Impôt à payer par Michel ISSOFA ayant 3 enfants mineurs :
1 383 070– (30 % x 1 383 070) = 968 150
-Impôt à payer par Clément ISSOFA ayant 4 enfants mineurs :
1 383 070– (40 % x 1 383 070) = 829 840
-Impôt à payer par Marthe ISSOFA n'ayant pas d'enfant : 1 383 070
-Impôt à payer par Mireille ISSOFA, n'ayant pas enfant : 1 383 070.
-Impôt à payer par les enfants :
829 840 + 1 106 450 + 968 150 + 829 840 + 1 383 070+ 1 383 070= 6 500 420

Récapitulation :

Droits simples : 270 900 + 6 500 390	=	6 771 290
Timbre de dimension : 500 x 3	=	1 500
Montant à acquitter au Trésor Public	=	6 772 790

Regard sur les budgets des exercices 2014-2015-2016-2017 de l'État du Cameroun

ÉLABORATION ET SIGNIFICATION DU BUDGET DE L'ÉTAT

Le terme ''budget'' veut dire programme des recettes et des dépenses.

Mais lorsqu'on parle du budget de l'État, il s'agit d'un acte législatif qui prévoit et autorise les recettes et les dépenses annuelles de l'État et des collectivités publiques. À chaque fin d'année, il est arrêté par le Parlement, à savoir l'Assemblée Nationale et le Sénat, une Loi de Finances qui fixe les objectifs du gouvernement. L'élaboration du budget se fait chaque année par tous les ministères qui préparent un canevas de recettes et de dépenses. Le tout est réuni dans la Loi de Finances. Après délibération et adoption par le Parlement, le président de la République la promulgue.

Il peut éventuellement survenir qu'au cours d'un exercice budgétaire, les recettes et les dépenses s'éloignent des prévisions de la Loi de Finances initiale. Il faut donc la modifier. Cette mesure porte la dénomination de Loi de Finances rectificative ou collectif budgétaire. La dotation initiale se trouve à cet effet différente de la dotation finale.

Il émerge de la présentation juridique du budget des opérations à caractère irrévocable et des opérations à caractère temporaire. Celles qui ont un caractère irrévocable revêtent des recettes ou des dépenses qui ne donnent pas lieu à un quelconque remboursement. Les recettes sont pour la plupart constituées par les impôts, les taxes et les droits. Quand les dépenses sont supérieures aux recettes, on parle de déficit ou d'impasse budgétaire. Si c'est le contraire, on parle d'excédent budgétaire.

Les opérations à caractère irrévocable se scindent en trois sous-secteurs : le budget général, les comptes d'affectation spéciale, et les budgets annexes.

- Le budget général est établi à partir des recettes et dépenses des divers ministères. Il s'agit des dépenses civiles ou militaires, des dépenses en capital ou investissements, des dépenses ordinaires ou courantes. Dans le budget général, les dépenses et les recettes sont noyées dans une masse invisible. Aucune compensation n'est possible entre les recettes et les dépenses. Dans cette circonstance, il est question du principe de l'universalité budgétaire.

- Les comptes d'affectation spéciale permettent a contrario d'imputer certaines recettes à certaines dépenses. C'est ainsi qu'un prélèvement des recettes de taxe forestière peut alimenter les caisses de la redevance audiovisuelle.

- Enfin, les budgets annexes sont réservés à un type de structures sans personnalité juridique mais pourvues d'une autonomie financière à l'instar des Postes et Télécommunications, de l'Imprimerie Nationale, de la Légion d'Honneur, des Journaux officiels, des Monnaies et Médailles.

Les opérations à caractère temporaire quant à elles sont habituellement des prêts ou avances dont le remboursement s'opérera ultérieurement. Elles sont consignées sur des comptes spéciaux du Trésor qui seront fermés lors du remboursement. Il s'agit principalement des fonds accordés aux entreprises qui prennent le risque d'investir dans les régions désavantagées. Bien qu'économiquement et socialement importantes, ces opérations comportent des sommes insignifiantes.

À la lecture de tout ce qui précède, il s'agit du budget de l'État et non des budgets économiques qui relèvent de la Direction de la Prévision. Les budgets économiques constituent un ensemble de comptes nationaux qui décrivent tant les années en cours qu'à venir, les prévisions relatives aux opérations des secteurs institutionnels. Le principal but visé par les budgets économiques est de fournir des éclaircissements sur les entreprises, les ménages, les administrations publiques, les circuits import-export autrement dénommés reste du monde, les institutions financières tant bancaires que non bancaires et enfin, les administrations privées à savoir, les associations, les partis politiques, les syndicats, les O.N.G. contrairement au budget de l'État, les budgets économiques ne sont pas approuvés par le Parlement, donc, n'engagent pas le gouvernement. Sous d'autres cieux, pour mieux consolider la Loi de Finances, on les porte en annexe de la plaquette de ladite Loi.

À la lumière de ce qui va suivre, notons que :

- Total Dépenses Courantes signifie : Dépenses de fonctionnement de l'État ;
- Total Service de la Dette signifie : Dépenses ou Paiements tant de la Dette Extérieure que de la Dette Intérieure ;
- Total Dépenses en Capital signifie : Budget d'investissement ;
- Total Général des Dépenses signifie : Sommation des trois lignes précédentes.

CONTENU DES ORGANISMES

Par **Organismes**, entendons par ordre alphabétique :

- Assemblée Nationale
- Commission Nationale des Droits de l'Homme et des Libertés
- Conseil Économique et Social
- Cour Suprême
- Délégation Générale à la Sûreté Nationale
- Elections Cameroon
- Ministères
- Présidence de la République
- Report de crédits
- Sénat
- Services du Premier ministre
- Services rattachés à la présidence de la République

ÉTAT COMPARATIF DES BUDGETS 2014-2015

(Unité : millions de F CFA)

Libellé	Exercice 2014	Exercice 2015	Variations	%
1-Travaux Publics	262 592	325 753	+ 63 191	+24 %
2-Enseignements secondaires	232 628	251 478	+ 18 850	+ 8 %
3-Défense	198 522	209 264	+ 10 742	+ 5 %
4-Éducation de Base	174 580	188 583	+ 14 003	+ 8 %
5-Santé Publique	165 870	207 066	+ 41 196	+25 %
6-Eau et Énergie	108 796	125 988	+ 17 192	+16 %
7-Agriculture et Développement Rural	98 361	108 692	+ 10 331	+11 %
8-Délégation Générale à la Sûreté Nationale	86 600	96 799	+ 10 199	+12 %
9-Habitat et Développement Urbain	80 188	103 226	+ 23 038	+29 %
10-Présidence de la République	52 241	55 231	+ 2 990	+ 6 %
11-Finances	49 835	48 424	- 1 441	- 3 %
12-Enseignement Supérieur	49 252	51 944	+ 2 692	+ 5 %
13-Économie, Planification et Aménagement du Territoire	47 802	40 763	- 7 039	-15 %
14-Justice	46 259	47 992	+ 1 733	+ 4 %
15-Administration Territoriale et Décentralisation	40 510	45 343	+ 4 833	+12 %
16-Postes et Télécommunications	39 259	43 673	+ 4 414	+11 %
17-Élevage, Pêche et Industries Animales	29 953	31 712	+ 1 789	+ 6 %
18-Relations Extérieures	28 859	30 605	+ 1 750	+ 6 %
19-Marchés Publics	22 755	23 479	+ 724	+ 3 %

20-Sport et Éducation Physique	21 541	23 786	+ 2 245	+10 %
21-Domaines, Cadastre et Affaires Foncières	20 829	22 586	+ 1 757	+ 8 %
22-Assemblée Nationale	18 071	19 021	+ 950	+ 5 %
23-Forêt et Faune	17 825	18 756	+ 931	+ 5 %
24-Emploi et Formation Professionnelle	16 477	19 185	+ 2 708	+16 %
25-Sénat	15 200	15 200	0	0 %
26-Services du Premier ministre	14 430	15 022	+ 592	+ 4 %
27-Fonction Publique et Réforme Administrative	12 605	13 456	+ 851	+7 %
28-Recherche Scientifique et Innovation	12 260	13 847	+ 1 587	+13 %
29-Petites et Moyennes Entreprises, Économie Sociale et Artisanat	11 777	12 360	+ 583	+ 5 %
30-Elections Cameroon	11 136	10 636	- 500	- 4 %
31-Services Rattachés à la Présidence de la République	10 519	11 617	+ 1 098	+10 %
32-Communication	10 368	9 544	- 824	-8 %
33-Mines, Industrie et Développement Technologique	9 378	9 811	+ 433	+ 5 %
34- Tourisme et Loisirs	9 279	9 704	+ 425	+ 5 %
35-Jeunesse et Éducation Civique	9 046	9 868	+ 822	+ 9 %
36-Transports	7 851	8 163	+ 312	+ 4 %
37-Report de Crédits	7 000	7 500	+ 500	+ 7 %
38-Environnement, Protection de la Nature et Développement Durable	6 461	7 161	+ 700	+11 %

39-Affaires Sociales	6 232	6 210	- 22	-0,4 %
40-Commerce	5 594	6 174	+ 580	+10 %
41-Contrôle Supérieur de l'État	4 957	5 167	+ 210	+ 4 %
42-Promotion de la Femme et de la Famille	4 574	5 008	+ 434	+ 9 %
43-Cour Suprême	4 410	4 728	+ 318	+ 7 %
44-Travail et Sécurité Sociale	4 363	4 632	+ 269	+ 6 %
45-Arts et Culture	3 922	4 072	+ 150	+ 4 %
46-Conseil Économique et Social	1 837	1 837	0	0 %
47-Commission Nationale des Droits de l'Homme et des Libertés	1 220	1 220	0	0 %
***CHAPITRES ORGANISMES**	**2 093 990**	**2 332 286**	**+ 238 296**	**+11 %**
Pensions	155 000	183 000	+ 28 000	+18 %
Subventions et Contributions	348 200	331 300	- 16 900	-5 %
Dépenses Communes	198 483	235 314	+ 36 831	+19 %
***CHAPITRES COMMUNS DE FONCTIONNEMENT**	**701 683**	**749 614**	**+ 47 931**	**+7 %**
TOTAL DES DÉPENSES COURANTES	**2 009 200**	**2 159 900**	**+ 150 700**	**+8 %**
Principal	80 900	79 000	- 1 900	-2 %
Intérêts	23 500	30 500	+ 7 000	+30 %
***DETTE PUBLIQUE EXTÉRIEURE**	**104 400**	**109 500**	**+ 5 100**	**+5 %**
Principal	183 100	312 700	+ 129 600	+71 %
Intérêts	15 300	14 500	- 800	-5 %
***DETTE PUBLIQUE INTÉRIEURE**	**198 400**	**327 200**	**+ 128 800**	**+65 %**
Participations	45 000	45 000	0	0 %
Réhabilitation/Restructuration	25 000	30 000	+ 5 000	+20 %
Interventions en Investissement	143 527	153 000	+ 9 473	+ 7 %

Dépenses en capital organismes Dont financement extérieur	**786 473** 291 000	**922 000** 425 000	**- 205 527** + 134 000	**-26 %** +46 %
TOTAL DÉPENSES EN CAPITAL	**1 000 000**	**1 150 000**	**+ 150 000**	**−15 %**
TOTAL GÉNÉRAL DES DÉPENSES DE L'ÉTAT	**3 312 000**	**3 746 600**	**+ 434 600**	**+13 %**

ANALYSES ET COMMENTAIRES DES PRÉVISIONS DE L'EXERCICE 2015

- Les structures qui ont connu une baisse dans les prévisions de l'exercice 2015 sont au nombre de huit (8). Il s'agit de :

(Unité : millions de F CFA)

Nomenclature	Baisse en termes absolus	Baisse en termes relatifs
1- Finances	1 411	3 %
2-Économie, Planification et Aménagement du Territoire	7 039	15 %
3- Élections Cameroon	500	4 %
4-Communication	824	8 %
5- Affaires Sociales	22	0,4 %
6- Subventions et Contributions	16 900	5 %
7-Dette Publique Extérieure (Principal)	1 900	2 %
8-Dette Publique Intérieure (Intérêts)	800	5 %

- Les structures qui ont stagné dans les prévisions des exercices 2014 et 2015 sont au nombre de quatre (4). Il s'agit :

(Unité : millions de F CFA)

Nomenclature	Montants inchangés	%
1- Sénat	15 200	0
2-Conseil Economique et Social	1 837	0
3-Commission Nationale des Droits de l'Homme et des Libertés	1 220	0
4-Dépenses en Capital relatives aux Participations	45 000	0

- Les structures qui ont connu une hausse dans les prévisions de l'exercice 2015 sont au nombre de quarante-cinq (45). Il s'agit de :

(Unité : millions de F CFA)

Nomenclature	Hausse en termes absolus	Hausse en termes relatifs
1- Travaux Publics	63 161	24 %
2-Enseignements Secondaires	18 850	8 %
3-Défense	10 742	5 %
4-Éducation de Base	14 003	8 %
5-Santé Publique	41 196	25 %
6-Eau et Énergie	17 192	16 %
7-Agriculture et Développement Rural	10 331	11 %
8-Délégation Générale à la Sûreté Nationale	10 199	12 %
9-Habitat et Développement Urbain	23 038	29 %
10-Présidence de la République	2 990	6 %
11-Enseignement Supérieur	2 692	5 %
12-Justice	1 733	4 %
13-Administration Territoriale et Décentralisation	4 833	12 %
14-Postes et Télécommunications	4 414	11 %
15-Élevage, Pêche et Industries Animales	1 789	6 %
16-Relations Extérieures	1 750	6 %
17-Marchés Publics	724	3 %
18-Sport et Éducation Physique	2 245	10 %
19-Domaines, Cadastre et Affaires Foncières	1 757	8 %

20-Assemblée Nationale	950	5 %
21-Forêt et Faune	931	5 %
22-Emploi et Formation Professionnelle	2 708	16 %
23-Services du Premier ministre	592	4 %
24-Fonction Publique et Réforme Administrative	851	7 %
25-Recherche Scientifique et Innovation	1 587	13 %
26-Petites et Moyennes Entreprises, Économie Sociale et Artisanat	583	5 %
27-Services Rattachés à la Présidence de la République	1 098	10 %
28-Mines, Industrie et Développement Technologique	433	5 %
29-Tourisme et Loisirs	425	5 %
30-Jeunesse et Éducation Civique	822	9 %
31-Transport	312	4 %
32-Report et Crédits	500	7 %
33-Environnement, Protection de la Nature et Développement Durable	700	11 %
34-Commerce	580	10 %
35-Contrôle Supérieur de l'État	210	4 %
36-Promotion de la Femme et de la Famille	434	9 %
37-Cour Suprême	318	7 %
38-Travail et Sécurité Sociale	269	6 %
39-Arts et Culture	150	4 %
40-Pensions	28 000	18 %

41-Dépenses Communes	36 831	19 %
42-Dette Publique Extérieure (Intérêts)	7 000	30 %
43-Dette Publique Intérieure (Principal)	129 600	71 %
44-Dépenses en Capital relatives à la Réhabilitation/Restructuration	5 000	20 %
45-Dépenses en Capital relatives aux Interventions en Investissement	9 473	7 %

De manière globale, le budget de l'État se chiffrait à 3 312 000 000 000 F CFA en 2014 contre 3 746 600 000 000 F CFA en 2015. Ce qui correspond une augmentation en valeur absolue de 434 600 000 000 F CFA qui se traduit par une valeur relative de 13 %.

ÉTAT COMPARATIF DES BUDGETS 2015-2016

(Unité : millions de F CFA)

Libellé	Exercice 2015	Exercice 2016	Variations	%
1-Travaux Publics	325 753	403 931	+ 78 178	+24 %
2-Enseignements secondaires	251 478	246 068	- 5 410	- 2 %
3-Défense	209 264	229 727	+ 20 463	+10 %
4-Éducation de Base	188 583	206 160	+ 17 577	+ 9 %
5-Santé Publique	207 066	236 167	+ 29 101	+14 %
6-Eau et Énergie	125 988	214 166	+ 88 178	+70 %
7-Agriculture et Développement Rural	108 692	110 162	+ 1 470	+1 %
8-Délégation Générale à la Sûreté Nationale	96 799	93 529	- 3 270	- 3 %
9-Habitat et Développement Urbain	103 226	177 580	+ 74 354	+72 %
10-Présidence de la République	55 231	48 002	- 7 229	-13 %
11-Finances	48 424	46 250	- 2 174	- 4 %
12-Enseignement Supérieur	51 944	47 644	- 4 300	- 8 %
13-Économie, Planification et Aménagement du Territoire	40 763	32 225	- 8 538	-21 %
14-Justice	47 992	44 810	- 3 182	- 7 %
15-Administration Territoriale et Décentralisation	45 343	42 162	- 3 181	- 7 %
16-Postes et Télécommunications	43 673	44 156	+ 483	+1 %
17-Élevage, Pêche et Industries Animales	31 712	39 113	+ 7 401	+23 %

18-Relations Extérieures	30 605	30 017	- 588	- 2 %
19- Sport et Éducation Physique	23 786	177 667	+ 153 881	+647 %
20-Marchés Publics	23 479	22 730	- 749	- 3 %
21-Domaine, Cadastre et Affaires Foncières	22 586	20 570	- 2 016	- 9 %
22-Assemblée Nationale	19 021	18 523	- 498	- 3 %
23-Forêts et Faune	18 756	18 466	- 290	- 2 %
24-Emploi et Formation Professionnelle	19 185	18 724	- 461	-2 %
25-Sénat	15 200	14 975	- 225	-1 %
26-Services du Premier ministre	15 022	13 327	- 1 695	-11 %
27-Fonction Publique et Réforme Administrative	13 456	13 096	- 360	-3 %
28-Recherche Scientifique et Innovation	13 847	12 837	- 1 010	-7 %
29-Petites et Moyennes Entreprises, Économie Sociale et Artisanat	12 360	11 869	- 491	- 4 %
30-Elections Cameroon	10 636	9 576	-1 060	-10 %
31-Services Rattachés à la Présidence de la République	11 617	11 019	- 598	-5 %
32-Communication	9 544	8 411	- 1 133	- 12 %
33-Mines, Industrie et Développement Technologique	9 811	10 019	+ 208	+ 2 %
34- Tourisme et Loisirs	9 704	19 663	+ 9 959	+103 %
35-Jeunesse et Éducation Civique	9 868	9 272	- 596	- 6 %

36-Transports	8 163	8772	+ 609	+ 7 %
37-Report de Crédits	7 500	2 500	-5 000	- 67 %
38-Environnement, Protection de la Nature et Développement Durable	7 161	7 512	+ 351	+ 5 %
39-Affaires Sociales	6 210	5 919	- 291	- 11 %
40-Commerce	6 174	5 801	- 373	- 6 %
41-Contrôle Supérieur de l'État	5 167	4 605	- 562	-11 %
42-Promotion de la Femme et de la Famille	5 008	6 887	+ 1 879	+38 %
43-Cour Suprême	4 728	4 387	- 341	- 7 %
44-Travail et Sécurité Sociale	4 632	4 427	- 205	- 4 %
45-Arts et Culture	4 072	4 059	- 13	- 0,3 %
46-Conseil Économique et Social	1 837	1 570	- 267	-15 %
47-Commission Nationale des Droits de l'Homme et des Libertés	1 220	1 256	+ 36	+3 %
***CHAPITRES ORGANISMES**	**2 332 286**	**2 760 308**	**+ 428 022**	**+18 %**
Pensions	183 000	194 000	+ 11 000	+6 %
Subventions et Contributions	331 300	135 000	- 196 300	-59 %
Dépenses communes	235 314	228 592	- 6 722	-3 %
***CHAPITRES COMMUNS DE FONCTIONNEMENT**	**749 614**	**557 592**	**- 192 022**	**-26 %**
TOTAL DÉPENSES COURANTES	**2 159 900**	**1 981 100**	**- 178 800**	**-8 %**
DETTE PUBLIQUE EXTÉRIEURE	**109 500**	**335 000**	**+ 225 500**	**+206 %**
- Principal	79 000	122 700	+ 43 700	+55 %
- Intérêts	30 500	212 300	+ 181 800	+596 %

DETTE PUBLIQUE INTÉRIEURE	**327 200**	**392 800**	**+ 65 600**	**+20 %**
- Principal	312 700	362 600	+ 49 900	+16 %
- Intérêts	14 500	30 200	+ 15 700	+108 %
TOTAL SERVICE DE LA DETTE	**436 700**	**727 800**	**+ 291 100**	**+67 %**
Participations	45 000	25 000	- 20 000	-44 %
Réhabilitation/Restructuration	30 000	30 000	0	+0 %
Interventions en Investissement	153 000	134 000	- 19 000	-12 %
Dépenses en capital organismes	**922 000**	**1 336 800**	**+ 408 800**	**+44 %**
Dont financement extérieur	425 000	525 000	+ 100 000	+24 %
TOTAL DÉPENSES EN CAPITAL	**1 150 000**	**1 525 800**	**+ 375 800**	**−33 %**
TOTAL GÉNÉRAL DES DÉPENSES DE L'ÉTAT	**3746 600**	**4 234 700**	**+ 488 100**	**+13 %**

ANALYSES ET COMMENTAIRES DES PRÉVISIONS DE L'EXERCICE 2016

- Les structures qui ont connu une baisse dans les prévisions de l'exercice 2016 sont au nombre de trente-cinq (35). Il s'agit de :

(Unité : millions de F CFA)

Nomenclature	Baisse en termes absolus	Baisse termes relatifs
1- Enseignements Secondaires	5 410	2 %
2-Délégation Générale à la Sureté Nationale	3 270	3 %
3-Présidence de la République	7 229	13 %
4-Finances	2 174	4 %
5-Enseignement Supérieur	4 300	8 %
6-Économie, Planification et Aménagement du Territoire	8 538	21 %
7-Justice	3 182	7 %
8-Administration Territoriale et Décentralisation	3 181	7 %
9-Relations Extérieures	588	2 %
10-Marchés Publics	749	3 %
11- Domaines, Cadastre et Affaires Foncières	2 016	9 %
12- Assemblée Nationale	498	3 %
13-Forêts et Faune	290	2 %
14-Emploi et Formation Professionnelle	461	2 %
15-Sénat	225	1 %
16-Services du Premier ministre	1 695	11 %

17-Fonction Publique et Réforme Administrative	360	3 %
18-Recherche Scientifique et Innovation	1 010	7 %
19-Petites et Moyennes Entreprises, Économie Sociale et Artisanat	491	4 %
20- Élections Cameroon	1 060	10 %
21-Services Rattachés à la Présidence de la République	598	5 %
22-Communication	1 133	12 %
23-Jeunesse et Éducation Civique	596	6 %
24- Report de Crédits	5 000	67 %
25-Affaires Sociales	291	11 %
26-Commerce	373	6 %
27-Contrôle Supérieur de l'État	562	11 %
28-Cour Suprême	341	7 %
29-Travail et Sécurité Sociale	205	4 %
30-Arts et Culture	13	0,3 %
31-Conseil Économique et Social	267	15 %
32-Subventions et Contributions	196 300	59 %
33-Dépenses communes	6 722	3 %
34-Participations	20 000	44 %
35-Interventions et Investissement	19 000	12 %

- Une seule structure a stagné. Il s'agit de :

(Unité : millions de F CFA)

Nomenclature	**Montant inchangé**	**%**
1- Réhabilitation/Restructuration	30 000	0

- Les structures qui ont connu une hausse dans les prévisions de l'exercice 2016 sont au nombre de vingt-deux (22). Il s'agit de :

(Unité : millions de F CFA)

Nomenclature	Hausse en termes absolus	Hausse en termes relatifs
1-Travaux Publics	78 178	24 %
2-Défense	20 463	10 %
3-Éducation de Base	17 577	9 %
4-Santé Publique	29 101	14 %
5-Eau et Énergie	88 178	70 %
6-Agriculture et Développement Rural	1470	1 %
7-Habitat et Développement Urbain	74 354	72 %
8-Postes et Télécommunications	483	1 %
9-Élevage, Pêche et Industries Animales	7 401	23 %
10- Sport et Éducation Physique	153 881	647 %
11-Mines, Industrie et Développement Technologique	208	2 %
12-Tourisme et Loisirs	9 959	103 %
13-Transports	609	7 %
14-Environnement, Protection de la Nature et Développement Durable	351	5 %
15-Promotion de la Femme et de la Famille	1 879	38 %

16-Commission Nationale des Droits de l'Homme et des Libertés	36	3 %
17-Pensions	11 000	6 %
18-Dette Publique Extérieure (Principal)	43 700	55 %
19-Dette Publique Extérieure (Intérêts)	181 800	596 %
20-Dette Publique Intérieure (Principal)	49 900	16 %
21-Dette Publique Intérieure (Intérêts)	15 700	108 %
22-Financement extérieur dans les dépenses en Capital	100 000	24 %

- Les structures qui ont connu une baisse tant dans les prévisions de l'exercice 2015 que dans celles de l'exercice 2016 sont au nombre de six (6). Il s'agit de :

(Unité : millions de F CFA)

Nomenclature	Baisse en 2015		Baisse en 2016	
	en termes absolus	en termes relatifs	en termes absolus	en termes relatifs
1-Finances	1 411	3 %	2 174	4 %
2-Économie, Planification et Aménagement du Territoire	7 039	15 %	8 538	21 %
3-Élections Cameroon	500	4 %	1 060	10 %
4-Communication	824	8 %	1 133	12 %
5-Affaires Sociales	22	0,4 %	291	11 %
6-Subventions et Contributions	16 900	5 %	1 010	7 %

De manière globale, le budget de l'État se chiffrait à 3 746 600 000 F CFA en 2015 contre 4 234 700 000 000 F CFA en 2016. Ce qui correspond à une augmentation en valeur absolue de 488 100 000 000 F CFA qui se traduit par une valeur relative de 13 %.

OBSERVATIONS GÉNÉRALES AFFÉRENTES AUX EXERCICES 2015 ET 2016

Il ressort de l'exercice 2015 que huit (8) organismes ont accusé une baisse dont le montant total s'est élevé à 29 396 000 000 F CFA contre trente-sept (37) organismes en 2016 dont le montant total s'est chiffré à 298 668 000 000 F CFA. Il va sans dire que cette dernière somme est plus de dix (10) supérieure à celle de 2015.

Certes, l'enveloppe budgétaire globale a paradoxalement connu une hausse de 13 %. Le même taux s'est observé à la fin de l'année précédente. En d'autres termes, le taux d'augmentation du budget 2015 par rapport à celui de 2014 a également été de 13 %.

À la lumière de tout ce qui précède, il est évident que le Parlement a pénalisé trente-sept (37) lignes budgétaires au profit principalement de l'enveloppe allouée à l'organisme « Sport et Éducation Physique » dont le montant est passé de 23 786 000 000 F CFA en 2015 pour atteindre le chiffre vertigineux de 177 667 000 000 F CFA en 2016. D'où en termes absolus une augmentation de 153 881 000 000 F CFA qui se traduit par un taux d'accroissement inédit de 647 %. Sur quarante-sept (47) organismes, la rubrique « Sport et Éducation Physique » occupait le dix-neuvième (19e) rang en 2015 pour se retrouver au septième (7e) rang en 2016.

À un niveau d'appréciation différente, l'enveloppe allouée au « Tourisme et Loisirs » est passée de 9 704 000 000 F CFA en 2015 pour se retrouver à 19 663 000 000 F CFA en 2016. D'où une augmentation en valeur absolue de 9 959 000 000 F CFA qui correspond à un taux d'augmentation de 103 %.

Observation macroéconomique : certains pays dits émergents de nos jours ont sacrifié certaines lignes du budget d'investissements au profit des ministères qui ont trait à l'élevage, la pêche et l'agriculture. Cette approche était élaborée dans l'optique de voir leurs ménages consommer principalement la matière première locale transformée en produit fini local. Si l'aubaine qu'a ponctuellement bénéficiée la rubrique « Sport et Éducation » était à l'avenir consacrée au « ministère de l'Élevage, des Pêches et des Industries Animales », le chariot du consommateur camerounais dans un supermarché d'une ville camerounaise comporterait beaucoup plus de produits *made in Cameroon* qu'actuellement. /-

ÉTAT COMPARATIF DES BUDGETS 2016-2017

(Unité : millions de F CFA)

Libellé	Exercice 2016	Exercice 2017	Variations	%
1-Travaux Publics	403 931	461 904	+ 57 973	+14 %
2-Enseignements secondaires	246 068	318 997	+ 72 929	+30 %
3-Défense	229 727	238 613	+ 8 886	+ 4 %
4-Éducation de Base	206 160	222 123	+ 15 963	+ 8 %
5-Santé Publique	236 167	208 195	- 27 972	-12 %
6-Eau et Énergie	214 166	205 269	- 8 897	- 4 %
7-Agriculture et Développement Rural	110 162	109 874	-288	-0,3 %
8-Délégation Générale à la Sûreté Nationale	93 529	89 460	- 4 069	- 4 %
9-Habitat et Développement Urbain	177 580	138 454	-39 126	-22 %
10-Présidence de la République	48 002	42 657	- 5 345	-11 %
11-Finances	46 250	56 073	+ 9 823	+21 %
12-Enseignement Supérieur	47 644	67 654	+ 20 010	+42 %
13-Économie, Planification et Aménagement du Territoire	32 225	61 770	+ 29 545	+92 %
14-Justice	44 810	59 498	+ 14 688	+33 %
15-Administration Territoriale et Décentralisation	42 162	36 289	-5 873	- 14 %

16-Postes et Télécommunications	44 156	53 388	+ 9 232	+21 %
17-Élevage, Pêche et Industries Animales	39 113	31 086	-8 024	-21 %
18-Relations Extérieures	30 017	37 116	+7 099	+24 %
19-Marchés Publics	22 730	17 431	-5 299	-23 %
20- Sport et Éducation Physique	177 667	151 925	- 25 742	- 14 %
21-Domaines, Cadastre et Affaires Foncières	20 570	20 460	- 110	- 0,5 %
22-Assemblée Nationale	18 523	19 523	+ 1000	+5 %
23-Forêts et Faune	18 466	20 698	+2 232	+12 %
24-Emploi et Formation Professionnelle	18 724	16 106	- 2 618	-14 %
25-Sénat	14 975	14 975	0	0 %
26-Services du Premier ministre	13 327	14 787	+ 1 460	+11 %
27-Fonction Publique et Réforme Administrative	13 096	11 732	-1 364	-10 %
28-Recherche Scientifique et Innovation	12 837	8 584	- 4 253	-33 %
29-Petites et Moyennes Entreprises, Économie Sociale et Artisanat	11 869	10 241	- 1 628	- 14 %
30-Elections Cameroon	9 576	9 476	- 100	-1 %
31-Services Rattachés à la Présidence de la République	11 019	7 609	-3 410	- 31 %
32-Communication	8 411	4 574	-3 837	- 46 %

33-Mines, Industrie et Développement Technologique	10 019	11 805	+1786	+ 18 %
34- Tourisme et Loisirs	19 663	7 566	-12 097	-62 %
35-Jeunesse et Éducation Civique	9 272	14 165	+ 4 893	+53 %
36-Transports	8772	7 285	- 1 487	-17 %
37-Report de Crédits	2 500	2 000	- 500	- 20 %
38-Environnement, Protection de la Nature et Développement Durable	7 512	9 171	+ 1 659	+ 22 %
39-Affaires Sociales	5 919	7 189	+ 1 270	+21 %
40-Commerce	5 801	7 754	+1 953	+34 %
41-Contrôle Supérieur de l'État	4 605	5 046	+ 441	+10 %
42-Promotion de la Femme et de la Famille	6 887	5 643	-1 244	-18 %
43-Cour Suprême	4 387	2 862	-1 525	- 35 %
44-Travail et Sécurité Sociale	4 427	3 567	- 860	- 19 %
45-Arts et Culture	4 059	3 813	-246	- 6 %
46-Conseil Économique et Social	1 570	1 436	-134	-9 %
47-Commission Nationale des Droits de l'Homme et des Libertés	1 256	1 415	+159	+13 %
Marge	**0**	**3 600**	**+ 3600**	+100 %
***CHAPITRES ORGANISMES**	**2 760 308**	**2 860 857**	**+ 100 549**	**+4 %**
Pensions				
Subventions et	194 000	205 000	+ 11 000	+6 %
Contributions	135 000	140 000	+ 5 000	+4 %
Dépenses communes	228 592	243 143	+ 14 551	+6 %

***CHAPITRES COMMUNS DE FONCTIONNEMENT**	**557 592**	**588 143**	**+30 551**	**+5 %**
TOTAL DÉPENSES COURANTES	**1 981 100**	**2 056 900**	**+75 800**	**+4 %**
DETTE PUBLIQUE EXTÉRIEURE	**335 000**	**324 600**	**-10 400**	**-3 %**
- Principal	122 700	169 700	+ 47 000 -	+38 %
- Intérêts	212 300	154 900	57 400	-27 %
DETTE PUBLIQUE INTÉRIEURE	**392 800**	**402 900**	**+ 10 100**	**+3 %**
- Principal	362 600	359 600	- 3 000	-0,8 %
- Intérêts	30 200	43 300	+ 13 100	+43 %
TOTAL SERVICE DE LA DETTE	**727 800**	**727 500**	**- 300**	**-4 %**
Participations	25 000	20 000	- 5 000	-20 %
Réhabilitation/Restructuration	30 000	15 000	- 15 000	-50 %
Interventions en Investissement	134 000	162 300	+ 28 300	+21 %
Dépenses en capital organismes	**1 336 800**	**1 389 600**	**+ 52 800**	**+4 %**
Dont financement extérieur	525 000	625 000	+ 100 000	+19 %
TOTAL DÉPENSES EN CAPITAL	**1 525 800**	**1 586 900**	**+ 61 100**	**+4 %**
TOTAL GÉNÉRAL DES DÉPENSES DE L'ÉTAT	**4 234 700**	**4 373 800**	**+ 139 100**	**+3 %**

ANALYSES ET COMMENTAIRES DES PRÉVISIONS DE L'EXERCICE 2017

- Les structures qui ont connu une baisse dans les prévisions de l'exercice 2017 sont au nombre de vingt-neuf (29). Il s'agit de :

(Unité : millions de F CFA)

Nomenclature	Baisse en termes absolus	Baisse termes relatifs
1-Santé Publique	27 972	12 %
2-Eau et Énergie	8 897	4 %
3-Agriculture et Développement Rural	288	0,3 %
4-Délégation Générale à la Sûreté Nationale	4 069	4 %
5-Habitat et Développement Urbain	39 126	22 %
6-Présidence de la République	5 345	11 %
7-Administration Territoriale et Décentralisation	5 873	14 %
8-Élevage, Pêche et Industries Animales	8 024	21 %
9-Marchés Publics	5 299	23 %
10- Sport et Éducation Physique	25 742	14 %
11- Domaines, Cadastre et Affaires Foncières	110	0,5 %
12-Emploi et Formation Professionnelle	2 618	14 %
13-Fonction Publique et Réforme Administrative	1 364	10 %
14-Recherche Scientifique et Innovation	4 253	33 %
15-Petites et Moyennes Entreprises, Économie Sociale et Artisanat	1 628	14 %

16- Élections Cameroon	100	1 %
17-Services Rattachés à la Présidence de la République	3 410	31 %
18-Communication	3 837	46 %
19-Tourisme et Loisirs	12 097	62 %
20- Transports	1 487	17 %
21-Report de Crédits	500	20 %
22-Promotion de la Femme et de la Famille	1 244	18 %
23-Cour Suprême	1 525	35 %
24-Travail et Sécurité Sociale	860	19 %
25-Arts et Culture	246	6 %
26-Conseil Économique et Social	134	9 %
27-Dette Publique Extérieure	10 400	3 %
28-Participations	5 000	20 %
29-Réhabilitation/Restructuration	15 000	50 %

- Une seule structure a stagné. Il s'agit du :

(Unité : millions de F CFA)

Nomenclature	**Montant inchangé**	%
1- Sénat	14 975	0

- Les structures qui ont connu une hausse dans les prévisions de l'exercice 2017 sont au nombre de vingt-sept (27). Il s'agit de :

(Unité : millions de F CFA)

Nomenclature	Hausse en termes absolus	Hausse en termes relatifs
1-Travaux Publics	57 973	14 %
2-Enseignements Secondaires	72 929	30 %
3-Défense	8 886	4 %
4-Éducation de Base	15 963	8 %
5-Finances	9 823	21 %
6-Enseignement Supérieur	20 010	42 %
7-Économie, Planification et Aménagement du Territoire	29 545	92 %
8-Justice	14 688	33 %
9-Postes et Télécommunications	9 232	21 %
10- Relations Extérieures	7 099	24 %
11-Assemblée Nationale	1 000	5 %
12-Forêt et Faune	2 232	12 %
13-Services du Premier ministre	1 460	11 %
14-Mines, Industrie et Développement Technologique	1 786	18 %
15-Jeunesse et Éducation Civique	4 893	53 %
16-Environnement, Protection de la Nature et Développement Rural	1 659	22 %
17-Affaires Sociales	1 270	21 %
18-Commerce	1 953	34 %

19-Contrôle Supérieur de l'État	441	10 %
20-Commission Nationale des Droits de l'Homme et des Libertés	159	13 %
21- Pensions	11 000	6 %
22-Subventions et Contributions	5 000	4 %
23-Dépenses Communes	14 551	6 %
24-Dette Publique Intérieure	10 100	3 %
25-Interventions en Investissement	28 300	21 %
26-Dépenses en Capital Organismes	52 800	4 %
27-Marge	3 600	100 %

- Les structures qui ont connu une baisse tant dans les prévisions de l'exercice 2015 que dans celles de l'exercice 2016 sont au nombre de dix-huit (18). Il s'agit de :

(Unité : millions de F CFA)

Nomenclature	Baisse en 2016		Baisse en 2017	
	en termes absolus	en termes relatifs	en termes absolus	en termes relatifs
1-Délégation Générale à la Sûreté Nationale	3 270	3 %	4 069	4 %
2-Présidence de la République	7 229	13 %	5 345	11 %
3-Administration Territoriale et Décentralisation	3 181	7 %	5 873	14 %
4-Marché Publics	749	3 %	5 299	23 %
5-Domaines, Cadastre et Affaires Foncières	2 016	9 %	110	0,5 %

6-Emploi et Formation Professionnelle	461	2 %	2 618	14 %
7-Fonction Publique et Réforme Administrative	360	3 %	1 364	10 %
8-Recherche Scientifique et Innovation	1 010	7 %	4 253	33 %
9-Petites et Moyennes Entreprises, Économie Sociale et Artisanat	491	4 %	1 628	14 %
10-Élection Cameroon	1 060	10 %	100	1 %
11-Services rattachés à la Présidence de la République	598	5 %	3 410	31 %
12-Communication	1 133	12 %	3 837	46 %
13-Report de Crédits	5 000	67 %	500	20 %
14-Cour Suprême	341	7 %	1 525	35 %
15-Travail et Sécurité Sociale	205	4 %	860	19 %
16-Arts et Culture	13	0,3 %	246	6 %
17-Conseil Économique et Social	267	15 %	134	9 %
18-Participations	20 000	44 %	5 000	20 %

- Les structures qui ont connu une hausse tant dans les prévisions de l'exercice 2016 que dans celles de l'exercice 2017 sont au nombre de dix (10). Il s'agit de :

(Unité : millions de F CFA)

Nomenclature	**Hausse en 2016**		**Hausse en 2017**	
	en termes absolus	en termes relatifs	en termes absolus	en termes relatifs
1-Travaux Publics	78 178	24 %	57 973	14 %
2-Défense	20 463	10 %	8 886	4 %
3-Éducation de Base	17 577	9 %	15 963	8 %
4-Postes et Télécommunications	483	1 %	9 232	21 %
5-Mines, Industrie et Développement Technologique	208	2 %	1 786	18 %
6-Environnement, Protection de la Nature et Développement Durable	351	5 %	1 659	22 %
7-Commission Nationale des Droits de l'Homme et des Libertés	36	3 %	159	13 %
8-Pensions	11 000	6 %	11 000	6 %
9-Dette Publique Intérieure	65 600	20 %	10 100	3 %
10-Dépenses en Capital Organismes	408 800	44 %	52 800	4 %

De manière globale, le budget de l'État se chiffrait à 4 234 700 000 000 F CFA en 2016 contre 4 373 800 000 000 F CFA en 2017. En termes absolus, il se détache une faible augmentation de 139 100 000 000 F CFA qui correspond à une valeur relative de 3 %.

Soulignons que la Loi de Finances dûment promulguée par le président de la République en date du 14 décembre 2016 fait émerger des incohérences de chiffres qui s'observent de la manière suivante en ce qui concerne l'exercice 2016 :

(Unité : millions de F CFA)

Nomenclature	Montants publiés à tort	Montants précédemment publiés
1- Présidence de la République	46 252	48 002
2-Services du Premier ministre	12 727	13 327
3-Relations Extérieures	29 267	30 017
4-Arts et Culture	3 759	4 059
5-Éducation de Base	206 010	206 160
6-Communication	8 211	8 411
7-Recherche Scientifique et Innovation	11 837	12 837
8-Jeunesse et Éducation Civique	9 122	9 272
9-Domaines, Cadastre et Affaires Foncières	19 870	20 570
10-Petites et Moyennes Entreprises, Économie Sociale et Artisanat	11 069	11 869
11-Affaires Sociales	5 619	5 919
12-Transports	8 372	8 772
13-Commission Nationale des Droits de l'Homme et des Libertés	1 156	1 256
14-Chapitres Organismes	2 753 108	2 760 308
15-Chapitres Communs Fonctionnement	557 292	557 592
16-Dettes Publiques Extérieure	350 000	335 000

TENTATIVE D'OBSERVATIONS

Les deux États comparatifs qui ont précédé celui qui est en vigueur ont chacun fait émerger une hausse en termes relatifs de 13 %. A contrario, l'État comparatif des exercices 2016-2017 n'a enregistré qu'un faible accroissement de 3 %.

Nous le savons, l'économie libérale est essentiellement basée sur :

- la propriété privée des moyens de production ;
- la prolifération des syndicats qui sont notamment des associations de défense des intérêts du personnel d'exécution ;
- le développement considérable des techniques de mécanisation dans les entreprises qui sont définis comme des groupes humains dotés d'un pouvoir de décisions, dont la fonction principale est de fabriquer les biens et services en vue de les vendre sur un marché ;
- la production en série d'importantes quantités afin d'amoindrir les coûts non sans oublier que le principal objectif est la recherche d'un profit optimal.

Le budget de l'État est un instrument de l'action globale de l'État ainsi qu'un levier de politique économique. À cet effet, son accroissement dans de sérieuses proportions permettrait aux pouvoirs publics de jouer pleinement leur rôle dans la production nationale non marchande afin de disposer d'une remarquable solvabilité qui permettrait d'honorer les dépenses liées à la protection sociale, à savoir, assurer le bien-être rêvé des nationaux.

De plus, contrairement à ce que l'on croit et ce qui se dit, le premier employeur dans notre pays n'est pas l'administration publique mais plutôt le personnel domestique c'est-à-dire, les femmes de ménage, les vigiles, les jardiniers. De manière regrettable, ces derniers sont principalement dans l'informel. Toute la collectivité nationale y gagnerait en mettant au point des dispositions qui les intégreraient dans le formel. /-

LES RESSOURCES DE L'ÉTAT QUI FINANCENT LE BUDGET

*Le cas de l'exercice 2017

Classiquement, les recettes de l'État sont essentiellement financées par les recouvrements fiscaux.

Les impôts directs sont ceux qui frappent principalement les revenus ou le capital. Peu de nos concitoyens y échappent. Pour l'heure, seuls ceux qui ont des revenus faibles et ceux qui exercent dans l'informel ne les paient pas. Ces impôts comprennent principalement l'impôt sur les revenus des personnes physiques (I.R.P.P.), l'impôt sur les bénéfices ou sur les sociétés et certains impôts locaux.

Les impôts indirects sont ceux qui frappent la production et la distribution des biens. Ils sont inflationnistes et réglés de manière quasi invisible par les consommateurs qui acquièrent les biens et services dans un cadre socialement organisé. Il s'agit essentiellement de la taxe sur la valeur ajoutée (TV.A), la taxe sur les produits pétroliers, la taxe forestière, les recettes douanières.

Les droits d'enregistrement, de mutation, du timbre qui frappent les cessions de propriété et de jouissance peuvent être considérés comme des impôts sur le capital ou sur le patrimoine.

En ce qui concerne à proprement parler l'exercice 2017 dont le budget prévisionnel se chiffre à 4 373 800 000 000 F CFA, les produits et revenus se décomposent de la manière suivante :

(Unité : millions F CFA)

NOMENCLATURE	2017
A-RECETTES PROPRES	3 143 300
I-Recettes Fiscales	2 519 130
1-Impôts sur les revenus des personnes physiques	226 055
2-Impôts sur les bénéfices des sociétés non pétrolières	355 000
3-Impôts sur le revenu servi aux personnes domiciliées hors du Cameroun	83 000
4-Impôts sur les mutations et les transactions	55 020
5-Taxe sur la valeur ajoutée	1 001 500
6-Taxe sur les produits déterminés et droits d'accises	335 800
7-Taxes sur des services déterminés	3 270
8-Impôts sur le droit d'exercer une activité professionnelle	11 390
9-Impôs sur l'autorisation d'utiliser des biens ou d'exercer des activités	30
10-Autres impôts et taxes sur les biens et services	10 835
11-Droits et taxes à l'importation	373 080

12-Droits et taxes à l'exportation et autres impôts sur le commerce extérieur	25 720
13-Droits d'enregistrement et du timbre	38 430
II-Autres recettes	624 170
14-Produits des cessions de droits	0
15-Droits et frais administratifs	14 653
16-Ventes accessoires de biens	79
17-Ventes de prestations de services	19 623
18-Loyers des immeubles et revenus des domaines	4 200
19-Revenus du secteur pétrolier	495 100
20-Produits financiers à recevoir	34 100
21-Cotisations aux caisses de retraite des fonctionnaires et assimilés	55 000
22-Amendes et condamnations pécuniaires	1 415
B-EMPRUNTS ET DONS	1 230 500
23-Tirages sur les emprunts multilatéraux directs à l'extérieur	102 668
24-Tirages sur les emprunts bilatéraux directs à l'extérieur	365 508
25-Tirages sur les emprunts à des organismes privés extérieurs	116 824
26-Émissions des bons du Trésor supérieurs à deux ans	560 000
27-Dons exceptionnels de la coopération internationale	85 500
TOTAL GÉNÉRAL DES RECETTES DE L'ÉTAT (A+B)	4 373 800

De manière indiscutable, la taxe sur la valeur ajoutée (T.V.A.) correspond à la source principale de recettes de l'État. Elle se chiffre à 1 001 500 000 000 F CFA, soit une valeur relative de 23 %.

La seconde source de recettes de l'État a trait aux émissions des bons du Trésor supérieurs à deux ans. Lesdites émissions se chiffrent à 560 000 000 000 F CFA, soit une valeur relative de 13 %.

La troisième source de recettes de l'État a trait aux revenus du secteur pétrolier. Ces revenus se chiffrent à 495 100 000 000 F CFA, soit une valeur relative de 11 %.

La quatrième source de recettes de l'État a trait aux droits et taxes à l'importation. Lesdits droits et taxes se chiffrent à 373 080 000 000 F CFA, soit une valeur relative de 9 %.

La cinquième source de recettes de l'État a trait aux tirages sur les emprunts bilatéraux directs à l'extérieur qui se chiffrent à 365 508 000 000 F CFA, soit une valeur relative de 8 %.

La sixième source de recettes de l'État a trait aux impôts sur les bénéfices des sociétés non pétrolières qui se chiffrent à 355 000 000 000 F CFA, soit une valeur relative de 8 %.

La septième source de recettes de l'État a trait aux taxes sur les produits déterminés et droits d'accises qui se chiffrent à 335 800 000 000 F CFA, soit une valeur relative de 8 %.

La huitième source de recettes de l'État a trait aux impôts sur les revenus des personnes physiques qui se chiffrent à 226 055 000 000 F CFA, soit une valeur relative de 5 %.

La neuvième source de recettes de l'État a trait aux tirages sur les emprunts à des organismes privés extérieurs qui se chiffrent à 116 824 000 000 F CFA, soit une valeur relative de 3 %.

La dixième source de recettes de l'État a trait aux tirages sur les emprunts multilatéraux directs à l'extérieur qui se chiffrent à 102 668 000 000 F CFA, soit une valeur relative de 2 %.

Sur les vingt-sept sources de recettes précédemment énumérées, celles qui occupent les dix premières places font ressortir un montant global de 3 931 535 000 000 F CFA qui correspond à un terme relatif de 90 %.

Jadis, de nombreux économistes talentueux estimaient qu'on ne peut pas dépenser au-delà de ce qu'on gagne. C'est ainsi qu'ils considéraient un budget équilibré en recettes et en dépenses comme le symbole d'une saine gestion des finances publiques.

À présent, il est hautement admis qu'un déficit budgétaire peut être un moyen de relance économique. Lorsque le déficit budgétaire est réalisé, la couverture de l'impasse est garantie par le Trésor Public, en l'occurrence, l'ensemble des services financiers de l'État qui opèrent également les paiements des dépenses des collectivités locales. Le Trésor Public, en dehors des recettes fiscales, peut disposer des fonds du Service des Chèques Postaux et de la Caisse de Dépôts et Consignations. En outre, il a la latitude de faire appel à deux recours exceptionnels :

- L'emprunt auprès du public qui s'effectue sous forme de titres remboursables, bénéficiant d'un versement d'intérêts fixes ;
- Et enfin, le recours à la Banque Centrale qui va consentir des avances gratuites ou rémunérées, néanmoins limitées en volume.

L'importance des recettes fiscales et parafiscales dans le financement des activités nationales ne cesse de croître dans presque tous les pays d'économie libérale. Aux U.S.A., les impôts sur les revenus des personnes physiques et sur les bénéfices sont plus pesants que les taxes sur la consommation dont la pression est plus forte en Afrique Centrale et en Europe. C'est ainsi qu'on parle peu d'inflation aux U.S.A.

Au Cameroun, la poule aux œufs d'or qu'est l'entreprise n'est pas à tuer mais à ménager. L'idéal serait même d'autoriser les grandes entreprises à pratiquer l'amortissement dégressif qui est une charge comptable qui occasionnerait un renouvellement rapide des outils de production, à savoir les machines, et boosterait la création des richesses.

Pour conclure, ne perdons pas de vue qu'actuellement, le monde fonctionne en termes de prouesses économiques et de manière déplaisante, en termes de performances militaires. Il va de soi que l'efficacité d'une politique du budget de l'État est tributaire de sa relation avec les autres leviers que disposent les Pouvoirs Publics/-

BIBLIOGRAPHIE

ATANGANA NGONO, Léon, plaquette *de cours*, 2007.

BOUDINOT, A. ; FRABOT, J.C, *Technique et pratique bancaires*, Sirey,1978.

COZIAN, Maurice, *Précis de fiscalité des entreprises*, Litec 2e édition, 1998/1999.

GIANNE SINI, Jean Baptiste, *plaquette de cours*,1982/1993.

LEFEBVRE, Francis, *Mémento pratique*, 2000.

TAICHE, C., *Successions : dévolution-partage-fiscalité*,18e édition,2001.

TSANGA CÔME, Edmond, *notes de service*,1985/1986.

TABLE DES MATIÈRES

Économie et Entreprise aux éditions L'Harmattan

Dernières parutions

LE BIG BANG DES NOUVELLES ROUTES DE LA SOIE
Dhomps Pierre, Tsiang Henri - Préface de Jean-Pierre Raffarin
L'ambition des Nouvelles Routes de la Soie, aussi appelées BRI (Belt and Road Initiative) est de relier la Chine à l'ensemble du continent eurasiatique et à l'Afrique par des voies de communication terrestres et par le renforcement des voies maritimes. La priorité est donnée au co-développement économique entre les 65 pays et régions concernés et la Chine, grâce à une connectivité et une participation active. Ce projet considérable va de pair avec la volonté du président chinois Xi Jinping de faire retrouver à la Chine sa place éminente.
(21.50 euros, 198 p.)
ISBN : 978-2-343-13604-2, ISBN EBOOK : 978-2-14-005318-4

MARCHÉ DU LOGEMENT ET AIDES PUBLIQUES
Cornuel Didier
Si le prix des logements est élevé, dit-on, c'est que l'offre serait insuffisante. Ce diagnostic est erroné. En réalité, l'offre est excédentaire. La stabilité du prix des loyers et l'explosion de la vacance en sont la preuve. La politique du logement basée depuis plus de 10 ans sur ce diagnostic ne peut être ni efficace ni pertinente. Après avoir précisé la place du logement dans l'économie, l'ouvrage examine les principales aides publiques en la matière pour en réaliser une évaluation économique et suggérer des réformes.
(Coll. Logiques sociales, 22.50 euros, 218 p.)
ISBN : 978-2-343-13579-3, ISBN EBOOK : 978-2-14-005322-1

L'ART DE LA DIPLOMATIE ÉCONOMIQUE
Kemache Fouad
La diplomatie économique, pilier de la politique étrangère de la France sous François Hollande, répondait à plusieurs impératifs : résorber le déficit commercial du pays et freiner sa désindustrialisation. Quant à la Chine, elle l'emploie largement pour étendre son influence globale. La diplomatie économique permet de comprendre la manière dont les États tentent de préserver leurs intérêts stratégiques. En apparence attrayante, cette forme de diplomatie limite l'action extérieure d'une nation au commerce.
(14.50 euros, 126 p.)
ISBN : 978-2-343-13139-9, ISBN EBOOK : 978-2-14-005154-8

L'ACCORD DE LIBRE-ÉCHANGE
Entre l'Union européenne et le Canada – Tout savoir sur le CETA/AECG
Favari Danièle
Moins connu que le TAFTA, le CETA entré en application provisoire le 21 septembre 2017, est tout aussi préoccupant et ne prend pas en compte l'enjeu climatique. Au-delà de la suppression des droits de douane et des contingents agricoles, cet accord dit de « nouvelle génération » ouvre la voie à la privatisation des services publics et à une harmonisation des normes qui facilite les échanges commerciaux. L'accord porte atteinte au droit à réguler des États membres bien inquiétant pour les investisseurs. Il importe de découvrir toutes les facettes de cet accord entre UE et Canada.
(17.00 euros, 156 p.)
ISBN : 978-2-343-13080-4, ISBN EBOOK : 978-2-14-004991-0

CLÉS D'ACCÈS AU XXIIe SIÈCLE (T. 1)
La destruction créatrice, une illusion ravageuse
Simonin Jean-François
Il faut revenir sur le concept de destruction créatrice formulé en 1942 par Joseph Schumpeter. Il fait office d'évidence pour les élites économiques et politiques de la mondialisation. Mais c'est une ineptie de penser que la destruction pourrait être créatrice. Elle est à l'origine de la myopie écologique et anthropologique de l'économie mondialisée du XXIe siècle. Il faut donc enterrer définitivement cette illusion. Il s'agit d'identifier ses sources, ses tenants et aboutissants pour désamorcer sa puissance ravageuse. C'est la première étape de la reconstruction d'un projet de civilisation.
(22.00 euros, 216 p.)
ISBN : 978-2-343-13307-2, ISBN EBOOK : 978-2-14-005095-4

CLÉS D'ACCÈS AU XXIIe SIÈCLE (T. 2)
De nouveaux matérieux pour de nouveaux futurs
Simonin Jean-François
Depuis que nous sommes entrés dans l'ère de l'anthropocène, nous n'avons plus grand-chose à attendre d'un surcroît d'ingénierie chimique, nucléaire, génétique, climatique, numérique ni financière pour consolider l'avenir de la civilisation occidentale. Pourtant, de nouveaux outils et idées surgissent aux interstices des logiques libérales. Cet essai recense ces nouveaux matériaux qui permettent d'envisager d'autres futurs. En réalité, ils sont nombreux et certains semblent assez consistants pour fonder une nouvelle culture. Il faut imaginer ce qui permet de les cristalliser dans un nouveau projet de civilisation.
(22.00 euros, 216 p.)
ISBN : 978-2-343-13306-5, ISBN EBOOK : 978-2-14-005096-1

DE L'ENTREPRISE À LA COMMUNAUTÉ ENTREPRENEURIALE (T. 5)
Traité de gouvernement
Amado Jean
À l'heure où la France est confrontée à "une guerre économique", ce sont les entreprises qui constituent le corps de bataille. Or dans l'entreprise les salariés sont toujours considérés comme des tiers uniquement reliés à elle par un simple contrat de louage de service. Cet ouvrage entend affirmer que les apporteurs de finance et les apporteurs de travail doivent devenir les citoyens de la même entreprise considérée comme une communauté entrepreneuriale ; tous ces apporteurs étant liés par un même lien de solidarité afin de dégager un profit suffisant pour assurer la survie de leur commune entreprise affirmant ainsi la fin de la lutte des classes.
(Coll. Questions contemporaines, 13.50 euros, 114 p.)
ISBN : 978-2-343-13120-7, ISBN EBOOK : 978-2-14-005087-9

PILOTER SON ENTREPRISE
De l'accompagnement aux choix stratégiques
Salvaire Claude
Cet ouvrage propose une méthode simple pour que tout patron de PME comprenne, rédige, applique sa propre vision stratégique et en mesure les effets. Elle se base non seulement sur une présentation théorique mais surtout sur des exemples concrets qui illustrent le déroulé de toute stratégie. S'y trouvent réunis les outils pour gérer et développer une entreprise, qu'il s'agisse de calcul de rentabilité, d'action commerciale ou de gestion du personnel. L'ouvrage présente des indicateurs et des tableaux qui permettent au créateur d'entreprise de définir son cadre de référence et ses plans d'action.
(Coll. Vivre l'entreprise, 18.00 euros, 168 p.)
ISBN : 978-2-343-13165-8, ISBN EBOOK : 978-2-14-005041-1

LA RÉSILIENCE DES ORGANISATIONS
Les fondamentaux
Teneau Gilles
Les organisations évoluent de plus en plus dans un contexte où le rythme des turbulences et des chocs s'accélère. Comment pouvons-nous créer les conditions pour l'émergence de la résilience,

cette aptitude à faire face au choc, à s'adapter ou à rebondir ? Quelles sont les différentes trajectoires possibles en situation de crise ? Cet ouvrage aborde les grands concepts de la résilience des organisations ainsi que les stratégies à mettre en œuvre.
(Coll. Perspectives organisationnelles, 26.00 euros, 264 p.)
ISBN : 978-2-343-13176-4, ISBN EBOOK : 978-2-14-005089-3

LE MARKETING D'INFLUENCE
Stratégies au quotidien pour le chef d'entreprise
Mignot Bruno - Préface de Stéphane Ronteix
Les hommes d'affaires anglo-saxons sont culturellement versés dans l'influence, les latins beaucoup moins. Cet ouvrage fait suite au *Mémento de stratégie d'influence à usage du dirigeant d'entreprise* (2015). Associer la stratégie d'influence au marketing s'avère très naturel tant les objectifs du marketing nécessitent de créer, améliorer, consolider la perception qu'ont les consommateurs d'un produit ou les clients d'un service. Un outil pour les dirigeants d'entreprise et décideurs avides de transformer leur énergie d'entrepreneur en avantages concurrentiels.
(Coll. Diplomatie et stratégie, 17.50 euros, 158 p.)
ISBN : 978-2-343-13430-7, ISBN EBOOK : 978-2-14-005086-2

PENSÉE OU INTELLIGENCE ARTIFICIELLE ?
De la stratégie à la formation, l'humain au cœur du numérique
Marquis François-Xavier
Les nouvelles technologies du numérique interviennent dans toutes les composantes de notre environnement et nous touchent de façon transversale. Pourtant, la transvertalité n'est pas naturelle à l'humain. Notre culture nous a habitués à raisonner de façon verticale, par domaine. Les technologies du numérique interviennent de façon transversale, ce qui ne nous est pas naturel. Acteur et utilisateur du numérique depuis 40 ans, l'auteur nous interpelle sur les enjeux humains et sociétaux de l'ère du numérique, de la stratégie d'entreprise à la formation professionnelle.
(16.50 euros, 154 p.)
ISBN : 978-2-343-13326-3, ISBN EBOOK : 978-2-14-005061-9

PETITES ENTREPRISES DANS L'HISTOIRE INDUSTRIELLE
Sous la direction de Cédric Perrin
Les petites entreprises ont longtemps été négligées par les économistes, les historiens et les pouvoirs publics. Leur contribution à l'histoire industrielle a été ignorée dans les processus de croissance et d'industrialisation depuis la fin du XVIIIe siècle. Après la Seconde Guerre mondiale, l'hégémonie conceptuelle de la productivité et de l'efficacité du fordisme ont contribué à ériger la grande entreprise en modèle. Mais le ralentissement de l'économie dans les années 1970 a permis de reconsidérer le rôle de la petite entreprise.
(Coll. Marché & organisations, 24.50 euros, 232 p.)
ISBN : 978-2-343-13200-6, ISBN EBOOK : 978-2-14-004875-3

L'OMC DE MARRAKECH À WASHINGTON (1994-2017)
Sous la direction de Jean-Claude Martinez
Préface Andrés Rhode Ponce. Avant-propos Jawad Kerdoudi
Postface Maria Claudia Lacouture.
Créée en 1994 à Marrakech, l'Organisation mondiale du commerce (OMC) fut un temps un succès. Puis cette mécanique multilatérale s'est enrayée. Depuis la crise de 2008, la tentation du repli est revenue, dont l'engouement pour les taxes douanières. L'OMC se trouve en porte-à-faux. Tandis que les États retournent au bilatéral et au régional, l'OMC permet l'égalité entre petits États et géants économiques. Il faut donc « sauver le soldat OMC » et inventer des droits de douane déductibles. Ce livre expose un droit modulable, remboursable, négociable et bonifiable. Il réconcilie libre commerce et protection sociale.
(30.00 euros, 290 p.)
ISBN : 978-2-343-12249-6, ISBN EBOOK : 978-2-14-004770-1

GOUVERNANCE ET RESPONSABILITÉ SOCIÉTALE DES PME
Ouvrage collectif rédigé sous la direction de Daniel Corfmat et Marc Chambault
L'enjeu majeur du XXIe siècle sera de concilier développement rentable, progrès social et économique, et équilibre de la planète. Entreprises et États doivent accélérer la transition pour un nouveau type de croissance. L'entreprise moyenne est directement concernée. Le moteur principal de sa survie sera sa bonne gouvernance. La R.S.E. (la Responsabilité Sociétale de l'Entreprise) fait partie de plain-pied de la stratégie de conduite de l'entreprise. Comment la définir, la mettre en œuvre ? Quels en sont les véritables enjeux ?
(Coll. Gouvernance et entreprise, 11.50 euros, 84 p.)
ISBN : 978-2-343-12244-1, ISBN EBOOK : 978-2-14-004739-8

LES ASSUREURS FACE AUX GÉANTS DU WEB
Google, Apple, Facebook, Amazon
Kouomegne Laurelle - Préface de Patrice Michel Langlumé
Google, Apple, Facebook et Amazon (les GAFA) détiennent des milliards de données personnelles qui, filtrées par des algorithmes et l'intelligence artificielle, sont vendues à des entreprises comme les assureurs auxquelles elles servent de levier commercial ciblé. Les plus grands assureurs sont contraints d'acquérir ces données pour leurs campagnes de marketing et le développement de nouvelles garanties et de nouveaux services. Il importe de prévenir toute velléité de domination «à outrance» des GAFA.
(12.50 euros, 106 p.)
ISBN : 978-2-343-11539-9, ISBN EBOOK : 978-2-14-004530-1

LES FLUCTUATIONS ÉCONOMIQUES
Une synthèse nouvelle
Landais Bernard
Ce livre ambitionne de donner à ses lecteurs une approche synthétique nouvelle des phénomènes de fluctuations et des crises économiques. Condensant un grand nombre de faits remarquables et d'expériences internationales, en se focalisant sur la « grande récession » de 2008, l'auteur nourrit sa réflexion de la littérature économique et l'illustre de scénarios simples. Son apport majeur est la synthèse innovante « Océan », basée sur la Nouvelle Synthèse Néo-Keynésienne (NSNK), intégrant les considérations financières, mais surtout les anticipations si importantes dans l'explication des déséquilibres.
(Coll. L'esprit économique, série Cours Principaux, 19.00 euros, 164 p.)
ISBN : 978-2-343-12950-1, ISBN EBOOK : 978-2-14-004639-1

LA FINANCE : UN PRISME FRAGILE
Galavielle Christine
Le cheminement au gré des écrits des grands auteurs permet de jeter le doute sur l'interprétation qui fait de l'équilibre toujours retrouvé la pierre angulaire du profil de la finance. Les vecteurs qui ébranlent la quiétude de l'équilibre sont multiples : à partir de biais cognitifs et motivationnels des agents économiques que nous sommes, on en vient à la mise en question de l'indépendance, de la stationnarité et de la continuité des évolutions. Les efforts entrepris depuis les crises récentes témoignent de la volonté d'une solidification du monde financier, mais il faut douter de leur succès futur.
(Coll. Logiques économiques, 29.00 euros, 290 p.)
ISBN : 978-2-343-12572-5, ISBN EBOOK : 978-2-14-004368-0

Structures éditoriales du groupe L'Harmattan

L'Harmattan Italie
Via degli Artisti, 15
10124 Torino
harmattan.italia@gmail.com

L'Harmattan Hongrie
Kossuth l. u. 14-16.
1053 Budapest
harmattan@harmattan.hu

L'Harmattan Sénégal
10 VDN en face Mermoz
BP 45034 Dakar-Fann
senharmattan@gmail.com

L'Harmattan Cameroun
TSINGA/FECAFOOT
BP 11486 Yaoundé
inkoukam@gmail.com

L'Harmattan Burkina Faso
Achille Somé – tengnule@hotmail.fr

L'Harmattan Guinée
Almamya, rue KA 028 OKB Agency
BP 3470 Conakry
harmattanguinee@yahoo.fr

L'Harmattan RDC
185, avenue Nyangwe
Commune de Lingwala – Kinshasa
matangilamusadila@yahoo.fr

L'Harmattan Congo
67, boulevard Denis-Sassou-N'Guesso
BP 2874 Brazzaville
harmattan.congo@yahoo.fr

L'Harmattan Mali
Sirakoro-Meguetana V31
Bamako
syllaka@yahoo.fr

L'Harmattan Togo
Djidjole – Lomé
Maison Amela
face EPP BATOME
ddamela@aol.com

L'Harmattan Côte d'Ivoire
Résidence Karl – Cité des Arts
Abidjan-Cocody
03 BP 1588 Abidjan
espace_harmattan.ci@hotmail.fr

L'Harmattan Algérie
22, rue Moulay-Mohamed
31000 Oran
info2@harmattan-algerie.com

L'Harmattan Maroc
5, rue Ferrane-Kouicha, Talaâ-Elkbira
Chrableyine, Fès-Médine
30000 Fès
harmattan.maroc@gmail.com

Nos librairies en France

Librairie internationale
16, rue des Écoles – 75005 Paris
librairie.internationale@harmattan.fr
01 40 46 79 11
www.librairieharmattan.com

Lib. sciences humaines & histoire
21, rue des Écoles – 75005 Paris
librairie.sh@harmattan.fr
01 46 34 13 71
www.librairieharmattansh.com

Librairie l'Espace Harmattan
21 bis, rue des Écoles – 75005 Paris
librairie.espace@harmattan.fr
01 43 29 49 42

Lib. Méditerranée & Moyen-Orient
7, rue des Carmes – 75005 Paris
librairie.mediterranee@harmattan.fr
01 43 29 71 15

Librairie Le Lucernaire
53, rue Notre-Dame-des-Champs – 75006 Paris
librairie@lucernaire.fr
01 42 22 67 13